U0642283

追随你的心

用苹果撬动世界

[美] 史蒂夫·乔布斯 著
胡 晔 译

北京联合出版公司
Beijing United Publishing Co.,Ltd.

图书在版编目（CIP）数据

追随你的心：用苹果撬动世界 /(美) 乔布斯著；胡晔译 .—北京：北京联合出版公司，2014.6（2023.1 重印）
ISBN 978-7-5502-2801-6

Ⅰ.追… Ⅱ.①乔… ②胡… Ⅲ.①乔布斯，S.（1955~2011）—企业管理—经验 Ⅳ.① F471.266

中国版本图书馆 CIP 数据核字 (2014) 第 064909 号

追随你的心：用苹果撬动世界

作　　者：［美］乔布斯
译　　者：胡　晔
出 品 人：赵红仕
责任编辑：徐秀琴
封面设计：王　鑫

北京联合出版公司出版
（北京市西城区德外大街83号楼9层 100088）
北京新华先锋出版科技有限公司发行
大厂回族自治县德诚印务有限公司印刷　新华书店经销
字数236千字　787毫米×1092毫米　1/16　20.5印张
2014年8月第1版　2023年1月第2次印刷
ISBN 978-7-5502-2801-6
定价：98.00元

目　录
Contents

目　录

Contents

活着，就是为了改变世界

>> 我活着，就是为了改变世界。

>> 领袖和跟风者的区别就在于创新。

>> 晚上上床睡觉前，自己能够说声“我们已漂亮地干完活儿了”，这对于我来说比什么都重要。所以，成为坟墓中最有钱的人，对我来说毫无意义。

>> 我在过去的33年里，每天都看着镜子里的我问自己：“今天假如是我这一生的最后一天，我要做点什么呢？”我的答案如果连续许多天都是“没有”时，我知道，我该做些什么了。

>> 认为技术能够改变一切，这是用一种偏激的态度去看待技术。如果这样想的话，会很危险。因为技术不一定要用改变世界来证明它的重要性。

>> 我们没有走出去进行市场调查，我们为自己生产。我们就是判定

它是好是坏的一群人。我们只是想尽我们的所能生产我们认为最完美的产品。

>> 当你有了孩子，你看待事物的角度就会发生变化。我们呱呱坠地来到人间，经历短暂的一生，然后无可避免地衰老死去。我很难过，但这就是真相。这是千古不变的规律。

>> 聚焦就意味着对必须重视的事情说是，这是一般人的想法，但聚焦根本不是这个意思。它的意思是要对现有的另外多种好主意说不，专注，精挑细选。

>> 我经常说苹果公司是最具创意的技术公司，而皮克斯是技术最先进的创意公司。对于苹果，如果我们遇到任何事情都会问："它对用户来说是不是很棒？它对用户来说是不是很方便？"之后的事情就与在皮克斯相差无几了。

>> 好莱坞的每个人都知道，一部好的动画片最主要的是故事、故事、故事。但当他们全心去做却发现这个故事并不怎么样时，他们会花更多的钱把故事修改成一个好故事。我认为软件业务同样如此。每个人都在大谈用户至上，但并没有多少人像我们这样真正做到这一点。

>> 苹果电脑就是人类21世纪的自行车，它是工具，人类大脑的延伸，只要愿意，谁都可以拥有它。在人与电脑之间，可发展出特殊的关系，它可以提高个人的生产力。

>> 苹果公司的品牌是公司的核心竞争力之一。虽然苹果公司的产品不是最完美的，但是公司的品牌却非常具有市场价值。

>> 今天，这个产业让我们给世界带来了新的色彩与创意。但是，为了实现我们更加远大的目标和计划，我们只能集中全部心力在单

一方向上。这才能更加有效、快捷。

>> 一直以来，我认为广告都极其重要，其重要性仅次于技术。

>> 让所有的人都能够使用电脑，这是我的长远理想。对我而言，通过广告向公众宣传这些电脑极其重要。我的梦想就是世界上的每一个人都拥有自己的苹果电脑。为了这一个梦想，我们一定要成为一家伟大的公司。

>> 你想一辈子卖糖水，还是想改变世界？

>> 人要么是天才，要么是笨蛋。我最喜欢的钢笔是日本百乐PILOT钢笔，其他所有的钢笔都是垃圾。正是如此，我认为除了麦金塔小组的成员，这个行业其他人都是笨蛋！

>> 苹果公司如果想要继续生存下去，并且不断壮大，我们就一定要砍掉更多的项目；我们要有焦点，做我们最擅长的事。

>> 失败者与成功者在能力、技术和智慧上的差别很大，但如果两个人各方面都差不多，更多如愿以偿的机会首先会给充满热忱的人。热忱是胜利的秘诀。

>> 不要问消费者想要什么，一个企业的目标就是去创造那些消费者需要但无法形容和表达的需求。

>> 事情的胜败得失，我不是很在乎，我在乎的是我喜欢这份工作，乐于从事的这项事业。如果努力之后，我还是失败了，那我相信自己还会努力的。

>> 对于从事这个行业很长时间的人们来说，这是件超现实的事。但是，其实这也没有什么大不了。这并不重要，不是让你每天早上来工作的动力，也不是客户买我们的产品的原因。所以，我们应该牢记一点：记住我们所做的事情和做这件事的原因。

>> 如果可以做出聪明选择，你可以为自己节省很多的工作量，不用什么都做。你也可以把精力放在创造新兴技术上，让它们在你的平台上有卓越表现。而不因为所展现的平台太狭窄，使技术的表现仅仅是还可以。

>> 不同的人有不同的选择。如果市场告诉我们选择错了，我们就要听从市场的。我们只是公司的运营人。我们尝试为人们做出最棒的产品。所以我们有勇气和信念来决定是否使用某一项技术。

>> 我从来没有想跟微软打一场平台战，可能这是我们失败的原因吧！我们只是想尽可能为人们打造出最好的电脑。这是我们一直尝试做的。

>> 我们想创造比他们更好的产品。我们确实是这样做的。这就是我们现在的立场。我们在乎的是创造更好的产品，消费市场最令我喜欢的也就是企业市场最令我恨之入骨的，就是我们推出一个产品，告诉所有人，让他们自己投票。他们投“好”或是“差”。

>> 佛教中有一句话：初学者的心态。拥有初学者的心态是件了不起的事情。

>> 使用人类的已有经验和知识来进行发明创造是一件很了不起的事情。并不是每个人都需要种植自己的粮食，也不是每个人都需要做自己穿的衣服，我们说着别人发明的语言，使用别人发明的数字……我们一直在使用别人的成果。

>> 我愿意把我所有的东西去换和苏格拉底相处一个下午。

>> 成为卓越的代名词，很多人并不一定完全适合需要杰出素质的环境。

>> 我们认为看电视的时候，人的大脑基本停止工作，打开电脑的时候，大脑才开始运转。

>> 求知若渴，虚怀若谷。

>> 当我是百万富翁的时候是23岁；当我是千万富翁的时候是24岁；当我是亿万富翁的时候是25岁。但这一切都无关紧要了，因为我做这个事情，不是为了钱，而是为了乐趣。

>> 我是我所知唯一一个在一年中失去2.5亿美元的人……这对我的成长很有帮助。

>> 我拥有世上最好的工作之一。我非常幸运。我感谢我们所有的顾客、雇员让我能做我现在所做的。我每天早上来工作，身边满是我一生中见过的最聪明绝顶、愿意奉献的人们。我们一起在最好的环境中工作，并且为人们创造最好的产品。

>> 来到世间，我们就是为了给宇宙留下永恒的印记。

>> 我几乎把四分之一的时间用于网罗人才。过去的时候，我认为一个出色的人才可以顶得上两名平庸员工的价值，但是现在我认为能顶50名。

>> 每一个人的时间有限，所以你不要为别人活着。不要让自己内心被别人的意见左右，不要活在他人的观念里，更不要被平庸的教条限制。最重要的是，坚定地寻找和倾听自己心灵里发出的声音，那才是你的真实想法。要相信你的直觉和心灵，除此之外，其他的一切都是次要的。

>> 设计是一个有趣的词。要完美地设计某个东西，你就必须先熟悉它，真正地了解它。这需要投入很大的热情，需要反复地咀嚼回味，而不只是囫囵吞枣。但事实上，大多数人都没有花这样的时间。

>> 我的秘诀就是聚焦和简单。简单比复杂更难，你的想法必须努力变得清晰、简洁，让它变得简单。因为一旦你做到了简单，你就

能移动整座大山。

>> 创新就是把各种事物整合到一起。当你问有创意的人是怎么创新的，他们或许会有点尴尬。因为他们只是看到了一些联系，然后总能看出各种事物之间的联系，再整合形成新的东西。这就是创新。

>> 如果你坚持向前探索，像剥洋葱一样层层拨开笼罩在问题上的迷雾，你就会找到一些非常完美且易行的解决方案。

>> 到最后，我们都不想放手。我们因为感觉到它一旦从我们的手中溜走，就再也不会是我们的了。所以，我们对于我们所做的事情充满了激情。

>> 总会有一款革命性的产品每隔一段时间就横空出世，改变一切。如果你能够用到这样一款产品，那你就是非常幸运的。苹果向世界已经推出了几款这样的产品，苹果也是非常幸运的。

>> 拥有多少研发资金与你创新无关。当苹果还在研制Mac电脑的时候，IBM公司已投入的研发资金是我们的百倍。但它取决于你拥有的人才，你的领导方式以及你的熟悉程度，而不是钱的问题。

>> 互联网创业不在于有多少人开始创办公司，而在于有多少人能坚持到底。在创业过程中充满了绝望和苦恼，尤其当你在不得不解雇员工、改变计划和应付艰难局面的时候。但是，这也恰恰是你展现自己、发现自己价值的时候。

>> 没有经验，你就永远不可能知道经验的价值，或者永远不可能知道如何正确地保有经验所创造的财富。

>> 系统就是没有系统。但这并不是在说苹果公司没有自己的工作流程。苹果是一家严谨、规范的公司，拥有非常详尽的工作流程。

但是，这不是问题的重点。要知道，工作流程只是为了提高工作的效率。

>> 创新来自于某个人临时召集的六人会议，或是在晚间10：30的问候电话，或是来自于人们在走廊上的随意交流，或是他们意识到的自己思维方式上的漏洞。

>> 我们总是在思考如何才能开拓新的市场，但是只有先学会拒绝，才能集中你的精力关注真正重要的事情。我们的创意就是这样，往往来自于对1000种东西说不，从而确保不会误入迷途或是陷入烦琐事务的泥潭。

>> 微软没有什么品位是他们唯一的问题。他们是真的没有品位。这不只是体现在微小的方面来说，即使是从大的方面来说也是如此。他们几乎从不去想如何完美地设计产品，也不会去琢磨设计给产品到底带来多少文化内涵。

>> 我不会与苹果断绝联系。在我的整个人生中，我希望我能将我的人生轨迹与苹果的轨迹交织在一起，就像紧密的地毯一样。虽然中间有几年时间我离开了苹果，但是我最终还会回来。

>> 创新实际上已经停止。微软主导的这个行业很少有什么创新。台式电脑行业已死，可以说台式电脑市场已进入了黑暗时代，在后面的10年内，它会一直处于黑暗时代。

>> 台式电脑存在的意义是：第一，你有独立的设备；第二，你需要管理你自己存储的东西。这是世界中有关台式电脑最关键的理念。这一切可能会一去不复返了。在不久的将来，你不必自己管理你存储的东西，甚至不必存储很多东西。

>> 成为海盗吧，成为海盗比加入海军更有意思。

>>有一点真的令人感到沮丧，电视网络就是要给予人们真正想要的东西。阴谋突然变成光亮！这就是真相。

>>我对个人充满了乐观的态度。所以在某种意义上，我是一个乐观主义者。我相信人类是高贵的、是值得尊敬的。或者说作为个体，人们本质上是好的。但是，对于群体中的人，我持有一种悲观态度。

>>你若是想将未来的点联系在一起，那你只能先将过去的点联系起来。你得相信你的未来和你的过去是联系着的。你必须要相信直觉、命运、生活等这些东西。这个方法从来没有让我失望过，它反而让我的生活发生了奇妙的变化。

>>你的工作将会占据你的大部分时间，做你自己认为最了不起的工作是唯一让你真正满意的方法。而做好你最满意的工作的唯一方法就是热爱你所做的事情。因此，继续找你满意的工作，直到找到它，不要气馁。

>>记住一点，就是每个人都会死去。这是我遇到的最重要的决策工具，很多重大的人生选择都是在它的帮助下完成的。外部所有的骄傲、期望、对失败或尴尬的恐惧，在死亡面前，都会消失殆尽，只留下真正重要的东西。

>>你本来就是赤条条来到这个世界上的，你也将赤条条地离开这个世界。永远记住你将会死去，这一点将能帮助你逃离患得患失的陷阱。只要记住这点，你才会明白遵从你内心想法的重要性。

>>你如果做某件事情，效果非常好，那你就应该尝试一下其他有意义的事，不要长久地停留在一件事情上，要经常想想下一步应该做什么。

>>即使那些梦想上天堂的人，也不会急着上去，没有人想死。然而，死亡是我们所有人的宿命，没有人能够逃脱。

>>旧的不去，新的不来。事实上也应该如此。只有清除掉所有陈腐的东西，新生事物才会有自己的地方。但是，不要高兴，即使你现在是新生事物，在不久的将来，你就会慢慢变老，就会被清除掉。

>>热爱你所做的事是做伟大工作的最佳方法。如果你还没找到你想要的工作，继续找。不要停下来。只要你全力以赴，你知道你一定会找到它。

>>我们要不落俗套、推陈出新。我们是一群特立独行的人，绝对不会与传统妥协，完美的目标就是给众人的心灵“当头棒喝”。

>>每个人在创新的时候都会犯错。一旦犯错，不要犹豫，你最好赶快承认错误，并投入到完善你的另一个创新当中。

>>我的工作，是让人们的生活变得更好，并不是随意地敷衍他们。当你认为一件事非常简单并开始着手解决它的时候，其实这个问题有多么复杂你并没有真正了解到。等你真正开始研究这个问题的时候，你就会发现其实它非常复杂。真正杰出的人会继续前进，找出问题的根本，并提出一流的适合各个层面运行的解决方案。

>>苹果的员工都极其出色，但更重要的是，他们对于生命有着相同的看法：对生命最好的回馈就是最终的产品成果。每一位参与人员都期盼着产品问世，或者说，产品甚至比他们自己的生命更为重要。

>>公司刚刚成立时，一群狂乱且毫无纪律观念的自命不凡之辈被我

带领着开始创业。当时，我们可以利用的资源真是少之又少，但我们都有一股激情，一种肯为事业献身的精神。

>> 我在苹果公司度过了我一生中最值得留恋的10年，我没有后悔过曾经做过的任何事情。在以后的岁月里，我还要继续我的生活。

>> 有一件非常痛苦的事情，就是当你发现有些员工并非最优秀的人才而不得不解雇他们时，但这就是我的工作。我非常讨厌以仁慈和优柔的方式做这件事情。无论怎么样，这件事一定要做，尽管这让人非常苦恼。

>> 如果我们能够将A级团队投入到每一个项目中，那就不需要使用B级或者C级团队了。这样的组织结构更加简易明确、更加流畅，就可以更加迅速地完成任务。我的信条就是聚焦与简化。

>> 当我重返苹果公司的时候，我用股权奖励代替了大部分的现金奖励。所以，苹果公司每个人基本上都有薪水和股票，这是一种非常平等、公正的公司经营方式。这种方法是由惠普公司首创的，但又是在苹果公司确立的。

>> 如果让整个团队去设计研发一件产品是件相当困难的事情。因为在大多时候，他们都不知道应该做些什么，直到有个人站出来，告诉他们该怎么做。

>> 我一直认为，保持我所在组织员工的高水平是我工作中相当重要的一部分，其实，就是为组织慢慢灌输其拥有“A级”参与者的理想状态。所以，在寻求世界上最精英的人才方面我为之付出所做的每一件事都是值得的。

>> 优秀的酒店厨师与糟糕的酒店厨师之间没有什么多大的区别，优秀的出租车司机与糟糕的出租车司机之间也并没有多大的区别。

但是，在电子设计或者编写程序方面，糟糕与优秀之间的区别就非常大。优秀的设计师要比拙劣的设计师好上100倍甚至200倍。

>> 公司如果能拥有才华出众的员工是一种竞争优势，这一优势可以使公司超越其他竞争对手。但这又是非常难的，如果能够充分地利用我们头脑的话，对我们而言则非常容易。

>> 我在聘用或寻找人才的时候，能力就是赌注。我找的人必须真的聪明。如果他们能够真的喜欢上苹果公司，那其他所有的事情都会迎刃而解。真正聪明的人不会做有利于他们自己、有利于乔布斯或者其他什么人的事，而是希望做对苹果公司最有利的事。

>> 我参与过大约有5000多人的招聘，从中发现人才绝对是件难事，有时候就像大海捞针。我对这件事的态度非常认真。短暂的面试不可能了解到足够多的信息。因此，它最终还是取决于你的直觉。

>> 我的工作就是把手下的这些“牛人”们召集起来，而不是对人表现得和蔼可亲。我要不停地督促他们，让他们做得精益求精、好上加好。对付这些人最管用的招数，就是采取更为极端的手段和思路。

>> 人生苦短，你总有一天会离开人世，一个人没有机会去做那么多事，所以每个人都应该极其优秀才行。因为这就是我们的生活。

>> 世界上总有一些事情无法解释，就像一个人的身世。我就曾探究过自己的身世。但我相信一个人的价值观和人生观的形成是后天环境影响的。

>> 我看不出读大学的价值到底在哪里，也不知道念大学能对我有什么帮助，而且父母为了让我读大学，花光了毕生的积蓄，所以我决定休学，相信车到山前必有路。现在回头看看，这个决定是我

这辈子做出的最好决定之一。

>> 苹果公司大概有2.5万名员工，在专卖店工作的大约就有1万人。而我的工作是与100位高层人员合作，他们有些是副总裁，有些只是关键的单个研究员。而这就是我的工作。

>> 当出现一个好点子的时候，我的工作任务就是把大家的注意力都集中到这个点子上，从而了解其他不同人的想法，让大家展开讨论，挖掘他们的想法，让他们进行思想交流。

>> 我认为每个人都想尝试着涉足该领域，但是进入其门槛却相当高，第一道障碍就是创意，第二道障碍则是科技，第三道障碍是创意结合技术，我们整整花了10年时间，才让两者完美结合。

>> 在我看来，创新在这个生意圈里的速度很不幸地变慢了，甚至于停止了。在这个产业里硕果仅存的一家就是苹果电脑，它一手包办了硬件、软件开发，建立营销渠道等全过程。其实，就我看来，这才是苹果电脑的王牌秘诀。

>> 让人们不再使用盗版音乐这样很难，这不仅仅需要“大棒”，你还得能给他们提供一根“胡萝卜”，而这根“胡萝卜”就是我们将提供更好的体验。苹果公司做到了。

>> 我们能否生产出真正能够激发我们兴趣的产品，对苹果公司而言，这才是成功的关键所在。

>> 优秀的艺术家临摹他人的作品，而更优秀的艺术家则是“盗窃”他人的作品。所以，我们从不以“盗窃”他人的伟大作品为耻！

>> 各种活动越来越依赖科技，这是我们所处的时代的现状。苹果公司的核心优势就是让平凡的人感受到高超科技的机会，让他们感到惊喜，而且能很快就学会如何使用这些高科技产品。

>> 随着阅历的增加、经验的增长，我越来越相信动机具有非凡的意义。例如惠普公司，他们首要目标是生产了不起的产品。而我们苹果公司却以制造世界上最优秀的个人计算机为首要目标，而不是成为全球最大或者最富有的上市公司。

>> 苹果公司有两个目标，一方面是多挣点钱，另一方面是能够制造最优秀的产品。我们曾经一度偏离了这些目标，公司曾出现的巨大变化也正是这一小小的偏离导致的。我重返苹果公司的第一件事，就是重新恢复它以前的身份，重新步入正轨。

>> 明白自己想要的是什么，这是我们首先需要清楚的。而用正确的标准来判断大众是否也想得到他们想要的东西，这才是我们要擅长做的。这才是公司花钱请我们做的工作。这与流行文化无关，与愚弄大众也无关。

>> “苹果”是一家将复杂技术变得简单的公司。我们的目标是站在科技与人性的交汇之处。

>> 我们是一个农业国家，所有的汽车都是卡车，因为这是你在农场上所需要的。现在，我不知道统计数字是什么样的，可能每25辆或者30辆机动车有一辆是卡车，这个数字原来是100%的。PC就将像卡车，它们不会消失，还是会有价值，但是它将是在X人中有一个人使用的东西。

>> 对于企业市场来说就不是那么简单了。使用产品的人们不是自己作的决定，而做出决定的人有时是糊涂的。所以我们愿意为人们做出最好的产品，让他们用钱包投票告诉我他们的感受，看看我们是否走上正轨。

>>顾客花钱就是让我们尽可能做出最好的产品，如果我们成功了，

他们就会买我们的产品；如果没有成功，他们就不买。这就可以顺利运营了。其实，就是这么简单。

我活着，就是为了改变世界。

——乔布斯

求知若渴，虚怀若谷

——斯坦福大学的演讲

斯坦福大学是世界上最好的大学之一，能在这里参加你们的毕业典礼，我感到很荣幸。我没有经历过大学毕业，所以，今天或许是我这一生中离大学毕业最近的一刻。

此时想和大家分享的，是我生活中的三个小故事，它们都来自真实的生活。

第一个故事，讲的是如何让生命中的点点滴滴都变得有意义。

我曾经就读于里德学院，仅仅6个月我就产生了退学的想法。后来尽管还在学校听课，可我去意已决，过了一年半还是正式离开了。这一切是什么原因造成的呢？

事情要从我出生开始讲起。我的母亲生我时很年轻，刚刚大学毕业，还没有结婚，所以，她打算把我送给别人收养。她很希望收养我的人受过大学教育，所以在我出生前，她就把一切都安排好了，一个律师和他的妻子准备接纳我。可出人意料的是，律师夫妇在我出生之后，改变了主意，说想要一个女孩。我母亲只好匆匆选定了另一个家庭，他们就是我后来的养父母。她连夜就给他们打电话说："现在我这里有个男婴，刚刚出生，你们想要吗？"他们立刻就答应了。可是后来，我母亲又反悔了，因为她发现我养父母不仅没上过大学，我养父甚至连高中都没读过，于是她拒绝签署收养合同。直到好几个月之后，我养父母向她承诺，一定要让我上大学，她的态度才发生转变。

17岁时，我真的上大学了。可我那时太愚蠢，选择了一个学费很贵的学校，和你们斯坦福大学差不多，而我父母收入并不高，学费几乎耗尽了他们所有的积蓄。上了6个月大学，我便意识到这太不值得了。我人生的目标是什么？我无法回答自己，大学似乎也很难在这方面帮助我。唯一能确定的一件事就是，大学几乎用掉了我父母一辈子的积蓄。于是我决定退学，并认为这是一个明智的决定。当然，那时候我也曾心怀恐惧。现在回头想想，那简直是我这辈子做的最正确的一个决定。从决定退学那一刻起，我就永远告别了那些无趣的课程，开始学习那些一看就令人着迷的东西。

这听起来很浪漫，实际上并非如此。首先我失去了住处，只能睡在朋友房间的地板上；我不得不去捡可乐罐，只为换那小小的5美分，好用来填饱肚子；每个周日晚上，我还要去黑尔-科里施纳神庙，尽管需要步行7英里，横穿整个城市，但我风雨无阻，只因为它是每周最好的一顿饭。

跟着感觉走，跟着兴趣走，这让我收获了很多东西。这些收获在我后来的经历中都成了无价之宝。我来举个例子吧：

当时，里德学院为学生开设了美术字课程，那简直是全美国最好的。学院里的每张海报，每个抽屉的标签上，全是标准的美术字。我退学后，再也没有正规课程可以上，所以我决定去学习美术字。灯芯体和衬线体，就是那时学会的。我还学会了如何在不同字母的组合中调整空白间距，如何让印刷式样最好看。我发现这实在太令人着迷了，科学永远达不到那种美好，永远缺乏那种厚重的历史感和精妙的艺术性。

当时，这些东西似乎对我没有丝毫用处。可10年之后，一切都改变了，第一台苹果电脑被设计出来时，就不同了。当时我学的那些东西，全被我设计进了苹果机，它是第一台拥有漂亮的印刷字体的电脑。假如我那时没退学，根本就没机会学习这个我钟爱的美术字课程，苹果机丰富的字体，以及令人感到舒适的字体间距，又从哪儿来呢？个人电脑里美妙的字型又从哪儿来呢？

那时候，我还不曾意识到，把从前的点点滴滴联系在一起，可10年后再回过头去看所有的事，我一下子就明白了。

我要强调的是，当你憧憬未来的时候，不会去想着把所有的事联系起来；只有在回忆过去的时候，才会将这点点滴滴联系在一起。一定要相信，这些生活的点滴会在你未来的某一天产生联系。一定要相信：勇气、目标、生命、缘起……一切都不会令你失望，只会增加你的与众不同。

第二个故事与爱和失去有关。

我是个很幸运的人，因为在很年轻的时候，我就知道自己的兴趣所在。20岁时，我就和沃兹在我父母的车库里创办了苹果公司。我们非常努力地工作，仅仅10年，这两个穷小子在车库开创的公司，就发展成了拥有4000多名员工的大公司，总价值超过了20亿。可是，在公司成立第九年的时候，我竟被炒了鱿鱼，当时我们刚刚发布了最好的产品苹果机，而我也即将迎来30岁。自己创立的公司怎么会炒自己的鱿鱼呢？

原因很简单：在苹果快速的发展期间，我们雇用了一个共同管理者，他是个很有天分的人，最初合作得还不错，可后来我们在公司发展方向上发生分歧，最终引起了争吵。在我们的僵持阶段，董事会选择支持他。就这样，30岁的我，在众目睽睽之下被炒了鱿鱼。一下子在而立之年失去了所有，这样的打击简直是毁灭性的。

刚开始的几个月，我非常茫然，不知何去何从。我觉得自己辜负了老一代创业家的期望，非常自责。我去拜见惠普的创办者戴维·帕卡德，和英特尔的创办者鲍勃·诺伊斯，并试图为自己搞砸的一切向他们道歉。

终于有一天，我看到了希望，因为我发现自己仍然热爱曾经为之奋斗的这些东西。尽管公司发生变故，可这一点丝毫没有改变。尽管我不在苹果公司了，可我依然热爱公司所从事的事业。于是，我决心从头再来。

后来发生的一切证明，被苹果公司炒鱿鱼，成了我这一生最有意义的事。因为，之前没被炒鱿鱼的时候，我心里正充满成功者沉重的压力，转眼间压力消失了，取而代之的是创业者的轻松，这简直太有意思了。自由的感觉油然而生。从那时起，我的生命进入了最有创造力的阶段。

之后的5年，我开创了NexT和Pixar两个公司，并认识了一个优雅的女人，她后来成了我的妻子。世界上第一个电脑制作的动画电影——《玩具总动员》，就是Pixar 制作的。直到现在，Pixar也是世界上最成功的电脑制作工作室。又经过一系列的运作，苹果把NexT收购了，而我又成了苹果公司的一员。NexT研发的技术，对苹果之后的复兴起到了重要作用。最重要的是，我与劳伦建立起了属于我们的幸福完美的家庭。

能够确定的一点是，当年如果苹果没有炒掉我，后面的这些事绝对不会发生。这剂良药的确很苦，可病人真的需要它，不是吗？在某一个时刻，生活对你的打击会令你猝不及防，倒地不起，但是可千万别失去信念。支持我前行的力量就是，我所做的都是自己非常热爱的事。你得去寻找，寻找自己所爱。对工作、对爱人都一样。工作占据的是你生活的绝大部分，只有你觉得自己从事的是伟大的事业，你才会愉快地面对。在你找到它之前，千万不要停止脚步，只要用心寻找，当它来到你面前时，你的心就会知道。只要是真诚的，这种联系会在岁月的流逝中越来越紧密。继续寻找吧！千万不要停下来，直到找到它！

第三个故事与死亡有关。

17岁时，有一句话给我留下了深刻印象："把每一天都看做生命中的最后一天，这样坚持下去，总有一天你会发现自己是对的。"从那时开始，33年过去了，每天起床后我都会站在镜子前问自己："假如这是生命中的最后一天，你能完成今天想做的事吗？"当连续好几天都是否定回答时，我意识到该做些改变了。

这是对我最重要的一句话："别忘记，死亡即将来临！"它总让我在关键时刻做出正确的选择。因为在死亡面前，几乎一切的荣誉、骄傲、恐惧，都变得不重要了。这能让我看清真正重要的东西。人总想权衡利弊，考虑会失去什么，"别忘记，死亡即将来临"，这句话总能很好地帮我避免这些想法。一无所有的你，还有什么理由不听从自己内心的声音呢？

一年以前，我被确诊得了癌症。早晨七点半，我做了个检查，结果显示，我的胰腺上长了个肿瘤。当时，胰腺是什么我都不知道。医生对我说，这个癌症很可能无法治愈，我在这个世界上生活的时间只剩下3~6个月。医生让我回家，把一切都安排好。我知道这是对临终病人才说的话。这就是说，在最后的几个月里，我要把未来十年准备对小孩说的话都说完，把每件事情都安排妥当，特别是安排好家人的生活；这就是说，我该说“再见”了！

整整一天，我都是抱着那个诊断书度过的。当天晚上，我做了个切片检查，医生把内窥镜从我的喉咙伸进去，通过我的胃进入肠子，在我的胰腺肿瘤上取下几个细胞。当时我打了麻醉剂，妻子一直陪在旁边。她后来告诉我，医生用显微镜观察这些细胞时，竟然欢呼起来，因为这些胰腺癌细胞竟是一种可以用手术治愈的罕见细胞。后来我接受了手术，现在我已经完全康复了。

那是我离死亡最近的时候，真希望这会是今后的几十年最接近死神的一次。从死亡线上回到现实生活，我变得更清醒了。以前，我只是在心里想象着死亡，用来激励自己，此时我却能肯定地说：谁也不愿死，即使告诉你走上前就是天堂，也不会有人甘心赴死。但是死亡的确是每个人最终都要面对的，谁也无法逃脱它。可这未必是坏事，因为在我看来，死亡是生命中最有意义的事。它清除旧有的一切，以便给新的腾出更多空间。如今的你是新的，可随着岁月的流逝，你会慢慢成为旧的，然后退出这个人生舞台。尽管很有戏剧性，但这才是真实的人生。

你的时间是非常有限的，所以千万不要重复他人的生活，不要为此而浪费时间，不要失掉思考的自由，因为那就等于你躺在别人的思想上生活。聆听自己内心真实的声音，不要被别人的观点所左右。最重要的一点是，你要勇敢面对自己的直觉和内心的真实想法，因为它们最清楚你想成为什么样的人，其他的一切与此相比，都是微不足道的。

年轻时，我曾看过一本令人震撼的杂志，名字叫《地球目录》。我们那一代人把它看做是当代圣经。编辑者叫斯图尔特·布朗，他如同一个诗人般为我们带来了这本神奇的书。当时已经进入20世纪60年代后期，个人电脑还没有出现。整本书都是用打字机、剪刀和偏光镜制造出来的。如同软皮包装的谷歌，而它离谷歌出现还有35年之遥。这简直是一个梦，包含了很多灵巧的工具和伟大的想法。

斯图尔特与伙伴们出版了好几期《地球目录》，直到最后一期，他们依然做得很认真。那已经是七十年代中期了，我当时的年纪与你们相仿。在那期的封底上，放着张照片，画面上是清晨的乡村公路（假如你感兴趣，绝对可以找到这条路），照片下面还附着这样一句话："求知若渴，虚怀若谷。"以此作为停刊的告别语。"求知若渴，虚怀若谷"，我很希望自己能做到这一点。此时，你们即将毕业了，就要展开新的人生旅程，我把这句话送给你们：

求知若渴，虚怀若谷！

谢谢你们！

与“雪豹”共舞

——WWDC 2011的主题演讲

今天我们看到了非常多的精彩的展示，不是吗？接下来的内容由我主持，我会尽量不把事情搞砸的。（全场笑）

事实上，我接下来要介绍的是关于iCloud的应用。我们已经为它花费了很多心血，所以它的应用也让我感到十分期待。我似乎有些无法抑制自己的兴奋。

其实在10年前，很多人就已经意识到个人电脑将会成为人们享受数字生活的重心。这意味着什么呢？这意味着，你可以将你的照片、视频、音乐、文档汇集在你的电脑中集中存储和处理；你将能够把各种设备同步到Mac电脑上，而最终由它为你汇总数据、处理文件。而这些在10年前曾是人们理想中的美好状态。在过去的这些年里，我们也的确亲眼见证了一些事实。我们看到了，短短十年左右的时间，事情似乎都在朝着我们理想中的状态发展，而电脑真的成为了个人和办公数据处理的中心。然而，最近几年的时间，我们却渐渐意识到，情况开始变得复杂起来了，有些东西不再如想象中那么完美了。

为什么这么说？因为我们面临着一个不可回避的问题。如今的电子设备处于飞速的更新换代中，其功能也在日渐完善——它们都有了音乐功能，有了拍照和视频拍摄功能。总体而言，我们发现越来越多的文件需要在不同设备之间传输、共享。但是，如果按照我们曾经的旧思路来做，那这会变成一件非常复杂的事。例如，你想把iPhone中的一首歌曲拷贝到iPad中去，你可能会发现，你不得不先把iPhone与你的Mac同步，然后再把iPad与Mac同步；之后要是你想把别处的照片传到iPhone里，你得再把那些设备和iPhone都连接到Mac上！这样把电脑作为中转媒介，将会成为一件费时费力的事情；要是你尝试把所有数据在所有的设备之间同步，这简直会让人崩溃。

现在，我们从问题的实质出发，想到这样一个解决方案：我们将把PC或是Mac拉下神坛，将它从核心媒介还原成一个普通设备，就像iPhone、iPad 和iPod touch那样的普通设备。我们打算用全新打造的云服务功能来代替PC或Mac这个所谓的核心媒介，让云服务成为我们真正的数字中心。而我们的最终目标是，将你所拥有的所有新设备，借助便捷的无线连接，与云服务终端进行随时随地的便捷交流。比如，当我用iPhone拍摄照片时，图片可以即时上传到云服务终端上，然后通过云服务终端将其自动同步到我所有设定好的个人苹果设备中。这其中的过程十分简单，完全不需要思考，甚至我都不需要把个人设备从我的口袋里拿出来，一切都以快速便捷的方式自动进行着。

一些人大概认为，我们的云服务只不过是一个简单的共享硬盘而已，认为它是一种虚无缥缈的东西。他们可能以为，我们只能把一大堆文件传送上去、存储起来，或是将自己想要的东西下载拷贝到选定的个人电子设备中。然而事实上，他们错了！在我们看来，我们将推出的云服务，其功能与作用远远不止这些。

对于这项全新智能化的云服务技术，我们将它命名为iCloud应用。iCloud将把你所有的数据存储在云服务器终端，然后通过无线网络将其同步到你所有的个人苹果设备中。它的显著特点是能做到自动上传、自动储存，并且使数据在所有设备中自动同步。不仅如此，它能使所有设备中的每一项应用服务同步升级，这一切都可以依靠程序自动进行。毋庸置疑，这就是我们的云服务，它就是如此神奇！

或许有观众要问：为什么我现在要听你在这里侃侃而谈呢？你们不是已经创造出了一个MobileMe应用（Apple官方在云服务之前所提供的在线同步服务）吗？事实上，我要说的是，那对于我们来说远远不够，它并不算是最棒的产品。现在，我可以在这里宣布，我们的云服务较之MobileMe应用已经得到了全面的代码改写，从最底层代码开始，我们针对云服务进行了全新的改进。我可以保证，现在推出的iCloud，较之以前的MobileMe已经有了翻天覆地的变化。

与此同时，苹果发布了一整套在线应用，用以配合其桌面程序，这其中还包括Email应用。而且联系人还可以在不同的设备之间实现同步，这有点类似于Windows Live for Windows Mobile和Symbian等系统。

让我为大家举一个例子，我在任何苹果设备上存储的联系人信息都能经由云服务自动同步到其他的设备上；也就是说，我能在任何地方添加、删除或是编辑手中iPhone的联系人信息，然后，完全无需思考，更不用费时费力，就可以在我其他的设备中拥有最新的电话簿内容。无线升级，自动同步——这根本不需要我亲自逐一操作！

至于日程表，其功能大体类似，都是一处改动，全面同步。非常酷，不是吗？除此之外，你甚至还能与其他用户进行日程共享。比如说，我和我夫人有同样两项日程安排，当我想改变其中一项的时间时，只需要在我这端的iPhone上调整时间，让她的iPhone自动同步就可以了；或者她在自己这一端更改了足球观赛的安排，而我的iPhone也会通过云服务同步做到实时调整，并能够适时提醒。我相信，你会爱上这个新的日程功能的，因为它具有非常强大的交互功能——神奇而又有效。

下面让我们说说邮件功能。大家都知道，在当今时代邮件有着非常重要的用途，人们几乎每天都要和邮件打交道。而现在，借助iCloud，邮件功能将可以表现得更加出色。在注册一个@me.com的账户后，你邮箱中的所有邮件信息将可在所有Apple设备上实现同步，收件箱、文件夹设置等都可以实现同步更新。这就是便捷强大的邮件功能。当然了，这其中不会出现烦人的垃圾广告。大家对垃圾广告都很厌烦，不是吗？

我们的开发团队也会使用自己创造的产品，我们确实不喜欢广告。此外，还要特别注意，如果您使用曾经的MobileMe应用，每年你将不得不为此支付99美元。但是，令我们感到兴奋的是，在iCloud中，上述的三项应用服务将实现完全免费！

当然，我们不会就此止步。下面还有至少三项应用是我们已经引入iCloud服务中的。首先要提到的就是我们的App Store——在线应用商店。以前，你可能在不同的设备中购买了许多的应用，它们有的在这个设备中，有的在那个设备中——一团乱麻，甚至有时你自己都会搞混自己究竟购买过什么应用。最终，这会导致你在不同设备上为同一款软件重复付费的恶果。现在呢，你可以借助我们全新的应用，哪怕购买再多的软件，其购买记录都将可以通过iCloud查询，一切一目了然。即便你手头的设备中并未安装该软件，甚至你可能已经忘记了，没关系，自动同步会帮你解决问题。是的，今后你所有的设备都将实现应用同步。而其具体操作更是极其简单。你只需按下“Cloud”键，你购买过的应用程序就会下载到指定的设备上，而绝不会产生重复收费。当你购买一款新的设备时，同样地，你也能进行云服务同步，共享应用，无须额外费用。这就是我们对App Store的改进，希望能够得到大家的认可。

如今的iBook也基本可以进行同样的操作。假如是通过其他设备购买了应用，你同样可以通过iCloud将其同步到iBook中来。哪怕是你阅读的书签记录，也能够由云服务同步到iPad等设备上，并在那些设备上继续未完成的阅读。所以，大家不需要再为数据转移而发愁了，iCloud，真的帮我们解决了这些难题。

现在说说数据备份吧。如果撇开PC或者Mac的帮助，我们要如何通过无线网络来实现日常的数据备份呢？事实上，我们现在所讨论的，是如何通过云服务来轻松备份设备当中的信息。通过云服务，你可以备份你设备上的内容，并且可以同样轻松地恢复。

设想一下，当你购买了一个新设备，比如说你更换了新手机，这时你只需要通过云服务输入你的ID账号和密码，所有备份的内容就会自动通过无线网络同步到你的新手机里了。无须连接电脑，多么轻松！你只需要通过Wi-Fi连接，就可以实现日常数据自动备份，其中包括你所购买的音乐、软件和电子书，设备中的图片、影像，以及程序数据等。

以上便是另外三项关于iCloud的新应用。

接下来我将介绍剩下的三项应用，它们都是令人震惊的神奇应用。我想这几项应该算是iCloud中最有创意的部分了。我很乐意将它们与大家分享。

第一个功能是Documents in the Cloud。让我举例为大家说明一下。如果我在iPad上创建一个新的页面文档，那么当关闭它的时候，它会被自动上传并保存在云服务终端里，与此同时，它还将同步到我所有的设备上。这样我就可以在我任何一款设备上使用这一文件了。还要告诉大家的是，它能同时支持Pages、Numbers和Keynote。而这些新功能将出现在上周公布的新版本里。

Documents in the Cloud实际上将iOS的文件管理系统推上了一个新的高度，因为大家在近10年的时间里一直试图摆脱这些烦琐的文件管理系统。旧的操作系统对于初学者来说过于复杂，试图对其使用方法进行解释反而会使理解的难度加剧。Documents in the Cloud这种新功能的出现，使广大用户再不需要去复杂地学习其使用方法了。程序将会自动搞定一切，无须用户过多思考。更进一步的，此功能解决了不同设备间的数据同步问题，由应用程序将文档存储于iCloud中并自动同步用户的各个设备，并且它能自动将用户不同设备间的文档同步更新。

下一项是iCloud Storage APIs，即以向软件开发者们开放API（Application Programming Interface，应用程序编程接口）的方式吸引更多程序开发。应用软件开发者们可以很容易对接到iCloud的API端口。同时，iCloud Storage不但能存储复杂的文档，还能存储如股票走势那样的关键数据以进行对比。还要说的一点是，它可以应用在所有苹果操作系统iOS中，当然Mac和PC上也没有问题。相信这一点能极大地激发大家的兴趣，而它也必将赢得大家的喜爱。

下一个应用，或许是我个人最中意的一个，我们将它命名为Photo Stream。这个产品将照片成功带进了云服务的世界。试想，有多少次，你在温馨的午后用iPhone为孩子拍照留念，之后你却还得将它们上传到iPad，才能方便展示给大家看。尤其是度假结束后，要把出游所拍的大量照片拷贝到其他设备上着实是件相当麻烦的事。这时Photo Stream便能为我们解决烦恼。借助Photo Stream，我们可以将任何设备拍摄的照片上传到云服务终端并且同步到其他设备上，这一过程完全是自动完成的，无须操心。也就是说，我的iPad会帮助我自动同步好照片，在家里等我回去欣赏。同样，我也可以把Mac里存储的图片上传至云服务终端，并把它们同步到iPhone或iPad等设备上。下面是我们在iPad、iPhone和Mac甚至是PC上为此功能添加的菜单项，一切都如此简单。我们可以看到，在iPhone里它会在照片栏中显示成一个独立的相册；在Mac上它占据了iPhoto侧边栏的一个位置；在PC上，它将位于图片文件夹中。我们甚至在Apple TV中都加入了此功能。很神奇吧？

抛开图片拷贝的烦琐，我们面对的另一个问题是——随着数码技术的提高，高像素数的照片正变得越来越大，可能会占用你相当多的空间，甚至把设备的存储空间吞光。当然，巨大的容量对我们的数据服务器来说也是个大麻烦。所以我们的解决办法是，只为你的设备保存最新拍摄的1000张照片。当然了，对于你想永久保存的那些照片，你只需要将它们拖入某个相册就可以了，我们可以做到有选择性的永久保存（当然，在你的个人Mac或PC硬盘里，数据还是可以永久保存的）。所有上传的这些照片，将会在云服务终端为你保存30天，在这期间你所有支持无线连接的设备都可以自动下载这些照片。我们构建的是一个伟大的工程，它将帮助大家将图片共享到所有的设备中，甚至连Apple TV都可以囊括在内。当我在任何地方拍了照片后，我可以选择在任何其他的设备上进行浏览浏览。我认为这是很令人兴奋的事情。

（演示时间，Eddy Cue，互联网服务部副总，上台展示操作）

这真的很酷，不是吗？让我来总结一下吧。你可以将拍摄的照片或拥有的图片上传至iCloud，iCloud自动将照片同步到你所有的设备中。当然了，这一切都要通过Wi-Fi来实现。

所有的照片都将在iCloud保存30天，这足够你所有的设备连接并下载它们了。不过移动设备只储存最新的1000张照片，想要永久保存的照片只需拖动到指定的相册即可。Mac或PC中可存储所有的图片。我实在是很喜欢 Photo Stream功能。 我想你们也一定会欣赏这个功能。

好的，我最后为大家介绍的是iTunes in the Cloud。依然是之前的老套故事：我在iPhone上购买了一首歌曲，但是根据以前的条件，它们不会出现在其他的设备上，所以当我拿起iPod 想听那首昨天购买的歌曲时，却发现它根本不在里面！这样的情况在之前每天都会发生。然而，事实上，iTunes in the Cloud可以改变这一切。当你点击购买键，就可以看到自己的购买历史，而现在你只要点击相似的云下载按钮，就可以看到之前下载过的所有歌曲或专辑，并把它们同步下载到手头任意的设备上。当然，此过程没有任何额外的费用，真是棒极了。你能够十分便捷地在不同的设备上下载音乐，你也可以根据流派、歌手等分类下载，还可以实现多个设备间共享相同的正版歌曲，这一切都不会产生任何额外的费用。我想这种情况还是头一次在业界出现。多个设备共享正版音乐，这实在是历史性的事件。

（Eddy 回来演示操作，为大家展示如何同步各设备间的音乐媒体库）

显然，我们刚刚又看到了一个很棒的应用。好吧，让我们再回顾一下iTunes in the Cloud。我们可以从iTunes上购买正版音乐，这些歌曲的音质很棒，均为AAC格式的256Kbps高码率，而所有这些歌曲都可以在你拥有的设备上实现同步共享，不过其数量上限定为10部；也就是说，你可以保存10首正版歌曲，实现其同步共享。

目前，iCloud涵盖了之前所介绍的这9款实用功能，这里我要强调最重要的一点——它们全部免费！我们将iCloud设定为免费应用，其目的是让更多用户体验到我们产品的强大功能，让我们的设备充分实现其功用。作为开发者，我们对此也感到非常兴奋。这就是全新的iCloud，它可以利用无线技术存储你设备中的内容，然后再通过无线连接将其同步到你其他的设备中，同时还能够与你所有的应用程序整合为一体，充分发挥效用。最神奇的是，这一切都是自动实现的，无须用户操心。我们将始终坚持便捷、简约、创新的产品理念，并不断推动新产品的研发。

iCloud是一个如此强大的应用集合，而我们的竞争对手，并不能掌握如此强大的应用程序，更不能把所拥有的资源整合成如此程度的同步统一，他们还缺乏众多技术高超的开发者来投入相应的辅助软件开发工作。事实上，他们并没有达到像我们一样的高度。iCloud，为我们创造了一个新的奇迹！

说到这，既然我们有了这么好的应用，那又要怎么得到它呢？今后，当你买到拥有新iOS操作系统的手机后，你只需要输入你苹果的ID账号和个人密码，一切就搞定了！iCloud在新的iOS系统中默认为打开状态——当然你可以选择关闭它——这样你就可以轻松获得前所未有的便捷体验。每一位用户都可在iCloud中免费获得5GB大小的个人空间用以存储邮件、文档及备份数据等。当然，考虑到此空间限定中并不包括Photo Stream占用的空间、用户购买的音乐、应用及电子书等，所以实际上个人所分配到的空间要远大于5GB。这听上去真是棒极了。

那么，这么棒的应用，大家什么时候才能真正拥有呢？事实上，就在今天！就在今天，开发测试版已经可以试用了。对于众多还在使用iPhone 4 iOS 4.3版本的用户来说，更大的好消息是：今天我们还将发布可以在iOS 4.3 上运行的iTunes in the Cloud测试版本，这就让大家无须升级系统就能充分体验了。在场各位稍后可以使用手中的iPhone 4进行体验，多么让人兴奋！

正式版的iCloud应用，预计将随着iOS 5系统于2011年秋季发布。敬请期待。

下面，谈谈另外一件事，只是一件小事，还是关于iTunes in the Cloud。我们可以看到，iTunes in the Cloud这项应用，更多的是针对我们的iTunes在线音乐商店业务。从中购买并储存歌曲其实很容易，但要知道，我们足足有150亿首音乐在里面！那么我们要如何在这堪称海量的音乐库中畅游呢？我们为大家提供了以下三种使用技巧：

1. 你可以通过数据线或者Wi-Fi同步新设备，然后让iCloud来帮你对已经购买过的歌曲实现同步下载。

2. 你可以在音乐的海洋中进行搜索并直接购买那些你喜欢的专辑，或许仅靠iTunes你会容易忘记它们，但是iCloud会自动为你永久储存珍藏。

3. 你也可以直接使用iTunes Match 服务。何为iTunes Match？它的推出是基于我们的iTunes在线音乐商店拥有超过1800万首歌曲这一现实。我们开发的软件能够自动扫描你的曲库歌曲并与iTunes曲库相匹配。这些歌曲将与其他购买自iTunes的歌曲获得一样的收益。当你想将设备中媒体库的音乐上传到云服务终端时，会先经过扫描比对，只有那些我们在线音乐库中没有的音乐文件才会被iCloud上传。这一过程只需要几分钟时间。当然了，如果你要把整个媒体库都传上去的话，那恐怕需要几个星期了。而现在呢，经过自动智能筛选，整个过程只需数分钟就够了，因为应用程序会扫描并自动匹配媒体库的内容，只选择上传特殊的音乐，再无须将全部文件批量上传了。至于你媒体库中原有的与iTunes在线音乐库内容重合的部分，将会被iTunes免费转换成256Kbps的AAC格式文件，且无内容数字版权加密保护技术保护。

iTunes Match一年只会花费你24.99美元，真是够实惠的功能吧！当你手上有一大堆不是通过iTunes购买的音乐文件时，通过这个功能，你可以享受到更加完美的音乐，只需一年24.99美元，何乐而不为呢？

我们来通过表格与一些竞争者作一下比较，特别是亚马逊和谷歌的音乐服务。iTunes Match 会给你带来很直观的惊喜。首先在云服务端上传方面，因为iTunes Match 具备智能选择上传功能，因此它只需要数分钟时间；而亚马逊和谷歌只能做到全部上传，这恐怕真会花掉你几周时间吧！在具体的应用操作方面，我们有成熟的iTunes，你完全不需要登录网页那么烦琐。哦对了，我们是唯一可以自动升级成高音质256Kbps格式音乐文件的公司。苹果的iTunes Match现在是按每年25美元收费，不管你的曲库中有多少歌曲，都可以按照此标准付费。假设一下，如果同样是处理5000首歌曲，那么按现行标准亚马逊会收取每年50美元的费用，若是达到2万首歌曲的话，亚马逊会收取高达200美元一年的费用！谷歌的收费标准暂不明朗，尚未公布。我想，大多数用户个人曲库会拥有多少首歌曲呢？他们会选择哪个收费标准的音乐服务呢？加以简单比较，我相信他们都会做出很明智的选择。

以iTunes Match为先锋的我们，可以称作是这个行业的先驱，我们也始终坚持朝着最便捷的免费服务和最优良的收费标准的导向发展。云服务正引领我们，也引领大家一起向这个方向发展。

如果大家认为我们不够认真的话，那就大错特错了！大家可以看一下大屏幕，这其中显示的是我们在北卡罗来那州刚刚建成的第三个数据中心。这些是这座数据中心的一些照片，它看起来非常大，不是吗？在这里，我们将现代科技与节能环保完美的结合，为此，我感到十分骄傲。哦，你看屋顶上，看这个近景，这是两个人站在上面。我们再把镜头拉远来看，现在大家应可以了解这个建筑物究竟有多么庞大了吧！这是我们最大的数据中心，其内部也拥有最先进、最优良的设备体系。整个数据中心即将全面投入使用，我们已为此做好了充分的准备。对于我来说，已经有点迫不及待地想让用户用上云服务了。

好吧，iCloud就是我们今天介绍的第三样新产品，我希望大家喜欢今天上午展示的三样产品。接下来我们为大家准备了丰富的内容，保证大家能够大饱眼福。这里有超过5200人次的观众，超过120场发布会，超过100个体验厅和1000多名苹果工程师，我们在这一周里给大家预备了足够丰盛的大餐。如果你还不满足，有任何疑问敬请提出来，这就是我们在这里的理由。今天的发布会就暂告一段落，非常感谢大家的参与！希望大家可以享受这一周，享受我们的展会!

求知若渴，虚怀若谷。

——乔布斯

后PC时代的飞跃

——Back to Mac 2008

首先，欢迎各位莅临现场，来参加Macworld 2008发布会，再次欢迎各位！今天会是一个特殊的日子，将会有一些悬而未决的东西发布。但是，在我开始介绍这些东西之前，我想先花一点时间带大家一起回顾一下2007年。对苹果公司来说，2007年无疑是极其特别的一年。就在这一年，很多让众人瞠目结舌的产品相继问世，尤其是让人兴奋的新品iMac，令人惊讶的iPod和具有革命性、划时代的产品iPhone，更多的产品我不在此一一列举，但它们都已带给消费者无限的冲击力。所以，2007年的确是神奇而又特别的一年。在此，我只想借这个机会向大家说一句“谢谢”，感谢所有给予苹果支持的人们，感谢神奇的2007年。

今天，我想和大家共同讨论并分享4件产品。那么现在就让我们开始进来的进程。我要介绍的第一件产品就是Leopard。不得不说，这真的让人十分激动，我要告诉大家的是，在Leopard发布后的3个月，我们已经售出了500万份产品。不敢置信，对于Mac OS系统来说，这绝对是史无前例最成功的产品。而这又带来了怎样的结果呢？结果是将近20%的系统用户成功升级到了Leopard。无论是对于我们自身还是广大消费者，这都着实让人惊讶。所以，我真的为此感到十分激动。

事实上，Leopard的价格也将成为一项具有决定性意义的成功，同时也代表着商业性的成功。《华尔街日报》的专栏作家莫博士曾经评论说："在我看来，相较于Vista系统，Leopard具有明显的优势。它实际上是一种性能更强、速度更快的系统。"《纽约时报》评论员大卫·罗根也曾评论说："Leopard是一个集强大、完美与细致于一身的杰出构想。"《今日美国》的评论员说："拥有Leopard，苹果的操作系统将会在美观与技术上实现更大的优势。"我们还可以在《计算机》杂志上看到这样的评价："这是到目前为止最好的一个操作系统，它真正迎合了广大用户的切实需求。"

除了得到这些舆论的赞美之外，Leopard系统的确得到了更为广泛的应用。而我今天要宣传的其中之一就是Office Mac 2008，这是最新一款Office软件。事实上，微软目前也在应用Office Mac 2008。这是最后一个支持原生Intel的大型软件，现在我们终于实现了Mac电脑上所有大型软件均支持原生Intel的目标了。在此，我要感谢Adobe，感谢微软，谢谢。

所以，对于Mac OS X系统来说，我们的前景是十分可观的。而其中的Time Machine更是一个十分优秀的产品，因为它可以神奇地备份用户手中所有的资料。它的操作也是一项神奇的工作。其实，对于笔记本电脑用户来说，频繁地插拔移动硬盘是一件十分恼人的事情，我相信大家都希望能够享受简单、便捷的操作。所以我要介绍的第一件新产品就是专门为Time Machine创造的，我们称它为Time Capsule。但它究竟是什么呢？事实上，它十分小巧，是一个专门用于备份的产品。它的内部核心其实是AirPort Extreme和硬盘。它可以很好地支持802.11n无线蓝牙。所以，可以说这个产品是十分值得信赖的。正是这两项十分重要的内部元素构成了Time Capsule这个新产品。非常棒！它可以借助无线网络将你笔记本电脑中的内容备份到Time Capsule中，而由此，你可以随时随地方便地使用这些资料。无论是笔记本电脑用户还是台式机用户，你所需要做的只是打开Time Capsule，借助这个媒介而已。这简直太棒了！

我们将提供两种规格的Time Capsule产品给广大用户。一种是500G硬盘容量的Time Capsule，而另一种是1TB硬盘容量的产品。500G容量的Time Capsule售价仅为299美元，而1TB容量的产品售价也只有499美元而已，这两款均是不错的选择。毕竟我们的最终目的是每个用户都可以享受到新产品所带来的便捷。Time Capsule将于今年2月正式发售，这将是一款不可思议的优秀产品。

对于Time Machine我们已经了解了很多，而上周我们也已经为Time Capsule推出了广告。（广告播放）这就是我们的Time Capsule，Leopard系统下完美、便捷的代名词。这就是今天我和大家分享的第一件新产品。

现在该说第二件产品了，而第二件产品其实是iPhone。我将告诉大家一些令人激动的好消息。事实上，准确地说，到今天为止，距iPhone新品发售仅仅200天而已。而我十分高兴地告诉大家，就到今天为止，我们已经销售了400万台iPhone。如果将这400万台iPhone除以200天的销售时间，我们可以看到平均每天我们都能销售2万台iPhone。所以，我真的感到十分兴奋。

那这对于整个电子市场又意味着什么呢？（大屏幕，请看图表）我们可以看一下美国智能手机的市场占有率。通过这个图表我们可以看到RIM占有了39%的市场份额，这的确是一项伟大的工程。其次是iPhone，我们拥有19.5%的市场占有率。而接下来是Palm 9.8%、Moto 7.4%、Nokia 3.1%、剩余21.2%的用户使用着其他一些品牌的智能手机。而我们的焦点在于，iPhone占有了将近20%的美国市场。有趣的是，Palm、Moto、Nokia三个品牌的市场占有率加起来与我们前3个月的市场份额大致相同。所以，可以说，我们在之前的销售中取得了不错的成绩。这就是我们前3个月的销售——400万台的傲人销量。

我想大家更为关注的是我们即将在2月发布的SDK，这是一个让人惊叹的软件开发工具包。届时，iPhone将能够支持更多的软件，而广大用户也将享受到更多软件带来的乐趣。不过，今天我想给大家展示一些新东西，我们知道iPhone将拥有一些无与伦比的新特性。而第一个便是地图定位功能，你可以通过地图定位清楚地知道你目前所处的位置，并在地图上准确地找到它。其次是首页链接功能。你可以将你所喜欢的网站保存记忆在你的首页上，这个功能将允许你最多保存9个链接，以便随时访问。第三个是桌面定制功能。你可以根据自己的需要排列桌面图标，更改图表顺序，定制符合自己需求的桌面。然后是短信群发功能，你可以一次同时给多人发送信息。与此同时，当你观看视频的时候，你可以将视频分节，可以为其添加字幕并选择语言。而且，它还将和iPod一样，支持歌词同步。所以，现在我将向大家展示这些新特性。

首先，让我们先来看一下地图定位。现在我们看到的是一张美国地图。你可能会感到有些疑惑，搜索和定位键究竟在哪里？事实上，我们点击屏幕右下方的按钮，页面便会翻起，而我们看到的就是搜索和定位键。正如刚才大家所看到的演示一样，这就是地图定位，而根据地图定位显示，史蒂夫就在会展中心。现在，我想同时发送一条信息给很多人。让我来写一条消息……那么现在我想把它发送给菲尔、斯科特、迪姆和托尼。所以，通过短信群发功能，我可以将这条消息同时发送给这4个人，这真的十分方便。大家都知道，短信群发可以显示用户与接收者之间的对话，所以在我发送信息之后，我可以返回列表界面，这样就可以看到收信人列表，同时我还可以继续给其他人发送消息。这些工作只要动动手指就能完成，真的太棒了！至于首页链接功能，是一项十分神奇的新功能。现在我打开苹果主页，接下来打开谷歌浏览。事实上，谷歌真的是一款非常好的搜索引擎，同时它也能很好地支持iPhone的运作。我想谷歌搜索页面将会是我常用的网页。现在，在页面下方中间位置显示的是添加键，我可以点击它，而接下来会发生什么呢？我除了可以添加一个常用书签外，还可以增加一个新的主页链接。与此同时，我还可以将链接用邮件发送到iPhone的桌面上。大家可以看到，我可以就这样将谷歌的图标添加在桌面上。事实上首页链接功能的意义远远大于网页浏览，它可以记忆并保存我们的浏览历史。现在我再为大家演示一下这个功能。打开《纽约时报》的网页，选择其中的一个链接，点击屏幕下方的按钮，将其添加为主页并将其发送到桌面。我所需要的全部操作只是点击按钮，所以，这个功能真的十分简单、便捷。

接下来，我要定制我的桌面。现在我只需要触摸其中一个图标几秒钟，它们就会开始抖动。这是一件很好玩的事，我可以调整我的桌面图标，交换它们的位置，把这一界面的图标移动到下一个界面上。当我完成这一切时，我只需点击屏幕下方中间的完成按钮，一个新的桌面就生成了。

所以使用我们的产品可以实现什么呢？你可以拥有一份iPhone地图。而我们又是如何实现地图定位的呢？这要归功于我们的合作伙伴——谷歌和Skyhook Wireless公司。让我们从Skyhook公司开始，他们定制了Wi-Fi热点，而其无线信号已经覆盖了美国、加拿大、欧洲和亚洲等地区。事实上，他们目前的数据库已经拥有2300万无线热点。所以当你去试图定位一个地点时，你将通过无线热点调动一个庞大的数据库，从而最终实现准确定位。是不是觉得很神奇？的确，这真的是一个很酷的功能。至于谷歌，它也是通过三角信号发射塔做与Skyhook公司基本相同的事情。我们一直都在与这两家公司合作，而他们也做得非常出色。好的，以上就是我为大家介绍的地图定位功能。

如今我们可以通过简单的操作实现首页链接，定制自己想要的桌面，还可以完成短信群发。这些新特性都会在iPhone上体现出来，并且每一个iPhone用户都能免费升级更新软件，从而享受这一系列的新特性。我们坚信iPhone不会停滞不前的，我们会不断努力去完善提高它的性能，从而提供更多免费的更新使广大用户能享受日趋完美的iPhone所带来的乐趣。

这就是我要介绍的iPhone的内容。下面让我们来谈一谈iPod

touch。众所周知，它与iPhone有着相同的操作系统，那么我们又为iPod touch做了些什么呢？事实上，我们为iPod touch付出了很多心血。我们为iPod touch添加了全新的应用程序，它们是神奇的邮件功能、地图定位、股票、记事本和天气预报。这就是我们现在所看到的5个应用程序，不仅如此，iPod touch也将会拥有一些新特性。它可以进行地图定位，因为iPod touch同样可以接收Wi-Fi无线信号，通过Skyhook公司的数据库实现定位。它可以设置首页链接，最多记忆9个链接地址。它可以进行桌面定制。而当观看视频是，它同样可以进行分节、添加字幕、选择语言。与此同时，它也支持音乐播放和歌词同步。事实上，iPhone上的新特性也全部体现在了iPod touch上。从今天开始，我们要创造一个全新的iPod touch。而iPod touch用户只需要花费20美元的费用升级更新，就能够享受所有的新特性。所以以上就是我今天要说的第二件事。

那么，下面要说到第三件产品了，这也是一件很好的产品。事实上，这件产品就是iTunes。在此我很高兴地告诉大家，就在上一周我们已经售出了400万首歌曲。非常棒，不是吗？而就在圣诞节那一天我们又创造了一个新的纪录——一天销售量2000万首歌曲。是不是很不可思议，2000万，一天的时间就售出了2000万首歌曲。这是一个新的单日销售纪录。与此同时，我们还售出了1.25亿个视频，这是一个非常令人震惊的数字。接下来是电影，我们售出了700万部电影，这同样是一个巨大的数字。但这些让人惊讶的数字并不是我要告诉大家的重点，我想说的是我们应该有更好的媒介，可以下载音乐、观看视频电影。所以，今天我将要向大家介绍一款新产品——iTunes Movie Rentals。事实上，我们并没有尝试过租售音乐，因为我们认为并没有人需要这种形式的产品。但是作为你最喜欢的电影，可能绝大多数的人会选择通过租赁去观赏它，而且你确实没有必要一直占用存储空间并购买它。这就是iTunes Movie Rentals的意义所在。现在大家看到的就是iTunes Movie Rentals的界面。还要提到的是，我们正与优秀的工作室合作，如Touchstone、Lions Gate Films、Miramax，等等；除此之外，还有Fox，Walt Disney，Paramount，Sony……如此多的影视巨头在与我们合作，支撑着iTunes Movie Rentals的发展。那我们之间又是如何合作的呢？在今年2月，我们将拥有2000部电影的资源供大家选择，而在DVD版发行后30天就会开放租赁。你可以通过Macs、PCs、最新的iPod和iPhone等媒介进行观看。你也可以进行即时观看，因为下载一部电影只需要花费不到30秒钟的时间。下载之后，你可以在你的设备上存储30天，但当你开始观看，就必须在24小时之内看完。在这期间，你还可以将电影传到其他媒介上面继续看。至于价格，一部旧的电影只需要花费2.99美元，而一部新电影需要3.99美元。下面我为大家展示一下它是怎样操作的。打开iTunes的页面，选择一个你想要租赁的电影，然后点击它，将它添加到“已租赁电影”的列表。

今天我们推出了iTunes Movie Rentals的免费升级软件，大家可以在iPhone、iPod、iTunes上进行免费更新。这个升级软件包在今天于美国发布，世界范围内的发布也将在今年推出。这就是我们的iTunes Movie Rentals。你可以在iTunes上观看电影，可以在新版的iPod和iPhone上观看。但这又是什么呢？这台平板电视又是什么呢？事实上，我也希望能在这样的电视上观看这些电影。我想说的是，我们做了很多努力，尝试让互联网上的电影实现在电视上播放，但最终我们都失败了。我们也尝试用Apple TV来实现它，并且它也被设计成iTunes和电脑之间交换的一个良好配件。但是，这并不是人们想要的。我们意识到，人们想要的就是电影——电影——电影而已，但我们并没有真的在电视上实现它。

所以现在Apple TV所需要做的就是租赁电影，让它可以在宽屏电视上进行播放，实现DVD的观看质量，支持杜比5.1环绕音——这种高品质是让人无法想象的。当然，我们还会实现支持YouTube，不断扩展我们的选择。现在有超过5000万的视频是来自于YouTube的，而我们的顾客青睐的便是如此庞大的资源。所以，这些都是最新的Apple TV所拥有的独特魅力。让我们回到之前所谈租价的问题。我提到，我们拥有新发布的电影和旧电影两个电影库，旧电影的租价是2.99美元，而新电影的租价是3.99美元。但是，更令人兴奋的是，你只需要多花一美元就可以享受HD高品质画面的电影，也就是说HD品质的旧电影租价为3.99美元，而新电影租价为4.99美元。很高兴告诉大家，今天我们已经有了100个可供大家选择的HD品质资源了，并且这个数字将迅速增长。

以上就是我为大家介绍的iTunes Movie Rentals的新特性，现在到了演示时间，让我为大家演示一下这些操作。让我们再次进入iTunes Movie Rentals的首界面，我们可以看到电影列表，当然我们还可以按照出品公司进行选择。好的，现在我可以选择其中一部电影，点击进入下一页面。大家可以看到，屏幕上会显示这部电影的简短介绍，显示它的导演、主演、时长等信息。而如果我真的想观看这部电影，那只需要点击“Rental”键，然后进行最后确认。事实上，一切就是这么简单。好的，让我们回到主界面，来看看电视节目菜单。现在在

iTunes上拥有600个电视节目资源，你可以通过Apple TV购买它们然后观看，或者将它们传回电脑观看。然后要说的是音乐，我们拥有600万首歌曲，你可以在这里找到你所喜欢的歌曲。当然你也可以进行搜索，搜索你喜欢的歌手或是歌曲。哦，我们还有播客视频，在这里大家还可以选择观看播客视频。非常酷！

这些就是今天我想给大家展示的东西，是不是很不可思议？我真的为此感到兴奋。我想这其实可以称做是一场革命，我们通过努力最终实现了质的跨越。还要告诉大家一个好消息，Apple TV已经有了升级软件包，每一个Apple TV的用户都可以进行免费下载升级。我们希望每一个用户都能享受此种便捷，都能拥有我们所提供的高品质产品和服务。并且，299美元的售价也将成为历史，最新版的Apple TV售价将为229美元。我们为Apple TV的老用户提供免费升级，而新的购买者也可以在两周之后以229美元的价格购买新版Apple TV。

现在，让我们回到iTunes Movie Rentals。你可以在电脑上观看它们，可以在新版的iPod和iPhone上进行观看，而最让人兴奋的是，你可以在宽屏液晶电视上观看它们。我们有高品质的视频供应伙伴，有Apple TV的技术支持，有先进的播放载体——我想我们已经集合了所有的优势资源。在此，我还要特别感谢福克斯公司，这是第一家和我们进行合作的公司，而它的确是一家拥有高品质影视资源的合作者，谢谢！现在，让我荣幸地邀请福克斯公司总裁兼首席执行官吉姆·吉亚诺普罗斯上台。

吉姆：谢谢！谢谢史蒂夫！感谢大家！听了史蒂夫对于Movie Rentals的介绍，我感到十分激动。现在，我想给大家讲一些背后的故事。事实上，很早之前我就已经料想到要和史蒂夫进行合作，毕竟我们的目标就是制作好的电影并将它们分享给广大观众。当我们向其他人问起他们想要的电影时，得到的答案似乎都是一样的——他们想要内容丰富新颖的电影，想要可以方便携带、随时随地观看、便捷易操作的电影。所以，多元化、简单便携、易操作才是他们所需求的。事实上，他们希望得到就算是小孩子都可以懂得如何操作的产品。所以对我们来说又是一项巨大的挑战。当需求反馈到公司，我们要进行的就是一系列数据的收集、整合和反馈，技术上的研究与突破。而最终，我们才能创造出让人们喜欢的电影。这就是我们背后真实的故事。

其实，租赁电影并不是一件新鲜事，很早之前人们就可以通过其他的媒介租赁电影。但是，因为先有了音乐，所以出现了iPod；因为先有了电话，所以出现了iPhone。苹果公司总是能够洞察先机，找到潜在的市场，并且积极地致力于挖掘更新更好的产品。而就是这种意识让苹果将视线转移到了电影租赁市场，从而给电影租赁带来了真正意义上的变革。对此，我真的感到十分激动。

我们的工作就是创造电影产品，给消费者更多的选择，更好的享受。而史蒂夫带给我们更大的惊喜是，他将这些电影、视频的品质提升到了DVD的标准。大家对DVD都很熟悉，它的画面品质、效果得到了很多人的认可和赞赏，而史蒂夫将这种品质引入了他的产品，可以说这是一个不可思议的创造。不过从某种角度上来看，人们仍会有购买硬盘媒介的需求，当然我们不能剥夺属于他们的权益，于是我们制定了一个数字化的拷贝光碟——我今天就带来了一个。其实我们已经为此筹备了很久，它不仅具有蓝光光碟的效果，同时还包含一个数字拷贝，这可以使你将数据移动到你的iTunes、iPod里。非常棒！

今天，我真的十分高兴，同时也为我的合作伙伴、我的朋友——史蒂夫感到骄傲。在此，我也衷心地希望这一切只是一个好的开始，未来的发展可以一片光明。谢谢！

乔布斯：谢谢，吉姆。iTunes Movie Rentals是今天我与大家分享的第三件产品。那么，接下来让我们继续介绍下一个产品——一件悬而未决的神秘产品。它究竟是什么呢？众所周知，苹果有最好的笔记本电脑MacBook和MacBook Pro，这已经成为了电脑行业中一个里程碑式的标志。但是，现在我要介绍给大家的是第三种笔记本电脑，它叫做MacBook Air。那么MacBook Air有什么特殊之处呢？用一句话来说，它是世界上最薄的笔记本电脑。所以，这代表着什么呢？事实上，提到超薄笔记本电脑，大多数人可能就会想到Sony TZ。的确，它们很薄。由此，我们开始努力地研究分析他们的产品，试图去超越他们。我们先来看一下Sony TZ——重3磅，厚0.8~1.2英寸。为了降低重量，他们采用11英寸或是12英寸的显示器，使用迷你键盘。而对于我们来说，我们的目标是什么呢？3磅的重量，这的确很棒。但是我们认为，为了降低重量，Sony在厚度、显示器大小和键盘上做了太多的让步，我们对此并不赞同。

现在让我们来看看MacBook Air。我们来作一个对比。这是Sony TZ——厚度从1.2英寸过渡到0.8英寸；而这是MacBook Air——厚度从0.76英寸过渡到0.16英寸。所以，我们的产品可以说是世界上最薄的笔记本电脑，令人震惊的0.16英寸，和公文袋一样薄。现在让我为大家展示一下。这个公文袋里装的就是MacBook Air，让我们把它取出来。这就是最新的MacBook Air，你可以真实地感受到它究竟有多薄。这的确是一款不可思议的产品——全尺寸键盘，全尺寸显示器。好的，请大家继续看大屏幕，我将为大家展示一下具体的细节。这款世界上最薄的笔记本电脑却有13.3英寸的超大屏幕，磁性开合钮。更为华丽的展示是，它拥有的是LED背光显示屏，当你开机的瞬间便能感受到其中的魅力。在显示屏的最上面，是一款内置摄像头。如果你向下看，就能看到这款全尺寸键盘，可以说它是我们有史以来最好的一款笔记本键盘——全尺寸笔记本键盘，并且更为神奇的是，它是一款背光键盘。与此同时，我们还拥有一个十分棒的触控板，它可以支持多点触控。你可以双击拖动、旋转图片。当你需要浏览下一张图片的时候，只需要滑动手指；当你需要放大图片时，你只需要移动两个手指，就可以拖动扩大它；当你想旋转图片时，也只需要转动手指即可。我们将iPhone中的便捷功能继承并运用到了笔记本电脑里来。

所以，真的很棒，不是吗？让我们再来看一下它，多么漂亮、多么轻薄。那么，我们都为它配备了什么呢？我仍为我们的工作团队能想到这点而感到震惊。让我们看看它的底部，这里有三个组件——硬盘、电池、电子控制系统。在硬盘中还有一个1.8英寸的驱动，它曾运用在数以百万计的iPod产品中，所以我们对它有很好的了解。MacBook Air有80GB的普通硬盘（HHD）和可选择的64GB的固态硬盘（SSD）。虽然它们的价格有点昂贵，但是它们的读写速度却让人赞叹。而真正神奇的是Mac Air的电子控制系统。当你看到它的时候可能并不觉得有什么特别，那它真正的特点在哪里呢？其特别之处就在于它的大小等同于一支铅笔大小。与此同时，Mac Air采用了Intel酷睿双核处理器，这是一款快速稳定的处理系统。

其实，我们与Intel公司有着非常良好的合作关系。我们彼此挑战，却最终实现共同的发展。例如，我们说我们需要酷睿双核处理器，但是我们要求它缩小体积。这听起来可能很简单，但实际上却很难。他们为此请了很多工程师为了改进发明，最终实现我们的要求。所以，最新的酷睿双核处理器比以前小了大概60%，而这也是我们可以制造出MacBook Air的原因之一。所以，在此我想向Intel表达我的感谢，谢谢。

现在，我十分荣幸地邀请Intel公司首席执行官保罗·欧德宁上台，大家欢迎。

保罗：谢谢，感谢大家。史蒂夫，你否记得大概一年前，你向我们提出要为Mac Air创造世界上最好的处理器。这是一项巨大的挑战。当我们刚刚得到这个任务的时候，我们认为它根本不可能完成。今天我带来了这个产品，这是这个不可能变为现实的证明。我们为此投入了大量心血，最终我们为你创造出了一角钱宽度的处理芯片。我们攻克了这个挑战，并将其做到了最好。我要谢谢你，谢谢你的团队，我们之间的亲密合作使这一切成为可能。我想将这个处理芯片送给你作为纪念。

史蒂夫：这是非常伟大的技术。感谢保罗，感谢Intel公司。所以这就是我们的电子操控系统，我们的核心。我们就是这样把它放进了世界上最薄的笔记本电脑里的。让我们看看Air的其他特性。实际上，在Air的侧面有一个磁性安全接口，配有一个小型的45瓦的电源配适器；在另一边，有一个2.0的USB接口，一个Micro-DVI，还有耳机接口。最重要的是，我们采用了世界上最先进的无线蓝牙功能。你唯一不能在MacBook上发现的就是CD-DVD光驱。但是，如果你真的需要它，你可以购买这个产品——SuperDrive。它是一个超强的外部光驱仪器，通过USB端口连接到电脑，而其售价仅为99美元。事实上，我们认为大多数的用户不会错过这个设备，他们需要这个设备。为什么呢？我们知道MacBook拥有无线蓝牙功能，这意味着，拥有这个设备你就可以播放电影、安装软件、备份资料、刻录音乐。

猜猜，我们可以运用什么更好地满足这些需求？我们可以通过iTunes Movie Rentals租赁电影；可以用iPod播放音乐，这可比刻录CD要好得多；我们可以用Time Machine and Time Capsule来无线备份我们的资料。那么，对于安装软件我们有什么更好的选择吗？事实上，我们也准备利用无线技术来实现它。在这里我们所采用的新技术叫做Remote Disc。所以，当你打开“Finder”，你会看到Remote Disc，它会显示在你的Mac和PC中都有哪些特别的软件。你可以选择其中的软件进行无线传输，而当它接受了你的请求，你便可以通过PC识别Remote Disc，并且通过无线蓝牙将其发送到你的MacBook Air里。这太神奇了！我不认为广大用户会错过这项功能。

所以，MacBook Air真的是一个很神奇的笔记本电脑，我们不希望让如此完美的东西在电池上出现瑕疵。我们的电池可以保持供电5个小时。事实上，很多其他品牌的电池其容量只能保持供电1.5个小时。所以，MacBook Air真的是一款集合了所有强大元素的神奇产品。现在让我们来总结一下它的特性。重约3磅，13.3英寸全屏显示器，全尺寸键盘，0.16英寸触控板，内置摄像头，1.6GHz酷睿双核处理器，2GB内存，80GB硬盘，64GB扩展固态硬盘，802.11n无线蓝牙。所有的这些强大的特性全部融合在了这世界上最薄的笔记本电脑中，而它现在的售价仅为1799美元。大家可以从今天开始在网上预购MacBook Air笔记本电脑，而我们将在两周内发货。

我们还为这个神奇的产品制作了广告。（广告播放）

当然，我们也在环境保护方面，做了很多积极有益的努力。首先，我们选择的材质可以回收再利用，它是一种拥有很好评价的环保材料。我们为此感到非常高兴。其次，我们的零售包装相较于以前的MacBook也减少了50%，这使我们有了更大的空间去运输，同时也节约了包装材料。事实上，我们始终坚持着环保的理念，而我也要感谢这款产品，这款世界上最薄的笔记本电脑，谢谢它所带给我的冲击与惊叹。现在它也成功进入了世界上最好的笔记本电脑的行列。所以，以上是我为大家介绍的第四件产品。

现在我们已经进入了2008年，在2008年的第二周，我们一起回顾了一下新产品和新技术。而就在上星期我们宣布了有史以来最强劲的Mac 8核处理器，它成功地吸引了无数人的目光。而今天，我和大家分享了Time Capsule，同Time Machine一样令人震惊的新产品。iPhone和iPod touch的软件升级，全新的特性，带给大家不一样的体验。iTunes Movie Rentals开创电影租赁服务，通过无线网络实现便捷高品质的视觉享受。MacBook Air世界上最薄的笔记本电脑，强大的优势组合让我们骄傲。种种这些新产品都开创了一场苹果技术的新革命，它们让人难以想象。而我们今天所介绍的这些全新的产品，所有这些升级的服务都将在两周内与大家见面。

女士们，先生们，以上就是我今天要同大家分享的全部内容，非常感谢大家今天莅临现场，参加Macworld 2008的发布会，我们一同度过了这个很特别的一天。

而在最后，我希望有一个人能帮助我们搭建一个桥梁，将iTunes Movie Rentals和好莱坞电影还有音乐连接在一起。我想这个工作的最佳人选当然是兰迪·纽曼。兰迪是一名非常优秀的制作人和作曲家，他曾荣获奥斯卡奖并获得了17次提名，这是一个不可思议的成绩；与此同时，他也曾得到13次格莱美奖提名并5次荣获该奖项。让我们欢迎他闪亮登场，并带给我们精彩的表演。

领袖和跟风者的区别就在于创新。

——乔布斯

为什么你们还留在这里

——D8峰会采访

主持人1：首先，我和沃尔特想说，从职业和个人角度上来讲看到你来到这里我们都感到非常激动。

乔布斯： 谢谢。我也是。

主持人1：是的。我可以想象。

主持人2： 感谢你的到来。

主持人1：我们首先来说一个简单的问题。就在本周，你们在市场评估中超越了微软。你对此想说点什么呢？

乔布斯：对于从事这个行业很长时间的人们来说，这是件超现实的事。但是，其实这也没有什么大不了。 这并不重要，不是让你每天早上来工作的动力，也不是客户买我们的产品的原因。所以，我们应该牢记一点：记住我们所做的事情和做这件事的原因。

主持人2：但是我不得不……

乔布斯：这看起来超现实。

主持人2：它的确看起来超现实。我记得在你回到苹果时和你谈过。我们谈过几次，如果我没记错的话，那时公司快要被大家遗忘了。

乔布斯：对，当时公司濒临破产。

主持人2：那么，你曾经想象过会发生这样的事情会吗？你的产品有市场，这也是人们买你产品的原因，但是发生这个情况是什么感觉？

乔布斯：当时，苹果离破产仅差90天了。我回来时，情况很糟，我无法想象。但是当时还有人在，我以为所有优秀的人已经离开了。我发现还有非常棒、非常优秀的人在，我问为什么？我尽可能冷静地提出疑问：为什么你们还留在这里？很多人都回答同一句话：因为我流着六种颜色的血，也就是苹果标志的六种颜色。这意味着“我爱这里所代表的意义”。这使我们愿意更努力地工作，存活下来，并且使我们的价值存留下来以恢复从前的样子。

主持人2：我们此次访谈想主要谈一下你在职位上的想法，这个职位非常有趣。我们大会结合了很多领域，包括技术、媒体。你坐在这里，从某种角度上来讲就正处于此结合点上。这次我们想多花时间了解一下，你觉得未来事情的发展趋势是什么样子。但是最近也有一些争论，我们想就此问你一些问题。我想首先谈下Flash。你在此领域的言论可谓是相当权威并且像杜比一样真实准确。你发表过一篇长公开信，叫做“关于Flash的想法”。显然，文章中说明了你的情况。我的问题是：尽管你在文章中所写的所有都是真的，理论上来说，我们拥有可以替代它的技术和其他可用工具，或者说已经开始替代它了。

如果让消费者突然停止购买iPad或者iPhone是否公平？换句话说，如果我们正处于过渡期，若有比Flash更好的东西那么封杀Flash是否过于草率？

乔布斯：当然，我谈两点，第一，我一会儿再来谈那边发生了什么，因为你所说的确实是正确的。

主持人2：好的。

乔布斯：但是，苹果公司并不像世上其他公司拥有那么多资源。而且我们成功的诀窍在于使用正确的技术。我们看到未来的技术参数，并且朝其迈进。因为不同的技术都是在一个周期中的，有它们的春夏秋，然后归于它们的技术墓地。所以我们尽量找到处于春天中的技术。如果可以做出聪明选择，你可以为自己节省很多的工作量，不用什么都做。你也可以把精力放在创造新兴技术上，让它们在你的平台上有卓越表现。而不因为所展现的平台太狭窄，使技术的表现仅仅是还可以。我们有这样做的历史，举个例子，我们的Mac从5英寸软盘变为到3.5英寸软盘。

主持人2：这是先于其他人的对吧？

乔布斯：我们是第一个这样做的。我们使3.5英寸软盘流行于世。索尼发明的它，我们把它放入第一个产品中。我们这样做是有原因的。我们在1998年完全摆脱了软盘，同时我们也摆脱了所谓的平行端口，我们最先采用了USB，尽管是Intel发明的USB。我们摆脱了一些东西。我们是最早摆脱光盘机的公司之一，在MacBook Air中就不再使用光盘机。我觉得一切正朝此方向发展。有时候我们在iMac摆脱软盘时，外界说我们很疯狂。

主持人2：可能起码是不成熟的。

乔布斯：不，他们说我们疯狂。

主持人2：哦，好吧！

乔布斯：但是有时候必须要挑选一些正确的东西。Flash这项技术今天看起来盛行于世，但是确实正在走下坡路了。HTML5看起来正在朝上升趋势发展。把Flash容纳在系统中有很多工作要做，现在还没有智能手机有插入式Flash功能。

主持人2：你也知道将会有的。对吗？

乔布斯：在过去2~3年中每6个月就说会有这种发明。我确信最终会有的，但是这样也有很多问题，包括了电池寿命、安全还有别的事情。但更重要的是，HTML5正在开始新兴，有非常多的人说我们正在做HTML5视频，视频看起来更好，运行起来也是如此，不需要插件即可运行。所以，可能网页上75%的视频是Flash的，但是25%的比例马上就会变为50%，这将是HTML形式的。

主持人1：所以你会和消费者这么说吗？先不说技术，谈一下消费者。

乔布斯：我认为消费者如果在山谷外，我们的产业就不会有这个问题。

主持人2：拿着他们的iPad，打开一个网页，但是网页上却有个黑洞，看不到视频。可能他们并不知道Flash是什么。

乔布斯：有的网站是有一些黑洞，这些洞很快就会堵上。现在存在的洞是广告，所以我理解这对于一些人来说是有点问题。虽然不完全是，但这是最大的一个洞。

主持人2：你对于那些受此影响的群体有什么观点？比如说开发商？因为我觉得很多关于Flash的问题忽略了一点，是的，Flash是视频集装箱，也有别的视频集装箱份额也在上升，有H264和HTML5。但也是一个开发中的环境，它们整个网站有的看起来很漂亮。

乔布斯：尽管超卡软件的开发环境最为流行，我们也可以不选择它。

主持人2：它并没有比Flash更流行吧？

乔布斯：在当时确实如此。

主持人2：在你的平台上是吗？

乔布斯：不，不是，超卡软件是当今时代的巨人。因为比任何软件都易于使用。所以，你可以是个超卡软件的开发商。

主持人2：我不知道。我对它可不了解。

乔布斯：我们在App Store拥有超过20万个应用。所以就吸引开发商到一个平台上来说，事情发展良好。

主持人1：所以你最终的目标就是摆脱Flash，并且转移？

乔布斯：我们的目的很简单，我们的世界并不是以Flash起源的，我们只是做了个技术上的决定，要把精力放在使Flash有自己的平台上，我们告诉杜比，如果你有能比这个技术运行更快的技术的话，那么回来展示给我们看。但他们没有回来过。但是我想我们不会使用它。 我们推出的iPhone不使用Flash，我们推出不使用Flash的iPad的时候，杜比才开始思考这个问题。我们并没有思考过这个问题，并没有提及过杜比或者Flash或者其他的东西。我们和杜比一样，拥有很多共同的顾客，有着有创意的套件和诸如此类的物件。所以我们并没有想打一架，只是决定在我们的平台中不使用他们一个产品。所以他们在媒体中开始说我们种种不好，并且持续了好多月。所以我写了关于Flash的一些想法，因为我们想对此绝对专业，而不是跟媒体说这些事，我们觉得这和媒体无关。最后我们说够了，够了！我们对这些人在媒体中攻击我们的事实感到疲倦了，所以我们写出了技术上我们不选择Flash的原因。并且它们今天还是跟我们在写出文章前一年或者6个月一样糟。

主持人2：我保证我们马上就会结束这一话题，然后谈谈另一件你可能不愿谈及的事情。关于Flash，这是一个开放的市场，你肯定有竞争对手，可能在平板领域有更强大的对手，因为这些年有很多公司推出了非iPad平板电脑，这周也有。

乔布斯：这就是美国。

主持人2：这是美国，完全正确。呃，这里是洛杉矶，当然，是美国的一部分。但是如果有企业说我们不只想运行视频，而是想运行整个网站。有个上传照片的网站叫做Picnik，这是个可爱的网站，像个平滑如丝的客户在你的电脑上运行，但它是一个Flash网站。它可能也用其他技术，但在iPad上却无法使用。所以是否有人说iPad在此方面是个瘸子？

乔布斯：我有两点要说。第一，事情都是由不同关注点组成在一起的，有的产品强调过多，有的产品不是很好，有的东西选择根本不在产品中显现。不同人有不同的选择。如果市场告诉我们选择错了，我们就要听从市场的。我们只是公司的运营人。我们尝试为人们做出最棒的产品。所以我们有勇气和信念来决定是否使用一项技术。有的人不喜欢这一点，他们会点我们的名字，这将不会成为一些公司的既得利益，但我们将忍受这种热讽，因为我们要为顾客提供最好的产品。我们将把我们的经历关注在呈上升趋势的技术上，他们将是合适于客户的技术。他们付钱让我们做出选择。顾客花钱就是让我们尽可能做出最好的产品，如果我们成功了，他们就会买我们的产品。如果没有成功，他们就不买。这就可以顺利运营了。

所以，我必须要说，人们就像iPad一样。自从推出以后我们每3秒钟就能看见一个。所以我不知道它将会变成什么样。现在我担心的是我们要花3秒钟的时间制造出一个iPad。因为销售的趋势增长非常快。

主持人1：显然你和我们分享了你对此的观点。你最近总发邮件，这令很多人惊讶。我知道这听起来可能挺愚蠢，但是很多人质疑，你在沟通形式上发生了什么？你给什么人发邮件？

乔布斯：他从不把自己当记者。有一天我加班到很晚，基本上快凌晨2点了，因为我正在为下周一准备一个演讲。这个人就开始给我发邮件，我想把他的思想榨出来，所以我开始回应邮件，他也不傻，他又给我回复过来，我们开始了这种对话，还挺有意思的。然后人们就把它公布了。这也没什么关系。

主持人1：你现在是喜欢发邮件了吗？发生了什么？

主持人2：对客户来说，不仅有这一种改变。

乔布斯：我经常会这样做。

主持人2：好的。你听说过你有一个产品的样品出现在酒吧了吗？你听说过吗？有没有关注这事？我不知道，因为你是CEO。我不知道你是否清楚较低级别所发生的事情。有人付给另一个人一些钱，我们并不知道完整的故事，因为整个事件还在警察的调查中，我想问一下你对于这件事情的二重性反应。因为我认为公众记者中有人并不遵守守则。如果我们所知的事情是真实的，我想一直强调这一点，因为我们不知道是否了解整件事情。但在另一方面，警察并不会给某人的律师一只荆棘让他在法庭上就黑了某人电脑进行决斗。但是他们有搜捕令，人们假设，我不知道，但是我知道如果他们黑了我的电脑，里面有很多记录，让公司和很多媒体编故事，但却和警察想要得知的东西不相干。我们只是一把抓，抓住了记者的资产，看到了事件背景。

乔布斯：起码是有指示性的资产。这确实使记者这一行业受到争议。

主持人2：当然可以争论这一点，但是我们认为博客就是记者，我们自己写博客，所以我们认为博客就是记者。你要花时间写博客，《华尔街日报》也有博客，我觉得这也不那么受到争议了。不管怎样，我们想说的是人们从此学到了什么？你学到了什么？

乔布斯： 我可以告诉你现在D.A.正在进行调查，我现在并没有关注它，但是我可以告诉你我知道的。要想使一个无线产品工作良好，就必须要对其进行测试。在实验室里是完全无法测试的，所以你得带着它们在别处测试。我们一个雇员带着产品进行测试。有争论说到底是遗失在酒吧里还是被人偷走，但是我不知道答案。最后找到这款手机的人决定要卖给别人，所以他们给Gizmodo打电话。最后拿到手机的人尝试想要通过插入他室友的电脑来激活手机，室友是位女士，她看到他正想毁灭一些证据，所以报了警。于是警察有了搜捕令。

主持人2：她是给警察打电话还是给苹果打电话的？

乔布斯：她给警察打了电话，因为她不想受到牵连。我只告诉你我知道的。警察来了决定他们要在证据消失之前取证。所以这是个令人震惊的故事，涉及了盗窃、买卖销赃财产还有勒索敲诈，我确信也一定涉及到了性。真是该给这件事拍个电影！

主持人2：我们这里来了一些电影制片人。

乔布斯：他们报道说警察击碎了某人家的门，但据我所知，警察从不会这样做。所以这整件事情变得很生动。D.A.正在调查它，据我所知，他们找了法院的人来确保警察只没收与此案相关的东西。我相信没有别的案例会使他们如此头疼了。所以我不知道最后会是什么样，完全取决于D.A.。

主持人1：再问最后一个问题，之后我们就谈一些轻松的话题，比如像Google，也是关于平台等事的。你对于富士康所发生的事情有什么看法呢？因为现在媒体都在关注富士康。

乔布斯： 哦，当然有的。我们确实也比较关注。我觉得苹果在理解供应链的工作环境中是我们行业甚至所有行业中做得最好的。我们非常用功并且也很透明，网站上可以直接阅读我们每年发布的报告。我们去找到这些供应商，还有他们的二级、三级供应商，去到没有任何人曾经去过的地方，来进行审计，我们对此非常严格。我可以告诉你几个我们知道的事，我们对此有话要说。富士康不是血汗工厂，你去到那里，它是个工厂，但是，天哪，他们有餐厅、电影院、医院、游泳池。对于工厂来说，是个不错的工厂了。但是如果你数一下自杀未遂的数量，今年已有13起。他们有40万人，所以40万人里有13人，也就是每年26个，这是对于40万人来说的。也就是每10万人中有7个。这还是低于美国每10万人中有11个人的自杀率，但这确实令人担忧。

主持人1：而且这也是在一个地方发生的。

乔布斯：但是我们是按人数来看的。在我的家乡帕勒瓦塔有一些自杀效仿事件，高中学生在水陆两栖履带车前自杀，这非常令人担忧。所以我们要了解发生了什么，并且更重要的是了解我们怎么才能提供帮助。因为情况很复杂，因为他们有很多员工住在贫困的农村地区，第一次远离家乡，来到工厂。年龄仅有19岁，可能不像要上大学的高中生离开家那样做好了离开家乡的准备。所以我认为确实是有一些问题发生。

主持人1： 你在尝试让心理医生提供帮助吗？

乔布斯： 我们现在想要理解，之后才能说我们找到了解决办法。我们先要知道问题是什么。

主持人2： 所以你有自己的团队？你会派遣什么样的团队呢？他们必须是像社会工作人员一样。你派了什么样的团队来找出症结所在呢？还是说只是派律师去？

乔布斯： 不，不是律师。

主持人2： 不是律师？好吧！

乔布斯： 我们首先派了已经去过那边很长时间的员工过去，他们对那边的情况很熟悉。我们也雇用了一些外部人员。

主持人2： 好的。我们谈一下事情的未来发展方向。在你的职业生涯中，在PC时期，你花了很多时间与微软的平台较量。就操作系统而言，他们毫无疑问地赢得了平台战争，Mac有了个华丽的转身，但基本上微软的份额更多，并且主宰了平台。还有新的平台出现。你做得非常不错，包括非常优秀的智能手机，还有使用同样OS的平板电脑。你也有别的平台，很多人认为Google正在建造一个多重平台。Android还有Chrome OS系统还有整个的搜索系统以及应用系统都通过浏览器和搜索可以得到，此外还有社交网站。Facebook是个很大的平台，而且非常流行，同时也有一些争论。Mark一会儿也会来，我们也会和他谈一下。总的来说，现在有一个平台战争。在你这一段，你是一个重要的参与者，Google也是个参与者，Facebook也是如此，你是否也这样认为呢？

乔布斯： 不。

主持人2：好。

乔布斯：我从来没有想跟微软打一场平台战，可能这是我们失败的原因吧！我们只是想尽可能为人们打造出最好的电脑。这是我们一直尝试做的。

主持人2： 你从来没有想过Windows或者微软吗？

乔布斯：当然我们想过Windows。但是我们从不认为自己参与了平台战争。我们只是想如何可以制造出比他们更好的产品。我想这也是我们现在所想的。

主持人2：那么Google呢？你如何考虑它？在你的公司和Google之间有些事情有所演变并且也有了改变，比如说对比一下你退出iPhone的那一天和现在。发生了什么？

乔布斯：他们决定与我们竞争。所以他们就那么做了。

主持人2：是在手机领域，还是操作系统？

乔布斯：当然是在手机领域。

主持人2：那么PC操作系统呢？比如Chrome？

乔布斯：再次重申，Chrome还并不强大，所以我们等等看吧！

主持人2：那么浏览器呢？他们在好几个领域都与你们有竞争。

乔布斯：拿浏览器来说的话，我想我们都在做出贡献，但IE仍然份额最大，火狐和IE在一起使Google和我们所做的显得无足轻重。你可能知道，Chrome是基于我们苹果为应用系统所做的东西的。所以我们用了一点点开放源码项目创造了网络盒。我们也为苹果做了个有趣的事情。我们放入了一个开放源码。

主持人2：这对于苹果来说很有趣。

乔布斯：确实是。我们做了很多这样的事，但是这是最成功的一次。几乎每个现代浏览器都基于网络盒。Google和Android、诺基亚、RIM马上也要有，Palm也和我们的一样好，这是Safari浏览器的一部分，也是Chrome的一部分，所以网络盒势头非常好，所有的网站都在对其进行测试。每个手机网站还有桌面网站都在测试，因为Safari和Chrome都是基于网络盒的，他们正在进行测试，现在看起来势头很好。所以尽管我们使很多的竞争者在手机领域有更好的浏览器，我们就势头而言为IE创造了一个真实的对手。

主持人2：如果加上网络盒来说的话？

乔布斯：是的，如果加上网络盒子来说的话，在手机领域就是第一名了。

主持人1：我们回到与Google的关系上，所以你预见了在智能手机操作系统上的竞争，你如何把它们看为对手？你对改变了的关系有什么感想？因为埃里克在你的董事会中，关系也非常紧密，你能否谈一下你觉得除了竞争之外还发生了什么吗？

乔布斯：他们决定与我们竞争。

主持人1：还有呢？

乔布斯：就这样。我们不参与搜索业务。

主持人2：我正想马上问你这个问题呢，但是你只是早上，然后发现觉得他们和你竞争了吗？

乔布斯：是的。

主持人2： 他给你打电话了吗？

乔布斯：他们决定和我们竞争，就这样，开始认真了。

主持人1：那么你现在如何看待竞争呢？如何看待Android和你所做的不同呢？

乔布斯：现在如果看一下智能手机的市场份额，人们定义智能手机的方式很有趣。但是诺基亚仍然排名第一，但是我知道，其实并不是。

主持人2：我们谈一下超级智能手机。

乔布斯：你知道，每个人做事情的方法不同。RIM第二，我们第三，Google第四，其他第五。这就是现在的世界局势。

主持人2：微软在哪里呢？

乔布斯：他们归于“其他”之列。

主持人2：好的。现在如此。

乔布斯：现在如此。事情会改变的。我们3年前还是零，所以事情是会改变的。

主持人2：这些都是数字，我想知道的是你是否感觉被背叛？你与Google的关系是什么？很严肃地说。

乔布斯：我最近的性生活还不错。你的呢？

主持人2： 非常棒，谢谢你关心。非常棒。

主持人1：不要问我。你们关系是什么样的？你们有很多合作，比如搜索地图等，你是否会将它们从iPhone上移除呢？

乔布斯：不。

主持人1：你如何看待你们的关系？

乔布斯：我们想创造比他们更好的产品。我们确实是这样做的。

这就是我们现在的立场。我们在乎的是创造更好的产品，消费市场最令我喜欢的也就是企业市场最令我恨之入骨的，就是我们推出一个产品，告诉所有人，让他们自己投票。他们投“好”或是“差”。如果说好的人数够多的话，我们明天就能有活儿干，就是这么回事儿，很简单。对于企业市场来说就不是那么简单了。使用产品的人们不是自己做的决定，而做出决定的人有时是糊涂的。所以我们愿意为人们做出最好的产品，让他们用钱包投票告诉我他们的感受，看看我们是否走上正轨。

主持人2：所以你不会从iPhone和iPad上移除Google，但是你会给使用者更多的显示机会，因为他们是你的竞争对手。

乔布斯：我们当然互相竞争，我注意到在他们最新的待售品中他们允许顾客把iTunes音乐放在Android手机上，这也没什么。他们也许可以帮我们卖更多音乐，我们手机上也有一些Google属性，我们在竞争并不意味着就要粗鲁。

主持人2：这很好。去年我们的大会上有一个小的搜索公司叫做Siri。

乔布斯：是的。我不知道我是否会把Siri描述为一个搜索公司。

主持人2：是的，但它是一个与搜索相关的公司。我想听听你怎么描述它。你现在拥有它了对吧？

乔布斯：对，我们买下了它。

主持人2：有很多的猜测认为这家公司是在搜索领域的，而苹果不是。

乔布斯：不，它不属于搜索领域。

主持人2：那它属于什么领域？如何描述它？

乔布斯：它在AI领域。

主持人2：所以你买它是为了它的工程师、模式还有关于AI的知识？总的来说是这样吧？

乔布斯：我喜欢他们所做的事情。

主持人1：你想要他们为你做什么？

主持人2：所以你不会通过他们涉足搜索领域？

乔布斯：不，我们没有计划进入搜索领域。我们不了解也不是非常关注。有人做得很好。人们很难记住的一点就是回到iPhone出现之前，也就是仅仅3年前，根本就没有手机应用的应用市场。手机是整机售卖的，你知道，因为你也是抱怨了这一点。让开发商为手机创造应用的想法是前所未闻的。

主持人2：Palm系统应用有一些。Palm并没有升级为App Store，你说的没错。但是有应用，有一些公司卖应用，然后你可以下载下来。

乔布斯：是的，有很少的一些应用。但是还没有现在的1%。现在是巨大的。

主持人2：是的。

乔布斯：而且在你买手机时，运营商会决定手机上有什么。iPhone是我们与运营商有了新关系的第一个手机。我们说运营商你来管网络，我们来管手机上有什么。

主持人2：在美国他们如何处理网络的问题？

乔布斯：事实上他们在某些方面做得还不错，他们在别的方面需要努力。

主持人1：你如何对他们施压，比如说接到投诉的时候？

乔布斯：我们每个季度与他们会面一次。他们做了很多事情。要记住他们处理着比所有竞争对手加在一起的流量还要多很多的数据流量，多很多的数据。他们也有麻烦，现在最大的麻烦是从供应商处得到设备，以便增强网络。但是他们拥有最快的3G网络，而且我觉得还在改善，我希望我能快速地改变，但是我觉得在适度地改善。我觉得最好会有非常好、非常快的网络，这也将是可以处理大量数据最强劲的网络。因为他们先到达了这里，而且碰到了这个问题。我确信任何网络如果有了这么多的iPhone在使用其网络的话，也会遇到同样的问题。但是我确实认为他们有一些问题。

主持人1：你觉得有必要转移到另外的网络吗？

主持人2： 在英国，你采用了3G的网络，看起来并没有使销售受到影响。在美国，是否会有超过一个网络呢？

乔布斯：可能会有。

主持人2：可能？

乔布斯：可能有。

主持人2：所以你会这样做吗？

乔布斯： 未来的路还很长。

主持人1：那么今年呢？

主持人2：短期来说？我们说的是短期。

乔布斯：我不能谈论这一点。

主持人1：我们谈一下你创造的别的东西。因为你谈到了不会涉及搜索领域。几年前我们也在这里谈了一天，那时你说不会涉足手机和平板电脑，看起来现在观点不同了。

主持人2：当时你说了平板电脑为什么不是个好主意。还有一次你说不会做手机因为你当时说要通过当时你所谓的5个“办公室”，也就是网络公司，我当时叫它们苏维埃部门，当然你的描述更为生动一些。但现在你两个都有做了。

乔布斯：我们找到了一个方式来改变这一点，我们找到了一种方式来卖我们想卖的手机，按我们的方式为其定义，按我们的方式来控制，而不是让网络公司来控制。所以我们可以改变游戏规则。这也带领我们在手机产业取得了成功。

主持人2：当时你在这里谈话的时候你不知道你能这样做？

乔布斯：不，绝对没有想到过我们可以。我们有过一些讨论并且不认为我们可以做到。但是我们能够说服AT&T而且他们非常信任我们。我们从前从未涉及手机业务，我们从未以任何形式涉足手机领域。所以他们非常信任我们并且决定相信我们可以在手机上做出正确的事。然后一切看起来都不错。所以我们改变了游戏规则，平板电脑也是一样。我记得当时和你说平板电脑时所说的是手写可能是史上最慢的输入法发明了，它注定要失败。我们尝试的是重新想象平板电脑。换句话说，微软在平板电脑上做了很多有意思的东西，我们所做的并不是和他们竞争，我们重新想象了一下，并且和他们所做的完全不同。他们完全是基于造型师的。

主持人2：他们现有的平板电脑。

乔布斯：10年都是如此。我们最开始所说的是如果做一个造型师，那么你已经失败了。

主持人2：我们谈一下平板电脑。

乔布斯：这导致了所有事情，他们的平板电脑是基于PC的，所有的PC都有PC的电池寿命，也是有PC的工作方式，用的就是PC操作系统。他们需要精确的光标错误提示。一旦没有了造型师就没有精确了，你的精确度是一个手指，这是非常粗略的。所以你需要完全不同的软件。所以不能使用PC操作系统，必须要备足弹药从头开始，因为不重写的话PC的应用是不起作用的。所以我们打造了一个完全不同的动物。

主持人2：所以你创造了这个多重触点的OS时，你不是直接在平板电脑中做的，是在手机中做的。你当时在做iPhone的时候考虑会做平板电脑了吗？还是说只是个自然的进程，iPhone长成了大孩子？

乔布斯：我告诉你个秘密吧！我是以平板电脑开始的。我有个想法就是摆脱键盘，而在多触摸的平面显示屏上打字。我问我的同事们我们可否有个多触摸点的显示屏让我们可以用手在上面打字。大概6个月之后，他们给我打电话并且展示了这个样机，这很令人震惊。这是在90年代初，我把它给了一个人，不，是在2000年早期。我把它给了一个非常棒的UI朋友，他几周后打电话给我，他做了惯性滚动还有一些其他的东西。我们那时再想制造个手机，当我看到橡皮筋还有惯性滚动和其他东西时，我想天哪，我们可以就此打造个手机。所以我就把平板电脑的事情放在了架子上，因为手机更为重要。我们花了之后几年的时间打造了iPhone。当我们回头看时，认为我们可以继续下一项工作了。于是把平板电脑从架子上拿下来，把我们在手机中所学到的放到平板电脑中，开始了新的工作。

主持人1：平板电脑之后呢，人们认为它可以做很多事情，比如说新闻行业，有很多记者出版社也因此受益。你是否认为这是你的一个目标呢？还是说杂志在上面看起来很好看而已？

乔布斯：我们对其有很多目标，我非常坚信的一个就是任何民主都依赖于自由健康的媒体。所以，当我想到在我们国家最重要的媒体时，我想到的是《华盛顿邮报》《纽约时报》《华尔街日报》等出版物。我们都知道这些业务所发展的事情，有的有麻烦了。所以，尽管多于杂志，我认为一些报纸是新闻的聚集，而且编辑组织非常重要。我不想看到我们的国家成为博客之国。我认为我们现在比以往更需要编辑。所以我们可以帮助《纽约时报》《华盛顿邮报》《华尔街日报》和其他新闻组织做任何事情，找到新的表达方式，让他们可以得到支付，可以使新闻聚集和编辑组织保持原状，我都是支持的。

主持人1：你是否真的支持呢？你是否觉得人们改变了阅读方式？你自己有所改变吗？

乔布斯： 我们都转移了阅读的方式，现在在网上阅读新闻，这也是为什么报纸处于危机中了。我们要做的是找到一种方法让人们开始支付这些来之不易的内容。所以这提供了潜在的机会，提供了除网站之外更多的价值，并且为此收取一些费用。我不知道哪个起效，但是可以告诉你作为目前最大的网上内容销售商之一来说，苹果学到最多的就是定价要有侵略性并且注重数量，这对我们是起效的。每次我们做的不够多时，我们的成功就会减弱。所以，我尝试让这些人定的价格比传统的印刷版更加高，因为他们没有印刷的费用，没有寄送的费用。并且要收取合理的费用，争取数量。因为我认为人们愿意为内容付费。我相信在音乐、媒体和新闻内容中都是如此。

主持人2：但是在书的领域，我不是专家，不了解具体过程模式。我们有记者曾写得很好，但是看起来你进入到书籍领域迫使价格上升了，而不是像对于畅销书那样，因为畅销书会有竞争，所以价格会低。这是否会成为你所说的有侵略性的价格的对立面呢？一般的书比如说14.99美元，亚马逊上的价格会更低一些比如9.99美元，对吗？

乔布斯：是的。这很复杂。现在市场的设置跟6个月前相比，对于消费者需求更加有回应性，而不是对出版社的定位进行回应更加有回应性了。所以我们可能是看到价格上升了一些，但是如果消费者希望价格下降的话，那么他们会使这些信号比以往更加有回应性。

主持人2：因为市场的架构？

乔布斯：因为市场的架构使出版商对于如何解决这一事项的态度有了巨大的转变。

主持人2：我们再回来说一下平板电脑。你说你对于平板电脑有很多想法。你做iPad的介绍时，你说这是你的电话，这是你的手提电脑，这是第三类，如果并没有比上网本更好一些，没有吸引人们的话就不会成功。我自己回顾来说我喜欢它、我看好它，觉得它可以改变一些事。但是我也说过人们应该认为它不是一件额外需要携带的东西，而是要把它认为是可以有足够时间帮他们做和手提电脑同样多事情的东西，当然不可能是100%。你认为平板电脑会最终取代手提电脑吗？谈一下你认为它将朝着什么方向发展，不仅仅是iPad而是平板电脑本身。

乔布斯：我在想一个好的比喻。我们是一个农业国家，所有的汽车都是卡车，因为这是你在农场上所需要的。但是由于城市中开始使用机动车，美国人开始转移到城市和近郊中心，汽车变得更加流行。很多创新比如自动挡、动力传动系统等技术让你原来在卡车中可能并不是很在意的事情现在在汽车中变得至关重要了。现在，我不知道统计数字是什么样的，可能在每25个或者30个机动车中有一个是卡车，这个数字原来是100%的。PC就将像卡车，它们不会消失，还是会有价值，但是它将是在x人中有一个人使用的东西。

主持人2：我想问清一点，你说PC时并不是PC和Mac相对比的吧？

乔布斯：我是说个人电脑。

主持人2：你也包括了手提电脑？好的。

乔布斯：这个变迁将会让一些人不舒服。个人电脑世界的一些人，比如你、我，将会使我们不舒服。因为个人电脑陪伴我们走过很多日子，它非常棒。我们愿意谈论后PC时代，但是如果它一旦发生的话我觉得会令人很不舒服，对很多人来说都是如此，因为会有所改变，很多既得利益会有所改变，将会有所不同。所以我认为我们是从它开始的。谁知道iPad明年会发生什么呢？5年后、7年后会发生什么？谁知道呢？但我认为……

主持人2：你不认为它明年就会发生吧，我觉得这是一个比较长的过程不是吗？

乔布斯： 当然了。

主持人1：当你谈到添加了动力传动、风挡玻璃等，现在出现了iPad，你认为是否有新兴的重要的东西呢？

乔布斯：人们笑话我因为我用“魔幻的”来形容iPad。

主持人1：是的，的确。

乔布斯：但我就是这么想的。它确实是魔幻的。好像你与网络、媒体、应用、内容有一个更加直接、亲密的关系。就好像一些中间的东西被移开了。

主持人1：键盘。

乔布斯：像一些广告取出影视效果一样。是直接的反应还是说可以把它上下左右移动或是说没有缆线所带来的电池寿命的改进，我不知道。这结合了一切和其他我还不理解的东西。但是有些事情是魔幻的，而且我觉得我们正在着手看可以利用的应用，我觉得人们可以就一个应用创造出许多内容。

主持人2：我们能马上谈一下这一点吗？你推出它的时间碰巧是你推出为Touch重新推出iWork的时间。起码编辑上来说时间是一致的，可以从头起草。我也注意到现在有其他的一些公司也在很久之前推出了文档应用，就像iPad上的应用一样，并且也向着iPad的功能发展，包括Word文档、Excel和Powerpoint等。但还是有人不相信这个设备，因为打字方式。你显然是不同意的，所以想请你就此谈一下。

乔布斯：我想，问题是为什么它们不是这样发展呢？你可以说我要写一个35页长的分析报告，我想用我的蓝牙键盘。但这是我使用它的时间的1%而已。所以我还是有99%的优势时间。如果你说软件不够强的话，那这只是时间问题。所以不是软件不够强，因为这是可以弥补的。所以我觉得你的愿景只关注了短期，所以才说这些软件不能在以后做很多事情。

主持人1：比如说？给我们个例子你认为可以是。

乔布斯：显然，在生产力方面。比如像编辑视频、版画艺术、音乐。你可以在此设备上想象所有创造内容的东西。

主持人2：有的要依靠更强大的处理器。

乔布斯：当然。时间会处理一切。

主持人1：你觉得会更加灵活吗？你是否认为你拿出的iPad并不是一块硬硬的玻璃？

乔布斯：我们没有技术这样做，它还没有出现在地平线上。

主持人1：任何时间吗？

乔布斯：地平线意味着很长一段时间。

主持人1：那么问题是什么？是否受到技术问题的阻挡？

乔布斯：我并不是一个专家，不知道如何使它变得灵活，但是很多人尝试过，也有很多人在尝试，可能会有人有突破。但是灵活的显示屏可能还要有几年的时间。

主持人2：我们能否谈一些不同的话题？是关于屏模的。正如鲁伯特在开幕词上所说，技术公司和媒体公司之间的界限有一些模糊，都互相涉及到对方的业务。你显然是想让零售商也非常了解这一领域。你应该知道你的App Store有一些争议。有的时候你需要原路返回并且改变思路。我不知道是否有法律说任何商人不管是你还是沃尔玛或者是CBS要持有任何他们不愿意持有的东西。因为你变得越来越为人所知，我们谈了市值，这相当于是个标志了。而且你每3秒钟卖出一个iPad，与此相关的也有巨大的责任。

乔布斯：我们变得越来越大，不像沃尔玛和CBS。

主持人2：他们很大。因为你公司开始强大，给你的问题是，你说了你写过的一些关于保护消费者的责任，使他们不受恶意软件、色情网站的侵犯。那你们是否也有一些缺点呢？你们是否会足够强大然后跟一些政治卡通说不和一些政治候选人说不呢？在一个黑盒子中，有很多人无法理解规则是什么。所以你在这方面没有问题吗？

乔布斯：我首先告诉你。我们支持的有两个平台，一个完全开放，不受控制，这就是HTML5。HTML5有一系列的标准，是有独立的标准组织设置的标准，并且受到广泛尊重。所以HTML5，CSS一类的东西都有。

主持人2：还有Javascript。

乔布斯：Javascript是第三个，所以我们支持HTML5。我们在浏览器内对HTML5的支持比世上任何人都要好。所以我认为我们支持这个完全开放、不受控制的平台，它是以标准为基础的。之后我们也支持一个助理平台，也就是App Store。它里面包括20万个应用，它是当今世上社区所有平台上最重要的应用。那么我们如何得到它呢？有很多诸如你我一样的人，每天来努力工作。我们有一些规定，有的规定说iPad的功能要如广告所述，必须要符合开发商广告中所说的那样，不能崩盘，不能使用不受支持的API。因为一旦很多顾客购买了iPad并且当未受支持的API对OS进行升级时损坏了的时候，那么应用也会损坏，也就会有很多不满意的顾客。所以他们必须使用公共的API。这就是我们拒绝应用的三个原因，就是因为这三点。但是我们证实每周所递交的95%的应用也就是每周上几千个的应用，会在7天中得到批准。

主持人2：在这种情况下会发生什么呢？有个疯了的候选人。

乔布斯：我们有条规定说你不能伤害别人的面子。

主持人2：这在你们的服务条款之中？

乔布斯：是的，你不能伤害别人的面子。

主持人1：由应用决定，在苹果工作的人们不能丢面子正确吗？

乔布斯：但是我觉得理性的人们也会这样决定的，这并不是什么奇怪的定义。不能伤害别人的面子。问题是政治卡通被抓住小辫子了。因为按照定义，他们就是伤害别人的面子。所以我们并没有想到这一点，这是一个没被注意的巧合说你不能伤害别人的面子。所以这个人去年晚期的时候递交了这幅卡通，因为规则在位，所以被拒绝了。处于其他原因我们认识到这是一个偶然，我们在1月份的时候改变了规则。除了对政治卡通没有改变。这个人再也没有把握重新使用那项应用。他去找到一家出版社，并不是他自己运营的出版社，有人问他为什么这项应用不在iPhone上？他说他递交了应用申请但是被拒绝了。之后就有了漫天的故事。几个月后我们改变了规定因为我们发现了这个偶然。所以为“犯错误”被控诉有罪。因为之前从没有人这样做过。之前从来没有人在两年内为20万个应用在如此活跃的平台上设立规则，我们尽可能地做好、尽快地学习，我们改变规则使其有效。但是我觉得也有必要有一条规则说你不能让别人丢面子。因为我们不想这些应用，但他们却这样做了。我们认为那是错误的。所以我们在尽力做到最好，也在犯错误，但是也在尽快地弥补错误。有时候发生的是，有的人撒谎。有的人用为公布的API然后应用被拒绝。有的人提交一项应用本来是有某项功能，但是却是做别的事情。他们想逃避我们，非常狡猾。我们发现了，拒绝他们，然后他们去找到媒体，告诉媒体关于压迫的故事。然后故事就编好了，他们可以出名15分钟，因为他们期望可以说服我们改变想法。我们从来没有这样做过，但是他们一直在尝试。这很不幸，但是我们把它融入到链中，这是我们工作的一部分。我们不会去找媒体说这个人是无耻的骗子！我们实在不适合这么做。所以我们把它融入链中然后继续。

主持人2：你有没有名单想在这儿读一下呢？

主持人1：政府也在关注这一领域对吗？

乔布斯：没有，但是我们知道。

主持人1：那么政府是在关注iAd吗？

主持人2：这是另一个故事了。

主持人1：不同的故事？那我们一会儿再说这个。就公布这些规定来说，有没有你们显然可以比那些人做更多的事？

主持人2：我经常和开发商谈话，他们愿意让我感受一下他们的产品，他们都想在你的平台上运营，但是他们有时候向我表达他们感到迷惑，他们不能准确地预测。

乔布斯：95%的所提交的应用在7天内就会得到批准。

主持人2：所以你认为没有必要改善你的方式？

乔布斯：我当然认为我们可以做得更好。我只想提醒你每周提交的10万或20万个应用中的95%在7天内得到批准。

主持人1：我坐在这里听你说话，比较好奇的是你整天都干什么？我坐在这里就想这个问题。

乔布斯：大部分人觉得我做得不够。

主持人1：但是你可能比大部分人做的要多好多。你的一天是什么样子的？我并不是对你如何去办公室感到好奇，你现在在苹果的角色是什么？

乔布斯：我拥有世上最好的工作之一。我非常幸运。我感谢我们所有的顾客、雇员让我能做我现在所做的。我每天早上来工作，身边满是我一生中见过的最聪明绝顶、愿意奉献的人们。我们一起在最好的环境中工作，并且为人们创造最好的产品。

主持人2：但是你的角色是什么？我可以坐在这里让你描述新一代iPhone中的所有性能，但那是浪费时间了。因为你不会唱出来。

主持人1：你可以。

乔布斯：原来我们在苹果是唱的，一艘船从上面漏了难道不是很有趣吗？

主持人1：你可以这样做，你可以发邮件给我。

主持人2：以此为例，我们假设你有了新的iPhone，并且马上会推出，也会有新一代的iPad还有新的Mac也会在一些时候推出。你个人的角色是什么？人们都有不同的故事，描述你是自己设计，或是协助提供建议给你的员工们。让我们了解一下，不用违反你们关于产品秘密的规定。你做什么？

乔布斯：苹果的关键是它是一个非常协作型的公司。你知道在苹果我们有多少社团吗？

主持人2：不知道。

乔布斯：0个。我们没有社团。

主持人2：没有社团？

乔布斯：我们的组织方式像一个新建的公司一样。一个人负责iPhone OS软件，一个人负责Mac硬件，一个人负责iPhone硬件工程，另外一个人负责全球营销，再有一个人负责运营。我们的组织方式像一个新建的公司。我们是世上最大的新建公司。我们每周会出3个小时来谈论我们所做的一切，整个业务。公司的上层有非常多的团队在工作，然后渗透到公司的各个团队中。团队的工作是关于相信团队中的同事而不需要一直监视着他们，相信他们能做好自己该做的。这也是我们做的相当好的地方。我们也知道如何把事情分配到我们杰出的团队中，并且为了同一个东西共同工作，经常碰面，然后带来最好的产品。我们在这一点上做得非常好。所以，我整天做的就是见不同团队的人，并且想出点子解决问题创造新的产品、新的营销项目。

主持人2：人们愿意告诉你你错了吗？

乔布斯：是。

主持人2：我的意思是除了恼人的记者以外。

乔布斯：是的。我们有着精彩的辩论。

主持人2：你能赢得辩论吗？

乔布斯：不，我倒希望我可以。你不能。如果你雇用杰出的人才并且想让他们留下来为你工作，你必须要让他们做出很多决定，公司必须由好点子领导，而不是等级。最好的点子才能获胜。否则人们就不会留下来了。

主持人2：但你肯定不只是个促成者，你也会贡献你自己的点子。

乔布斯：我当然也会贡献自己的点子。如果我不这么做的话我干吗还在这里？

主持人2： 有的公司运营的方式不同。

主持人1：在过去10年你回到了苹果，你觉得下一个10年将会是什么样的？

乔布斯：这可能不是个好的例子，但我还是会用这个例子。当这一切在Gizmodo发生时，我得到了很多建议说就让它过去吧！你不能总是因为一个记者买了被偷的财产就一直追着他，应该就让他过去。苹果现在是个大公司，不想通过公关处理这事，应该就让他过去吧！我认真地考虑过这一点，最后得到的结论是，我们变得越来越大，在世界上影响力也很强，能发生的最坏的事就是我们改变了核心价值。我不能这么做。我宁可放弃。如果5年前、10年前发生了这样的事情，我们现在的价值和以前一样。现在当然更有经验，但是核心价值不变。我们来上班，做的事情和5年前、10年前一样，也就是为人们做出最好的产品。如果世上任何一人给我发邮件说他在英国买了iPad，告诉我iPad是他们买回家的最酷的产品，那么这对我来说将是完美的一天。这就是让我继续的动力。这也是5年前、10年前使我继续的动力。当时门差一点就关上了，但是这将是以后5年甚至更久让我继续的动力。所以我不理解如果你变大了为什么就得变化。

主持人2：这并不是说让你改变，但是你会涉足别的业务吗？你刚才说了你3年前根本都没考虑手机业务。

乔布斯：谁知道呢？

主持人2：你知道，你当然知道。

乔布斯：不，我们不知道。

主持人2：史蒂夫，难道你一点想法都没有吗？因为显然现在你涉足广告领域了，你从前从未涉足这块儿。这就是你新的业务不是吗？

乔布斯：当然，我们涉足广告业务是因为想帮助开发商赚钱，这样他们能一直给顾客免费的或者是便宜的应用。我们并不是自己想涉足广告业，我们是为开发商这样做的。

主持人2：那么为什么不让那些已经涉及手机广告业务的公司来做这些事呢？

乔布斯：那是因为他们不会像我们一样能使开发商赚那么多钱，他们很差劲。如果有一个手机广告，然后你点击它。我再从头来说一下吧！手机领域正变得非常有趣。他们不是手提电脑或者个人电脑。人们不会花时间来搜索，他们不会像在个人电脑上一样使用搜索功能。我们拥有所有数据，我们知道这一点。人们花大量时间在应用上，所以如果一个人想知道去哪个餐厅的话，他不会去搜索日本餐或者墨西哥餐，他们会用Yelp应用。也用其他应用来找出他们的航班是否准时或者其他什么。我不知道为什么和个人电脑不一样，我觉得我知道，但是我不确定。我认为是因为这20万个应用都聚集在一起，而且很多都是免费的，这跟个人电脑不一样。我觉得应用在我们一生中都是个完全不同凡响的东西，所以我们认为人们用应用的时间比用搜索要多很多。如果你想要开发商赚钱的话就要把广告放在应用中。应用中的广告现在都是条框状，如果你点击了一下，将会发生什么？

主持人2：它将带你进入另一个网页。

乔布斯：没错，它让你离开应用，给你打开一个网页，如果你对广告不感兴趣的话，你要想办法回到你的应用中，回到你应用刚才具体的位置。如果你在玩儿游戏的话可能回不到刚才的界面了。所以手机广告如果不会让你离开应用也能给你看到精彩的内容包括视频那该多好。你可以在任何时候回到你刚才离开的应用位置。人们将会探索下去。

主持人2：你不相信别人也可以做到吗？

乔布斯：当然，但是没有人正在做这件事。所以我们可以把它融入我们的OS，这样App Store就可以做到了。我们可以为开发商做出应用中的广告，可能只用30分钟。而不是和其他开发商来做一些他们自己应用中的广告，那样就太疯狂了。因为我们拥有OS，所以我们可以把它放在我们系统的核心。别人能这么做么？可能可以，但是他们没有这么做。所以我们做了。

主持人2：我们进度要快一些了，别的讲者也提到了一个问题就是隐私的问题。

主持人1：抱歉Mark。他在这里。

主持人2：Mark你好。有很多关于隐私的工作要做，包括Facebook、Google Plus还有别的公司都在做。

乔布斯：Google最近有Wi-Fi收集的问题。

主持人2：跟我谈谈这一点。硅谷的隐私是否和别的地方有所不同？

乔布斯：不，硅谷没有什么不同。我们对隐私的观点有些不同于硅谷其他公司。我们对待隐私非常严肃。我们非常担忧手机的定位问题。我们非常担心因为我们的手机使一个14岁的孩子受到攻击。所以举个例子，在任何应用可以获得定位数据之前，我们不会设立规则，因为他们可能不会遵守规则。他们来申请使用定位功能，然后我们来决定。他会说：这个应用要使用定位数据，可以么？每次都会这样问。我们还做很多这样的工作，这样可以确保人们知道应用在做什么。我们有助理App Store，我们发现很多应用想要窃取你的个人信息然后存在云中。很多应用这样做。所以很多硅谷的公司觉得我们非常老套，我们确实是非常担心隐私问题的。

主持人2：但是你们不是也会转而关注以云为基础的东西吗？

乔布斯：我们会转而关注以云为基础的东西？当然。隐私意味着人们知道他们登记的是什么。使用简单英语并且重复来发问的。这就是它的意思。我很乐观，我认为人们很聪明，有的人可能比别人更愿意分享他正在做的事，于是经常问他们，问他们很多次，知道他们感到疲倦，让他们完全知道你将怎么处理这些数据。

主持人2：好的，谢谢。

乔布斯：这就是我们所做的。

主持人2：我们时间有点儿来不及了，但是还是留了些提问的时间。这位先生先来。

观众：非常感谢史蒂夫来到这里，几年前我来到这里听了你和比尔·盖茨的讲话，那是个历史性时刻。所以非常高兴你再次回来。几年前你在斯坦福大学给毕业生发表了讲话，现在，几年过去了，你也更聪明了，你想为那次讲话再加些什么吗？

乔布斯：我不知道。我不知道。可能我会再大声一些说那些吧！因为过去几年的生活告诉我，生命是脆弱的。

观众：史蒂夫你好，我来自Crystal Round Capital，问题是关于苹果的服务期限的。最近有些改变使开发商觉得苹果想独家拥有分析和广告业务。我在想是不是这样的？如果不是的话，你能否澄清一下。

乔布斯：好的，当然。我们找到一个非常有趣的东西。我们对此是非常天真的。有一天我们读到有个叫做Flurry Analytics的公司侦测到我们有一些新的iPhone和平板电脑正在我们的园区有所使用。我们想了想这是怎么回事儿？他们侦测的方式是让开发商植入一种软件在他们的应用中，然后这个软件会发送关于设备、地理位置和其他东西的信息给Flurry。从没有顾客问这个问题，这也违反了开发商规定。我们很生气。所以说，不，我们不能允许这事发生，这违反了我们的隐私规定，并且使我们非常生气。它公布关于我们新产品的数据。所以我们说只允许那些不发送设备信息的分析公司，让他们只关注广告，只出于广告目的才可以。换句话说，如果一个开发商需要在其应用中使用分析功能，那么可以去找广告公司做广告，因为我们不是唯一的广告公司，还有别的。我们并没有在我们平台上屏蔽别的广告公司。他们可以那样做。但是他们不能把数据发送给分析公司，让他们卖信息赚钱，告诉别人我们园区有我们并不想告诉别人的设备。我们不需要做这个。清楚了吗？

观众：清楚了，但是开发商也希望可以使他们自己的应用更好，想知道人们在哪里用这些应用。

乔布斯：他们应该直接问顾客，这不是借口。应该问他们是否愿意把个人信息发送给分析公司。第二，我们生气之后，我们也会和一些分析公司谈一下，但不是今天。

观众：我叫Michael。我想让你把迪士尼帽子戴上一小会儿。你如何看待和保留电影内容的价值？

乔布斯：我是迪士尼拉拉队长，我确实有个帽子。

观众：我的问题是，让消费者自己适应内容还是让内容去迎合消费者？这非常使我疑惑。作为电影制片人和版权所有人，看起来我们这些年是让消费者适应我们的内容，让他们坐在沙发上，广告与他们交流。我们是内容创造者，可能对于消费者并不是很好，但是对我们很好，让消费者可以看我们的广告然后去到电影院。新的技术可能使这个格局有所改变。那么你对这两个业务都涉及，所以我想你是否有建议我们如何保留电影内容的价值？

乔布斯：我们推广电影的方式正在发生根本变化。过去，电影公司花费大量金钱在电视上播放电影宣传片，达到广告宣传的效果。但现在，电影公司可以通过互联网进行广告投放。关于音乐公司，我们会问："谁是你的顾客？"他们回答说："百思买、Tower等。"这些都是他们的分销伙伴。但他们实际上并不是顾客。他们要认识到，谁才是他们真正的顾客。因此，音乐产业发生的情况并没有结束，而只是开始。这就是向顾客进行推广的方式的改变。电影产业也应当采纳这种方式，要在任何时间、任何地点向人们提供他们想要观看的任何内容。所以音乐产业并不是终端改变了的产业。他们想开发新的人才，改变分销和营销业务，使其更加有效地得到处理，直接接触终端客户。这在视频媒体中就会发生。也会变得更加有效、更加便宜。内容会更加有价值。音乐室需要建立机制和消费者联系，告诉他们产品什么时候出来。

主持人2：我很好奇这些什么时候才会发生？

乔布斯：在电视领域现在就发生了。他们会更愿意实验他们电视的节目，有的时候是免费的。我们还可以卖广播，电影以后也会有这样的形式。我觉得在接下来24个月就会有所改变。我还觉得如果你愿意花很多钱的话，甚至可以在家里的电视上看到新上映的电影。

观众：你可能记得几年前我们谈过。我爱我的iPad，我两岁的孩子也爱我的iPad，我也非常喜欢你的汽车卡车例子。你在邮件、日历上面都有非常好的想法。我可以在云中买应用升级应用。但是我更该关心的就是我设备上的音乐盒视频功能。

乔布斯：你可以在云中买音乐盒视频，在iTunes商店里就可以。iTunes商店在云中就有。你可以分享你的媒体库，在不同的设备中都可以，而且是无线的。这是关于分享的。你想在你所有设备上分享，现在我们的有线可以做到，无线还不行，我们要更加努力。我们确实要这样做。只是需要一条线而已，现在。

主持人2：快了吗？

乔布斯：我们正在努力。

观众：我爱我的iPhone，但是关于AT&T网络有时候我们没法打电话。我住在休斯顿，不是旧金山或者纽约，网络过去几年非常差，每次打电话都会掉线，每一次要掉3回。苹果是否有人负责此事？

乔布斯：苹果有人正在谈这件事。我们没有人能爬到电线杆上来修天线。因为我们不会。但是我们正在做我们知道的事情。

观众：那么网络会马上变好吗？

乔布斯：我告诉你我知道的吧，很多人告诉我有人对这个问题非常坦诚，所以我比较相信人们。我不是对这一领域很专业。他们可以重新配置光谱然后解决这问题。他们换更强劲的技术来修理数据。事情可能先会变更差，然后才会回转。如果你相信这一点的话，那么事情马上会变好。严肃地回答一下你的问题，据我所知很多地方在今年夏天前将会变得更好，这些人都是非常有能力的人。

观众：我们是家云服务供应商。我的问题和之前的差不多。我们非常感兴趣在云中可以和内容进行互动。这也是一个非常合适的方式。我们现在在此领域做得不错，但是如果我们可以获取文件夹的话将会做得更好。这样可以让iPad或者iPhone有个更好的功能，你是否在这方面有想法呢？

乔布斯：有很多事情要做，我们应该聊聊。

观众：好的。

主持人1：最后3个问题。

观众：我买了迪士尼的电影应用，有数字下载，这样我可以把它下载到我的移动设备中然后连上我的幻灯机。但是我却不能播放它，因为HDCP阻止了我，你能告诉我HDCP怎么才能够防止盗版吗？

乔布斯：不是我们发明的它。内容拥有者不想发生音乐产业中Nabster所发生的情况。所以他们想抓住一切可能不让这事发生。你也不能怪他们。这不是他们的业务，他们并不是为了阻止盗版的，他们的业务是内容创造。所以有的时候他们抓住正确的稻草，有的时候不是。他们会设置规定给我们，如果我们不想做的话，我们会尽力说服。如果我们没有能够说服的话，那么选择就简单了。我确实能理解你的痛苦。

观众：我六年级的时候读过你写的信，你可能还在等我的回复呢！我认为游戏网络非常巨大。我想知道你对于新设备上的游戏功能有什么愿景？还有几个建议，在你推出的平台中，有一个游戏的应用软件，还有软件可以让Facebook上有游戏功能。

乔布斯：所以你的问题是什么？社交游戏的愿景？显然iPhone和iPod touch创造了新的游戏功能。有的游戏非常好，精密度和图画都是卓越的。一般的谋略游戏有的时候可能花14美元，但是在iPhone上可能才4美元，所以说市场有个爆炸。我们并没有想和任天堂或者索尼竞争他们的PSP，但是我们在此市场上也非常巨大，不仅是iPhone，iPod touch也是如此。上个季度我们iPhone和iPod touch卖的一样多。所以现在看起来在游戏领域非常令人振奋。现在App Store上有15万个游戏了，很多还是免费的。如果你有任何建议的话请让我们知道。因为我们尽力做正确的事情发展社交游戏网络。

观众：乔布斯你的谈话中并没有谈及电视。你说了iPhone、iPad，并且也说过一定要有人的互动才可以使它们更加生动。你认为现在是时候抛弃电视界面了吗？可能想发明个新的人机互动界面使电视更加有互动性？如果是这样的话，苹果什么时候在这个领域采取行动？

乔布斯：电视市场的创新要看市场战略。电视产业从根本上来讲有一个附属箱，让人们免费或者每个月花10美元看电视。这可能已经掐灭了创新的火苗。去问下TiVo、Voodoo还有Roku，或者几个月后的谷歌。索尼正在做，松下也在做，但是都失败了。所以你能做的是在电视系统上添加另一个盒子，你可以说我的HD电影有的来自这个装置匣，有的来自别的。最后你可能需要一个缆线遥控器，来遥控所有的匣子。这就是我们现今的情况。可以改变它的方式就是回到第一步，从头开始，找个合适的UI，使所有功能起效，让消费者愿意支付。但是现在没有方法来做这一点。这就是电视领域的问题。我们问的问题是：我们想要和更好的电视还是电话？电话领域赢了，因为没有更好的方式可以进入到电视领域。我们更想要平板电脑还是电视呢？可能是平板电脑吧，因为如果我们想要更好的电视的话，没有方法可以让我们进入那个市场。除非有个好的进入市场战略，电视才会获胜。否则，只是在做另外一个电视机器人。这是最根本的问题。不是技术、愿景的问题，它是个进入市场的问题。

观众：在手机领域，你可以重新改变进入市场的战略，与不同运营商合作，那这样能否说服缆线供应商们呢？

乔布斯：那么你就有另一个问题了，缆线供应商是国家的。GSM的标准确实使你在美国发明一个手机，在别的国家也可以使用。每个国家都有不同的标准，不同的政府批准。所以我确信比我们聪明的人可以解决这个问题。这也是我们为什么说苹果电视只是个爱好的原因了。

主持人1：我们感谢史蒂夫·乔布斯。

主持人2：我们感谢史蒂夫·乔布斯。

寻找另一种思考

——D5峰会采访

主持人1：你们好！两位请坐。

主持人2：你们好！感谢你们来参加此次节目。

主持人1：在访谈开始之前，我想先谈一些数码科技的先驱，当然，我们在刚刚的视频中已看到一些非常重要的数码科技的先驱，但是今晚我们也请来了几位嘉宾到现场，Mitch Kapor，能麻烦您站起来向大家示意一下吗？你在哪儿？噢，他在那儿！还有Fred Gibbons，虽然他从没来过All Things Digital会议，但是今晚他来了！Fred，看他在那儿！我不确定有个人是否也来到了现场，但我仍然想确认一下我们的这位记者朋友，Brent Schlender来了没有！Brent Schlender 是《财富》杂志的一名记者，据我所知，他是最后一个加入这个采访组的人。不是在台上，而是在《财富》杂志上，Brent，我不知道你是不是在这里，如果你在现场的话，能否站起来向大家示意一下呢？也许，他在……他在那儿！

主持人2：好吧，我们现在开始！如今，在博客上有各种各样的争辩，还有各大报纸和媒体也是，因此，我想到的第一个问题，也是我很感兴趣的问题，你们二人认为对方对于计算机行业有过怎样的贡献？从史蒂夫开始回答，然后比尔再回答，反之亦然。

乔布斯：你们知道的，比尔建立了行业中第一家软件公司，并且我认为他在业内的所有人还不知道什么是软件公司的时候就建立起了第一家软件公司；而且是个大公司，十分大的公司！微软致力追求的商业模式确实在业内运行得十分成功。我认为，最大的贡献是，在别的人还不清楚微软究竟是什么的时候，比尔就完全专注于软件行业。

主持人2：非常重要吗？

乔布斯：这就是我的看法。我知道，还有很多值得说的，但是我认为这些是非常重要的。建立微软公司不是件容易事，它需要你强大的说服力去聘用优秀的人才，让他们安心地待在公司为公司尽力，并且充分地发挥他们的才能。比尔却做到了，这些年他一直保持着这种强大的说服力！

主持人1：比尔，你认为乔布斯及他所创立的苹果公司对计算机行业的发展做出过怎样的贡献呢？

比尔：其实我需要先澄清的一点是，我并不是第二个乔布斯，并不是他的翻版。我们都知道，乔布斯的成就是无可比拟的。如果你回顾1997年的历史，回顾苹果二代计算机的问世，你会发现苹果二代计算机创造了计算机销量的一个神话。那时大家可能都有所耳闻，苹果公司敢打赌，即便其他公司也拥有产品，可却只有苹果公司才拥有创造一切的想法，也只有苹果公司才真的敢于追求，这就是苹果公司的非凡之处。然而，落到实处，我们真正完成的一件有趣的事情是麦金塔电脑，其实这同时也是一件极具冒险精神的事。也许大家已经不记得了，苹果曾经用自己的公司真做过赌注。那个时候，丽莎系列的电脑并不完美，或者可以说是有缺陷的，所以有些人会对这个产品甚至是公司持有怀疑的态度。但是由史蒂夫所组建的团队，并没有放弃努力，包括整个公司在内，大家仍然进行着不懈的努力。一些人不时地议论，认为这并不是个一个好主意。可尽管如此，乔布斯所带领的团队依旧不断追求着这个梦想，或许这些想法在当时是超前的，是不可理解的，但他们并没有放弃什么。你是否还记得那个Twiggy磁盘驱动器……

乔布斯：128K。

主持人2：哦，对了，Twiggy磁盘驱动器，我想起来了。

比尔：之前，我听过史蒂夫发表的一个演讲，当然，这也是我最喜欢的演讲之一。他曾在演讲中提到，从某种意义上来说，我们所制造的产品都是我们自己想要拥有的，所以我们会执著地追求那些高品质、趋于完美的产品。事实上，这种追求对我们的行业产生了巨大的影响。乔布斯最值得钦佩的地方就在于他永远活在未来，他总是能高瞻远瞩地看到下一步的发展方向。可以说，在史蒂夫回归之前，苹果公司一直是在走下坡路的，而史蒂夫的回归为苹果带来了新的活力，他为这个公司又重新注入创新的精神动力。要知道，这种动力的力量是惊人的。而我们整个行业都可以从中受益，我想我就是这受益者中的一员。所以我真正想说的是，在苹果，乔布斯的贡献是无可比拟的。

乔布斯：我是个幸运的人，因为我拥有非常伟大的合作伙伴，我们一起创立公司，这其中又吸引了一些科技的天才加入。我想说，我真的很感谢他们。其实，那些真正的英雄今天并没有坐在这里，而他们才是缔造奇迹的开拓者。

主持人2：的确，不是我们。

主持人1：对，不是我们，但我想，也许在某种意义上，你们是那些英雄的代表者。

乔布斯：从某种程度上来说，是的。

主持人1：我了解到微软公司成立于1977年之前，苹果公司似乎成立的更早一些，应该是1976年吧。

乔布斯：对，是1976年。

比尔：事实上，我们是从1974年开始编写BASIC语言的，而随后在1975年正式发行。

主持人1：我想在场的观众中，大多数人并不知道微软的软件曾被应用在苹果二代的电脑中，能谈谈这其中的故事吗？这一合作是怎么实现的？

乔布斯：让我来讲讲吧。就从我们的合作伙伴开始说起，这家伙叫史蒂夫·沃兹尼亚克。他对这个BASIC的评价是，这是世界上最好的BASIC。因为你完全不需要运行它，就可以让它直接寻找其中的错误信息。它的各方面都很完美，不过它只支持定点数，却不能进行浮点运算。事实上，当时我们投入了很多，希望这个BASIC可以最终进行浮点运算。我们当时都在拜托沃兹，希望他能将其升级到进行浮点运算。

主持人1：你所说的“我们”是指谁？

乔布斯：好吧，就是我自己。我希望这个BASIC可以进行浮点运算，但沃兹始终没有做到。事实上，他从来都没有考虑过让它支持浮点运算。

主持人2：为什么呢？

乔布斯：我想这是他的一个秘密。我并不知道原因，他只是始终没有做。而大家知道，微软在这个时候已经很受欢迎了，他们拥有可以进行浮点运算的BASIC，于是，最终我们走到了一起。

主持人1：当时你们为此支付了多少钱？

比尔：是31000美元。

主持人1：苹果支付给你31000美元？

比尔：他是在为可以进行浮点运算的BASIC买单。

主持人1：可以和我们讲讲这其中最有趣的故事吗？

主持人2：哦，这也许在以后就没有趣了。

主持人1：拜托，请让他们回答。

主持人2：呵呵，开玩笑的……

比尔：其实乔布斯可以有一个更好的开始的。要知道，为了制作麦金塔电脑所组合成的队伍是一支非常团结的队伍；同时，我们公司也拥有同样团结的队伍，他们完全专注于这项活动，如杰夫·赫伯等厉害的人物。我们将未来都赌在了麦金塔电脑上，我们相信它会获得成功。然后是绘图界面基本取得成功，但是最重要的是麦金塔电脑能赢得大众欢迎。所以我们齐心协力。计划和质量是不确定的，价格嘛，乔布斯第一次提出的价格远比它的最终价格便宜得多，但那样也行。

主持人2：那你要在两个公司工作吗？

比尔：嗯，我们公司在西雅图，但我们也飞到那边工作。

主持人1：但是微软公司，如果我没记错的话，在那时并没有获得拥有麦金塔电脑原型的允许。

乔布斯：是的。有趣的是，现在也很难记住的是微软当时并没有从事程序编写的行业。他们在麦金塔电脑上下了很大的赌注，因为这显示了微软是如何进入此行业的。Lotus公司在那个时候主导着整个笔记本程序编写的行业。

比尔：是的，我们刚完成这个合作计划，这个计划对于Apple Ⅱ是个冲击，然后Mitch对IBM的笔记本电脑做出了前所未有的努力，接着1-2-3电子制表软件出现了并且主导了部分的程序编写行业。因此，问题就是，下一个样式的改变是怎样的，而这个样式的改变将是进入此行业的通行证。我们公司制造了Word软件，其中WordPerfect软件是当时文字处理的数据库管理系统中最强的。

主持人1：Word文档是一种DOS系统的文本……

比尔：所有我所说的这些产品都是以DOS系统为基础而生产的。

主持人1：是的。

比尔：因为那时Windows系统还没有产生。

主持人1：是的。

比尔：Windows系统是在90年代初才生产出来的。因此，我们把赌注压在了图像处理界面将改变此样式软件上，特别是苹果生产的麦金塔电脑让此种图像处理界面拥有128K的内存，其中的22K用于屏幕缓冲，14K用于操作系统。因此，它是……

主持人1：14K？

比尔：是的。

主持人1：最初的麦金塔电脑操作系统才14K？

比尔：当时我们不得不只装载了14K当我们的软件运行的时候；

但是当shell软件产生时，128K都用于操作系统。

乔布斯：那时，操作系统稍微大点，有20K。

主持人1：我明白了。

乔布斯：如今，我们在电脑中安装了1G的、2G的内存，因此没人记得128K了。

主持人1：我记得！我记得，在那些日子里，我花了那么多钱买了只有128K内存的电脑。所以说，你们两家公司在麦金塔电脑项目中合作非常紧密是因为你们可能并不是唯一的，但却是主要的软件创建者或是主要软件创建者之一，这样说正确吗？

乔布斯：嗯，苹果自己开发了它，但是比尔和他的团队编写了应用程序，当然我们自己也编写了一些程序，如MacPaint，MacDraw等类似程序，但比尔和他的团队确实做了巨大的工作。

主持人2：现在，我们来说说比尔离开公司后，微软的发展；我们知道微软公司在比尔离开后越来越强大了。那么，比尔，当你看到乔布斯离开苹果后，苹果公司发生的一些灾难的时候，你觉得会发生什么？

比尔：苹果公司将发生什么，这是难以预知的。我们继续生产着麦金塔电脑的软件。Excel软件是乔布斯和我在纽约共同引进的，那次引进是非常有趣的事，而且此软件运行得很好。但是，接下来苹果公司并未将自己与更高容量的系统很好地区分开来。

主持人1：你指的是Windows系统，对吗？

比尔：DOS和Windows系统。

主持人1：特别是在90年代Windows系统开始运行时。

比尔：1995时，Windows系统变得流行起来。麦金塔电脑的系统与Windows系统已不是最大的争论了，最大的争论是字符模式界面与图像模式界面。当386出现，我们有了更多的内存空间，运行速度也足够，一些发展的工具也随之出现时，图形用户界面模式不能满足所有在早期拥有麦金塔电脑的人的需求。你知道，这是必然会发生的。

主持人1：但是苹果并没有能影响到它的产品？

比尔：当他们推出512K的麦金塔电脑的时候，整个产品线已经偏离了方向，如果乔布斯在的话，肯定不会发生这种情况的。然而，我们确实商议了许多方面的事，如投资，与Gil Amelio共同做出一些承诺和事情。

主持人2：不要对他太刻薄了。

比尔：对不起？

主持人2：只是说Gil Amelio这个词，你能看见他的……

比尔：所以，我曾经在周末给Gil Amelio打电话，希望提醒他。然后，乔布斯打电话给我说："不要再担心Gil Amelio的事情了，你现在只要跟我说就行。"接着，我说："哇"。

乔布斯：Gil是个很好的人，但他曾说，苹果公司就像一艘底部有洞而导致漏水的船，而我的工作是将这艘船导向正确的方向。

主持人1：此时，经过这些谈话，我想谈谈1997年Mac世界所发生的事——那时Windows正在经历成功。我的意思是，Windows95，一定程度上是Windows系统的早期版本，并不具有麦金塔电脑的一切特点和图像用户界面，但Windows95却是一个很大、很大的飞跃。

比尔：是的。当图像界面成为主流，当软件行业明白时，Windows 95将是程序编写方向之发展的方向。令人吃惊的是，并非是主流的Windows 93和Windows 94中的一些谬论，在Windows 95

发行时，此争论并未发生，Windows 95就如必将发生的事情一样。Windows 95结合了硬件与软件，而且这种结合的成熟性达到了人们所期望的那样。

主持人1：我不想回忆每一个细节，你如何回归的所有的历史，但是……

乔布斯：谢谢。

主持人1：但是在我们刚刚看到的视频当中，你说你已经确定与微软公司竞争，对于苹果来说是具有毁灭性的。很明显地，苹果曾遭遇很多问题，我猜想那些问题的产生是具有策略性原因的，或者苹果想成为一个好人，是吗？

乔布斯：你知道，苹果公司遭遇非常严重的问题。但是十分清楚的是，如果这个竞争是零和游戏的话，苹果想要赢，微软必须要输，然后苹果也会输。但是许多人还是希望苹果与微软去竞争。

主持人2：那你觉得为什么会出现这种情况呢？

乔布斯：苹果内部有许多员工，甚至是苹果的客户群仍希望苹果去与微软竞争，因为苹果已经开发了许多这样的产品，但那时微软正走上成功而苹果却没有，然后就有各种各样的嫉妒。很多原因导致这种情况的发生，但是我认为这些原因都是微不足道的。但最基本的原因是，苹果内部和苹果生态群中许多人参与了这项竞争，他们希望苹果获胜。事实上，你们并不一定要去参与这项竞争，因为苹果不需要打败微软，它必须要知道自己是谁，因为它已忘记自己到底是谁了。因此对我来说，要从本质上打破这种模式。当然，微软是最强大的软件开发商，当苹果发展麦金塔电脑时；所以，那时所发生的事情是很疯狂的。当时，苹果处于弱势，这是我找到比尔的原因，然后我们一起努力让一切重新变好。

比尔：自从那时候起，我们就有了这支团队，他们完全致力与麦金塔电脑的程序编写，他们也被特别地对待着以至于他们与苹果公司发展出一种特殊的情感。就这样，团队的工作效率很高。实际上，每隔两三年，我们就能为麦金塔电脑编写出新的程序，这对我们来说也是巨大的商机。

乔布斯：对的，针对于麦金塔电脑的开发所组成的苹果团队与微软团队的友谊很深厚。

主持人2：那么，现在你会把自己看做是微软的竞争对手吗？如今的情况已经变了，我们要谈论的是网络的前景和其他一系列的问题。虽然可能有些公司已经经历过了，但是我们想知道的是你是如何看待这个问题的呢？

主持人1：我的意思是，按照美国的方式来说，在某些方面你是一个竞争者，对吗？

主持人2：就像我们看的这些广告，对吗？

主持人1：而且你们会时常讨厌对方。

主持人2：虽然如此，但你知道吗，我不得不承认，我喜欢PC Guy。

主持人1：是的，他很棒。

主持人2：是啊，我喜欢他。那个年轻的小伙子，我真是爱死他了。

乔布斯：那些广告的艺术不是用来表达什么，但是它实际上是为了让人们互相喜欢。谢谢。电脑男孩是伟大的，他有一颗强大的心脏。

比尔：他的妈妈爱他。

乔布斯：他的妈妈爱他。

主持人2：我是在告诉你们，我爱死那个PC Guy了。

乔布斯：哦。

主持人2：真的。我不知道为什么。可能是他的可爱。其他人的愚蠢。

乔布斯：事实上，那个玩电脑的让一切都这么（合理）？

主持人1：好吧。

乔布斯：这值得我们去思考。

主持人2：你是怎么看待你自己的呢？

主持人1：我的意思是，让我问一下你吧，比尔。很显然，微软是一个很大的公司，你们比Apple拥有更多的市场和产品种类。你知道的，当你在运营公司或者乔布斯在运营公司，你仔细地想想谷歌，你想想，我不知道，像Linux对于Enterprise领域，你想想索尼在游戏领域的地位。在微软的商业目的中，Apple出现在你的雷达屏幕上多久了？

比尔：好吧，他们出现在我的雷达屏幕上（或者视线中）只是一次偶然的机会而已。在少数情况中像Zune播放器，如果你去他们那里转转就会发现，他们认为Apple是一个竞争者。他们喜欢Apple创造了一个巨大的市场这一个事实，并且他们将要尝试着进入这个领域并且为这做出贡献。

乔布斯：我们喜欢他们是因为他们都是客户。

主持人1：我不得不告诉你，事实上Allard告诉过我了，我是认真的，因为处理器的性质，他们采用了很多Mac的软件来提升Xbox 360的平台。

比尔：是啊，在本质上我们和Mac拥有同样的处理器。这其中最大的讽刺是他们在Xbox已经开始适应这种处理器的时候替换了它。

但是因为一些好的原因，实际上，在所有的案例中。因为我们不是在一种便携式应用并且这是这种处理器线路图不具备的事情。但是我确认，他表现出了务实的态度，但是我们尝试并且使用这种方法来做事情了。所以这是为了那些早期提升他们的系统的人让他们的软件为了Xbox 360的推出做好了准备。

乔布斯：并且我们从来没有推出广告来介绍它。

主持人1：我明白了。令人敬佩的克制。这是很神奇的克制。

乔布斯：这里包括了成千上万的人们。

比尔：史蒂夫对于他的克制很了解。

主持人2：你是怎么从Apple的角度来看待微软的？我的意思是，你们在电脑和其他的方面都有竞争。

主持人1：我的意思是，你可以说你们不存在竞争，你知道的，在那个毁灭性的时代，无论你在1997年说了什么，但是你认为，我想你自觉的意识到了你们在用Windows做些什么，你们和vista十分密切。

乔布斯：你知道的，这其中最有意思的是——并且我们已经谈论过这个问题了。今天，如果你看到了iPod的存在和Apple在市场中的位置的原因，那是因为这些伟大的日本消费电子产品公司虽然拥有他们自己的便携式音乐市场，创造了它并且拥有了它，但不能做出相应的软件，不能设想和实施相应的软件。因为iPod就仅仅是一个软件。它的软件在它的自身，它的软件在电脑上或者Mac上，并且它的软件在cloud store里。它虽然在一个漂亮的盒子里，但是它仍然是一个软件。如果你看看Mac是什么样子，它是一个OS X，对不对？它是在一个漂亮的盒子里，但是它还是一个OS X。如果你看看最期望看到iPhone的样子，它就是一个软件。

所以关于Apple的大秘密，当然也许不是什么大的秘密，Apple展现出来的就是一个软件公司并且本身有一些其他的软件公司在它的旁边，微软是一个软件公司。所以，你知道的，我们看看他们在做什么并且我们在想一些真正伟大的事情，我们想其中有一点儿小小的竞争但是大部分都不是。你知道的，我们没有想过将来要让Mac占据80%的电脑市场。你知道，当我们看到我们的股票上涨了一个百分点的时候我们真的是很高兴，我们喜欢这种感觉并且我们正在十分努力地想达到这个目的。Apple本身就是一家软件公司，现在只有很少的和我们一样的公司留下了，微软就是其中之一。

主持人1：也许你们本身是一家软件公司，但是你们已经很有名了，至少你们公司的客户和大多数记者十分关注你们的软件和硬件的整合。微软最近做了类似的举动，当然不是在你们最大的核心商业上，但是与Xbox和Zune的合作上，你知道的，表面上的计算器设备，我们看到了今天是另外一个例子。这不是能够托起Windows或者Office那么大的市场，但是他们是你现在做的更多的举措。这些是不是公司的对于合并的一些小公司的措施或者……

乔布斯：早在70年代，Alan kay提出了一个伟大的引用。他说过："人们想要用他们喜爱的软件建立起他们自己的硬件。"

主持人1：好的，比尔喜欢软件。

乔布斯：哦，我可以抵制这些。

比尔：问题是，是否有市场让你得到积极的创新和种类。消极的是，在早期阶段，你真的想把两者结合起来做，所以你想做一些原创和一些像样的事情，你知道的，是真正的作为一件事情来做。之后把它们带到手机市场。我想我们正面对着140种不同的硬件。我想这将是对我们有利的，尽管我们只为我们自己做了很少的一些，它将不会给我带来这种我们已经通过的合作关系。同样，如果你接受了很不发达的机器人市场。我们拥有超过了140个正在使用微软软件的小体积机器人。这种创造力，制作玩具，安全的事情，医疗的事情，我们喜欢的创新和生态系统正在成长——谁知道什么时候，但是我们很有耐心——这些机器人软件平台将会给我们带来一笔很大的财富。因此，有些东西像电脑、电话和机器人，微软的选择是去追求它们的种类。Apple，它们很伟大。关于它们，它们做了很多十分好的工作。有少数的市场像Xbox 360，Zune和今年我们拥有的两个新的产品——Surface 和RoundTable，都是关于会议室的设施，实际上我将要把他们分割给一些承包商，但是p&l是在冒险并且所有硬件上的设计都是微软的事情。

主持人1：RoundTable，是不是一些被你宣布的事情或者是你刚刚在这里声明的？

比尔：我们已经展示过了它的原型。是可以旋转360度的东西。

主持人1：哦，对。它就像Cisco已经有一些在商场里和HP上了，对吗？

比尔：是的，HP有个非常高端的东西有一点点像RoundTable，但是无所谓了。

主持人1：好的。你是否后悔过——对有些事情你想过做一些改变吗？也许你觉得这会在你离开Apple之后发生，当你可以拥有很大一部分Mac的市场股份之后你可以做一些不同的事情？

乔布斯：好的，在我回答你之前，我想关于比尔的回答提出一些观点，这是十分有趣的，在消费市场和企业市场中，他们是十分不同的领域。关于消费市场，至少，我认为一个人可以在没有使用电脑的Windows的情况下做到一件很厉害的事情，当软件和硬件脱钩之后仍然工作得很好，这是一个很难看到的例子了。随着时间的推移，它以后可能会在手机的领域出现。很可能。但是这是不清楚的。你可以看到很多软件和硬件搭配做得很好的例子。因此我认为，这是让我们每天都上班其中的一个原因，因为没有人知道这些问题的答案。在过了几年之后我们将会找到答案，也许所有的人都会愉快地工作，也许他们不会。

主持人1：是的。

乔布斯：是的。这是很好的尝试并且都很适合。在一些产品的分类里——接收音乐播放器——单独的设计会完成得很好。在电脑市场，在这个阶段不同种类的设计拥有很高的比值。

主持人1：仅仅拥有很高的份额而已？是拥有非常非常高的份额。

乔布斯：相反地，这类产品并没有与音乐播放器相差很大。

主持人1：你曾经何时会去想我应该去做这个，或者是苹果应该去做那个，再或者是我们能做什么吗？

主持人2：你一直坚持着将硬件和软件组合在一起这个想法，而且现在这种组合运行也非常好。

乔布斯：当我刚进苹果公司时，发生了许多事情，那些事我确信本可以做得更好；在我离开之后，也发生了很多事情，但我觉得是因为错误地转换导致的，不过那不重要。真的不重要，你必须让过去的都过去，我们得清楚我们所处的位置，这样我们才能向前看。你知道，10年前我回到苹果的第一件事就是把苹果博物馆交给了斯坦福大学，像所有的论文，一切旧的机器，我们清理掉那些蜘蛛网，告诉自己不能再盯着昨日了，我们必须将眼光看向明日。因为你不能总是后悔着说："天啊，我真希望我没有被解雇；我真希望还在那儿；我希望这个，希望那个……"但是，这一切都已不再重要，所以让我们寄希望于明日，不要再对于过去的事而唉声叹气了。

主持人2：我们等会儿再说将来，我们来说说现在，你们是怎样看待市场上不同的参与者，怎样看待目前的科技发展？你们二人在此行业中已工作许久且很成功，你们各自的公司也是该行业中的佼佼者，有没有什么事情让你们惊喜过呢？如今，越来越多的公司变得强大起来，你们是怎样看待目前的市场环境的，还有你们认为在因特网中将发生什么？

乔布斯：我认为现在此行业发展的十分健康、有序，也有许多的年轻人不再为别人工作而是想自己创业；这些年轻人并不只是对新鲜事物感兴趣或是对于卖东西给别人感兴趣，他们仅仅是想开创自己的公司。我想有些真正激动人心的公司正在兴起，你要说些吗，比尔？

比尔：嗯，是的。我想说现在这个行业确实发展的非常健康，而且这个时代也是个开发、发明十分活跃的时代。

乔布斯：我也这样认为。很多事情现在看起来很冒险但总归是个好的现象。

主持人2：你能举个例子吗？

乔布斯：例子有，但是我不能说。

主持人2：好的。

乔布斯：但我可以说，这是件很棒的事！

主持人2：是的。

乔布斯：那是支撑你早晨起来工作的动力，因为它告诉着你下一秒有奇妙的事情发生。

主持人1：是的，你们二位就是如此。你每日都与因特网打交道，你拥有因特网的产品，有iTunes和Mac等，但是从另一方面上讲，你又代表着富有的客户，PC和大的运行系统等。因此，许多人可能将你视为对手……

乔布斯：我们都是恐龙吗？

主持人1：嗯？

乔布斯：难道我们都是恐龙？

主持人1：恐龙？随便吧，我可以谈那个。不，真的说来……

主持人2：你是在说系统正在改变。

主持人1：5年后，笔记本电脑会一直是这类产品的关键吗？

比尔：可以说它将不会如预期的那样。还记得单一功能的电脑吗？有人说将单一功能整合成一个总体其实是个愚蠢的主意。

主持人2：拉里·埃里森。

比尔：主流的事物总是要被袭击的。人们不明白的是你总会拥有丰富的本地的功能，我的意思是，至少我们这样认为，无论你是获得那些对话和视觉的功能还是别的什么，当你获得了更多的自然的特点，问题就出现了——如何将本地丰富的功能与别处丰富的功能用在一起。当你看到这个装置，会说它能与电视连接在一起或是能在汽车里连接，或是有更轻的硬件来进行网络连接；但是当你来到全屏幕大小的电脑前，你会编辑文件，创建一些东西。我认为，我们现在正在变得越来越强。

乔布斯：我想举个详细的例子。我喜欢谷歌创建的地图，把它用在我的电脑浏览器上。之后，在我们在制作iPhone时，我们就想如果iPhone上也有个地图不是很好么？所以，我们就与谷歌联系，当时谷歌已经为一些手机编写了一些Java的客户程序，而且他们也有了API。因此，我们就停止为那些API编写客户程序，本来他们提供了售后服务，但由于我们亲自编写程序这十分合理，并且我们也有这个能力，所以我们编写的这个程序打败了使用谷歌地图的客户。来自服务器的是同样的数据，但因使用它而带来的体验是前所未有的，比使用电脑更实用。比起之前其他手机地图的使用，iPhone中地图的使用开创了一个完全不同的领域。

但是，使用它的感受要让人难以置信，这要比在电脑上使用的体验好得多的多。而且，比起它之前在电脑上的感受也完全不同。你知道，很多产品都是基于客户的需求和感受应运而生的，因此，我们把它展示给我们的客户，他们完全被它带来的良好体验所震惊。这种体验是你在浏览器上感受不到的。人们现在能够发现如何在浏览器上获取更多的信息，如何通过浏览器联通到各个站点，如何操作本地应用程序，等等。因此，你是否连接到网络是完全透明的。但是，这一切都是循序渐进的，有如此广大的客户端口群体，其实你还有更多可以做的。与此同时，硬件设备也应该在这种广大的客户端应用群中取得进步，我们要开发成本越来越低的设备、耗能越来越低的设备。因此，有了广大的客户群，你可以做很多非常有意义的事情。

主持人1：是的，所以你刚刚讲述了，广大的客户端口还是极为重要的。但是，也许是我的误解，你刚刚举的例子是，你所说的广大客户端口并非个人电脑用户，是吗？

乔布斯：我刚刚是说，我想把一些非常好的客户端应用软件和一些非常好的云计算服务结合起来，这种结合将会异常强大。和现在比起来，这种结合将会比客户通过浏览器体验应用程序强大得多的多。

主持人2：刚刚我们提及了软件开发公司，我们说的是软件服务公司而不是其他。

乔布斯：我说的是软件服务的开发与其他复杂多样的客户端的结合是极为强大的。

比尔：从架构上来说，问题是D1仅能从浏览器上下载，同样，电脑和其他全屏幕设备也有相同的问题。最大的不同在于屏幕的大小，你知道，5英寸的屏幕和10英寸的屏幕是不能比的，20英寸的屏幕不能和在客厅里的屏幕相提并论。不过，在这些设备的背后，都有着各种各样的计算设备，而这些计算设备都连接到网络。在本地，你有感应信号，即刻的互动，而看不到后台的操作运算。如果你一直考虑后台的操作，那就不能达到很好的平衡。

主持人2：那么，您觉得在今后的5~10年内，主要的设备会是什么样子的呢？什么会是我们主要的设备，一个，还是……

主持人1：我觉得是一个，我认为可能是平板电脑，它现在还没有在全球范围内占得主流，但是……

比尔：是的，这就像是Windows 1992版，我认为，呃……（全场笑）这是让我后悔的事之一。

主持人1：好，让我们回到运营载体这一部分，你认为承载的主体会是什么，比如你要做的事情，你处理电子邮件的方式，等等。

主持人2：最可能处理这些事情的设备是什么？

主持人1：可能是那种很轻巧、精小的，你们如今可能叫它为智能手机伴侣。

主持人2：是手机伴侣。

主持人1：你觉得你现在想要随身携带平板电脑吗？我知道你之

前是用苹果笔记本电脑的Pro，我不确定你换了没有，你现在呢？

乔布斯：我现在用的是iPhone

主持人2：你用的是iPhone？

主持人1：是的，他之前拿出来展示过。

（全场笑）

主持人1：你觉得在今后5年内你的主要设备是什么呢？

比尔：我认为我不只会有一件设备而已，但是我会有一个随身携带的全屏设备。在它上面，我可以广泛地阅读各种资料，它可能是一款平板电脑，但无论怎样，它都会有声音，可以书写，还有可能有像硬件设备那样的键盘，它可以被装在口袋里。它的功能也是广泛的，它可能会有导航仪，有多媒体，可以打电话等科技元素。你要把这些高科技都放到这个设备里，这样人们才能意识到他们需要的是什么。总之，很多技术都可以在这个口袋大小的设备中实现。除了这些科技元素之外，我们在机械以及电话设备上也有革命性的进步。软件和硬件是互补的，这一方的增长势必会带动另一方，反之亦然。

主持人2：那你认为它该如何应用呢？

比尔：它就好比一个家，你有你的客厅，就是你的十英尺体验，在这里你可以连接到网络，可以打游戏以及其他娱乐活动，在那个世界可以有这种体验。与此同时，你还可以有工作平台，无论是它的水平界面还是垂直界面都是一个投影仪，这里你可以共享你桌面上的信息，这些都可以通过平台表面展示出来。

主持人1：那如果我的房间没有这种屏幕是不是我还要为这此专门设立个房间啊？

比尔：是的。

主持人1：谢谢。

比尔：你可以在洗手间。

主持人2：噢，这是个完美的地方。

（全场笑）

主持人1：（对乔布斯）你对未来5年的展望是什么？会使用什么样的设备？

乔布斯：你知道吗，这其实非常有趣。个人电脑是个极为有活力的领域，每隔几年就会有人说，哦，个人电脑就要没有市场了。

主持人1：你所谓的个人电脑是所有的个人电脑还是指的是有Windows操作系统的个人电脑？

乔布斯：我指的是整个个人电脑市场。你知道，在工业时代，处理器推动了整个个人电脑产业的蓬勃发展，经过一段时间之后，整个市场趋于疲软，而此时，随着网络的出现，个人电脑又发展起来，每个人都需要更强大的电脑来连接网络，浏览器浏览也应运而生，等等。此时，就迎来了网络时代。

几年前，还有一些人，他们认为个人电脑的发展是理所当然的，于是我们又看到了在个人电脑上的革新。我们称个人电脑为数据中心，当然你也可以称之为其他。它作为一个多媒体中心又实现了再一次的腾飞。个人电脑拥有数码摄像头、数码摄像机，可以通过个人电脑在网络上分享东西。你看，个人电脑又经历了一次重生，它进入到数码核心时代。现如今，有一些新的东西又开始到来了，我们可能还不是很明确这究竟是什么，但这也许是个人电脑回到网络时代，诸如此类的，个人电脑更加趋于移动技术等。个人电脑市场还将延续，它将会一直伴随我们左右。不过究竟是平板电脑，还是笔记本电脑，还是什么其他的种种，个人电脑还将是大多数人的选择。这只是我的看法，并非一定如此。随后，我们又看到新一轮的剧变，也就是后个人电脑时代的设备的到来，比如iPad。

主持人1：哦，我要提醒你，你刚刚所说的后个人电脑时代可能会置自己于麻烦中。

乔布斯：为什么？

主持人1：我在和你开玩笑，对，后个人电脑时代。一些人可能会写信给编辑们，对这个词有点埋怨。

（全场笑）

乔布斯：是的，不管怎么说吧，我说的这个设备领域并不是为了实现所有的目标，它们更加专注于某个专门的部分的作用，比如说电话、音乐以及娱乐。 这个范畴将会保持持续的革新与进步，并且我们将会看到越来越来多的这样的设备。

主持人2：能不能给我们举个例子说明这个时代将会是什么样子？

乔布斯：iPod 是后个人电脑时代的产物，电话也是后个人电脑时代的产物。

主持人1：你觉得iPhone或者说其他智能手机，我知道你认为当下iPhone要比智能手机好很多，但是是不是所有的这些，我知道电脑是有着很多外来元素的，那么这些，当你说起电话，听起来像。

乔布斯：所有电话都有外来元素，是的，它有外来元素，那又怎么样呢？谁会在乎设备里面是什么？这都没关系，而重要的是它到底是什么，你要怎样应用它？消费者怎样评价它？那么，又有谁会在意里面究竟有什么呢？

主持人1：那么之前我们说的智能手机的核心设备是什么呢，或者我们说的“口袋设备”它们的核心作用是什么？5年之后，这些“口袋设备”的主要作用又是什么呢？

比尔：所有的这些设备专门化发展得如此迅速，我们有导航设备、数字钱包、电话、拍照、以及摄像等，所有这些功能都聚集在一起的速度实在是太快了。最终，我们将会有一个设备包容了以上所有功能。但是，因为它体型较小，你若还是想把你的家庭作业，或者电影加载在这个规格大小的屏幕上，你就需要其他一些设备可以让你阅读，编辑等这些事情。因此，如果你有一个这般大小的设备，但是它可以拉伸，那么你就有可以帮助你做任何事情的设备了。

主持人1：你知道在我们最开始的会议当中，我们有一位来自EINK的嘉宾，我估计你们已经见过他，他们之前就说过这些，那是都是5年前了。

比尔：哦，是的，你知道投影技术确实取得了很大的进步，但是，在可视范围内我不认为它会有更多的成果，不管是哪两家合作。我们有一些研发人员正在致力于开发它，它需要大量的投入，但它至少还要5年。

主持人1：那么从现在开始5年后“口袋设备”会是什么样的呢？

乔布斯：我不知道，我不知道的原因是，呃，5年前我都不知道今天会有苹果笔记本电脑。但是，有些事情就是不期而至，人们喜欢它，习惯使用它，它就在那儿。所以，人们持续不断地发明创造。我觉得，关键在于你要平衡好什么是大家需要的和什么是大家不需要的之间的关系。很明显，你最需要的，平时携带最多的就是你的交流设备。你又想有一些娱乐功能，但它最主要的功能还是作为沟通设备。

所以，我们就有了目标。

主持人2：你们刚刚介绍的都是计算机信息处理的一些功能，那么这些设备和网络的互动又如何呢？总体来说，你们觉得怎样把自己的公司融入进去？你们怎样看待一些，比如社交网站、维基百科等大家常常提及的。

乔布斯：有一种说法，很多人认为，苹果是一艘从上方漏水的船。

（全场笑）

主持人2：这听起来有点儿像没有袖子的毛衣，我没听明白。

乔布斯：这句话说的是我20岁的时候。如今，极为有趣的各种新鲜事物充斥了网络世界，但对于我来说最有趣的还是这些给人们带来的各种各样的新服务。

主持人2：你是指娱乐还是什么？

乔布斯：你周围有很多很强大的娱乐功能，但最重要的我觉得还是你要明白如何在这些服务中提升自己的生活效率。你知道，当你给别人展示什么的时候，感觉真是棒极了。你不用说服他们说，哦，你有这方面的问题，只要你展示给他们，他们就会意识到，我的天，我有这方面的问题，我正需要它！我认为，在接下来几年里，事情也会是这样的。

主持人1：你有没有，呃，很明显，通过iTunes你在网络上拥有很大的市场，你在iTunes的苹果商店上出售很多商品，但最初的时候，当你刚刚买了苹果的电脑后，你在后台有这种网络的服务，我相信很多人都觉得，它当时还没有完全开发好。

乔布斯：我对于你刚刚的话再同意不过了，不过我们将会用新的功能来弥补。

主持人1：而对于你来说，一方面你拥有，比如Hotmail，MSN，它们都有非常多的用户群；另一方面，其他人在网络的其他方面又有很大的市场占有，比如搜索引擎以及其他一些网络部分。因为你们是个人电脑相关的公司，个人电脑也激发了很多的相关产业，你们是否觉得，在这方面有很多强有力的竞争对手？我知道你们是很大的公司，微软、苹果，你们担心有更大的个人电脑公司吗？比如史蒂夫，你担心现在有公司就像苹果1977的时候吗？（苹果公司1977年发布了最早的个人电脑AppleⅡ。）

比尔：其他公司研发出伟大的新事物时时刻刻都会发生，但是你要找准自己的位置如何从中取得利益，把它们作为Windows或者个人电脑的一个渠道去拉动需求，你要参与到这些新的事物中来。我和史蒂夫提及过，我们都想加入到搜索引擎中来，在未来把它提升到一个新的高度。我们看到我们其实还能做很多。 很多应用都更专门化，拿可以在教育中所做的应用举例，主流是教学视频，还有一些工具可以用于师生之间的互动，这让我感到非常兴奋。我并不是要回到业界的最初，其中一些梦想，比如，学生可以得以应用，老师之间可以得到互动以寻求新的教育方法。我们只需建立一个开端来促成这些事情。是的，我们两家公司可以致力于此，但是总体来说，重要的是这个等效系统，使得各个应用可以在彼此的基础上建立，然后我们可以说，终于科技为教育事业做了些贡献。

乔布斯：我对此的看法有点不同，我们并不尝试做很多这方面的事情。我不认为，一个公司可以做所有事情，一个公司只能专注于一部分，你应该和其他在相应领域成绩斐然的公司合作。也许微软做搜索引擎做的很棒，而我们并不想在搜索引擎上取得成绩，我们可能选择和搜索引擎的开发商合作。我们不在后台做地图的开发，因为已经有最好的地图客户端开发商，所以我们选择与这些开发商成为伙伴。我想要做的是成为终端的消费者设备，消费者的体验，这里他们可以感受所有的信息与技术，我们可以把这些传递给他们，我们要的是一个连贯的产品。在有些情况下，我们要做的更多，例如，iTunes并不是专门做音乐频道的，但是由于市场需要我们不得不做，那么我们就有音乐这一块，但有些公司他们做音乐的能力要远远好于我们，所以我们选择与其成为伙伴。因此，你知道，我们是有选择性的去做。我觉得一个公司想要做所有的事是非常困难的。

主持人2：让我们来谈谈传媒，你们两家公司都涉足娱乐领域，它对于你们也都很重要，苹果现在有音乐还有苹果电视，微软涉足到好莱坞领域。你们对娱乐未来的发展怎么看？你们两个肯定有通过同行谈论过好莱坞的变化以及其他。现在在娱乐圈究竟发生着什么？对于多数人来说，你们两个都是娱乐产品的输送方，你们将如何前行？

比尔：对于平台开发来说，最大的里程碑是网络，有了网络我们可以看到这种互动性。通过看现在流行的“社区型”，这里人们进行讨论，交友，他们一起看东西，并进行讨论，你会对未来电视的发展有一点点的预见。教育类节目，或者是体育节目，比如观看奥林匹克节目，或者是选举，在多种节目中穿梭的能力会非常强大。是的，我们做Halo视频游戏，但我们并不是单纯的娱乐公司，我们是开发平台的。所以，我们是做软件的，我们关注比如语音，显示和图像，这些才是要花费10年之久所研究的。比如，IPTD，其他一些基础平台设计，这才是我们要花费10年去攻克的。终于，我们即将完成，有一些人、一些公司把这些东西集合在一起。我们才刚刚开始，我们正在形成一个规模，娱乐终端设备，将通过电脑，很不幸还不能通过电视，传输。现在，IPTD可以帮助这些娱乐设备在卧室也得以实现。

主持人1：史蒂夫，之前你曾经展示过苹果电视的新功能使其可以直接连接在电视上。你怎么看？刚刚比尔说，在电视上播放还是需要驱动器来实现娱乐功能。先不考虑你在迪士尼公司的职位。

乔布斯：我认为，每个人都想要享受娱乐，问题是什么适合，用何种方式，用什么设备来娱乐。最终，这会促使娱乐公司开发各种各样的商业运作模式。这很好，我的意思是，如果你是传媒公司，这是很棒的，更多的人喜欢你的产品，以各种各样不同的形式，这就是为什么这是商机。但是，你知道，这个过渡有时是十分困难的，比如用音乐来说，在一些网站上你可以更加迅速和简单地下载歌曲，没有法律约束，也许他们对于它的反应做出不好的选择。 但是你知道他们还是在尝试过渡到一个不同的商业运作模式，而同时它们可能会遭受到盗版的侵袭。也许我们还能强调分析他们犯过的错误，但是这确实是很不容易做的。至于好莱坞，你知道我们现在做音乐，学习要做什么不要做什么，它们还是在尝试做出一些安排来，他们是如何做这些过渡的，如何达到新的商业运作模式，不同的平台，可以给予他们的客户更多的自由去选择他们何时以及如何看这些影片。我觉得，这种实验性的革新是伟大的。这个势头很好，这非常好，尤其是对于传媒业公司来说。

主持人1：接下来，我能问一下关于用户界面的问题吗？我知道，我们一直有，你刚刚称之为最好的Windows，而且在秋天发布的新的版本中也有一些用户界面的升级。但是，我看到在你向公共展示的时候，比如说一些文件夹、菜单、下拉菜单等基本的图标还是没有改变。我知道我忽视了一些技术的革新，后台一定是有很多非常酷的技术更新。但是，所有的这些还都是基于之前你创建的系统。那么，在今后的4~5年，我们是否还会有新的模式去组织用户界面？我们先不考虑手机，我们就先谈个人电脑，你怎么看，比尔？

比尔：我们预期已久的其中之一就是3D进入到我们的用户界面，我们也做了很多实验，见了很多人。它的丰富以及它的速度都可以自我维持。如今，我们开始考虑一些关于制图、图片的质量、制图工具的问题。我们看到了3D时代的到来。我敢说，如果你去一个商店，一家书店，你可以看到整齐成排的图书。那现在通过这个技术，你可以看到它们排成列，就像你喜欢的或者是你在书店里看到的那样。因此，3D是一种组织事情的方法，尤其是我们通过电脑获得越来越多的媒体信息，我们有更多的选择，我们有更多的探索，这是之前所没有的。我们可以把这些带入到这个沟通的世界，在这里个人电脑更将会占领中心地位，这是传统的比如PBX，以及其他过去的架构所不能比拟的。这就是大环境，这将会是很大的改变，我们也有很大的投入，所有的这些会带来变革。

主持人1：那你又怎么看多点触屏呢？这非常有趣。之前史蒂夫在介绍iPhone的时候，展示一些。史蒂夫鲍尔默今天也展示了触屏电脑，这并不是我们安排的，但是它确实发生了，这次会议的赞助商惠普公司也刚刚展示了等类似的多点触屏。这会引起转变吗？你们称之为用手指直接操作——也就是触屏，会变成主流吗？

比尔：软件是关乎视觉的，所以，想象一下游戏机，这都是那些赶时髦的人去做的。不，你不能，你不能和你的朋友就坐在那儿做那些。那是3D定位设备，这是一个高性能数码识别镜头，它在观察周围发生的事情。至于会议，比如远程视频会议，如果仅是音频你并不知道是谁在讲话，他长的什么样，而摄像头将会改变这一切。当然了，我也要根据人们的需求以及隐私来设计这个摄像头。但是，软件设计出的视觉效果也可能是异常便宜的，这意味着，这项应用将异常广泛。我们并不仅仅说这是电脑，我们还说这是一种设备，可以应用于会议室、客厅等。

主持人1：也许是我错了，也许现在就已经很好了，我们不需要什么重大的改变。但是，当我打开电脑的时候，不管是我的惠普笔记本电脑，还是那个苹果笔记本电脑，是的，确实有很大的进步，然而其实它们也有很多相似之处。

主持人2：刚才二位都提及了你们公司的巨大变革。

主持人1：是的，它更好了，图像更精确，你还是用鼠标，你还是要通过图表来上下移动。你刚刚提及了在84年选择Windows系统的大博弈。本质上我们用的还是相似的方式，这会改变吗？

比尔：触感、手写、语音、视觉这都是新到来的事物。这也许并不是颠覆性的改变，但是这是伟大的变革。年复一年，我们都置身于这种环境中。如果你离开10年，你回来的时候会发现，哦，我们搜索的方式发生了巨大的改变，这才是你发现实例的核心，CAVI才是发现这些的核心。科技进步是一件非常好的事，事实上，即使是一些演变，例如我们在Microsoft Office上做的改变，当你做修改的时候会有用带子标示的标记。此时就会有一些用户说，哦，天啊！我还要花一些时间去适应。但是，总是有好的发展，所有的这些界面上的改变都是有进步意义的，这会是革命性的，它将会应用我之前说的3D技术。

主持人2：史蒂夫，我知道你正在研发一些非常漂亮的东西。

乔布斯：是的。

主持人1：我们不能讨论它。

乔布斯：是的，我知道这不公平，但是，我觉得问题是，这是个简单的问题，问题是，在未来5年内人们究竟要在个人电脑上做多少革命性的创新，而又有多少是专注于后个人电脑时代的设备。真正的诱惑是专注于后个人电脑时代的设备，因为它是从零开始，它们又是更专门化的设备，它们不必要继承之前的数不清的应用程序，数不清的市场。因此，我认为这将是在后个人电脑时代，急剧变革性的经历。那问题是，有多少是要去做个人电脑的呢？我认为微软正致力于研发一些非常酷的东西，但是，其中有一些肯定是暂时的，因为你有，依我的情况是有数百万的用户，比尔的情况是有数千万的用户，他们对之前的那些已经相当熟悉了。你知道，他们并不想要有六个轮子的车子，他们还是喜欢有四个轮子的车。他们不想坐在按摩椅上开车，他们还是喜欢坐在车椅上开车。所以，正如比尔所言，有些时候你要知道外面的需求是什么，有些时候你要维持原状，在一些情况下你可以替代已存在的。但是，我认为，最具颠覆性的改变还将会在后个人电脑时代发生。

主持人2：你们二者之间的关系最棒的地方是什么？实话说看看历史教科书，都有类似的事。不过，你们两者的关系中最好的地方是什么，对于你们彼此来说。你怎么看，像是激烈的竞争，还是其他看法。

乔布斯：我们就好像秘密结婚了十多年一样。(全场爆笑)

比尔：我不认为我们任何一方，总体上来说，对对方有任何的埋怨。我知道，有一些项目，比如苹果笔记本电脑项目，这真是太了不起了，很有趣。我们敢于冒险，我们俩确实在视频上看起来比较生气。

乔布斯：我们是的。

比尔：你们在那里面就像12岁的孩子一样。

比尔：我就是故意让自己看起来那样的，（全场笑），但是，现在想想，其实一起并肩奋战是件很有趣的事情。其实我还挺想念那些已经不在这个领域奋斗的人呢，在这个领域，人们就是来来去去，有人一直在那边陪着你，其实感觉不错。你有这种氛围，你工作也好，不工作也好。在这个领域，我们都为新鲜的事物而疯狂，比如，你知道，一直都有这种模式，在这种模式中，有的公司一直都是成功的，它们总是能赢，等等，诸如此类。你可以看到一波一波的浪潮，但是你一旦决定要带来一些新鲜的事物你就要敢于冒相应的风险。

主持人1：最后一个问题，然后我们就……

主持人2：他（乔布斯）还没有回答刚才那个问题，什么秘密结婚之类的。

主持人1：那不是你的回答吧？

乔布斯：是的，它不是。你知道，当我和比尔第一次相见的时候，早些时候我们一起工作的时候。整体来说，我们两个都是房间内最年轻的人。无论是我们俩分别来说还是我们一起，我可能是比比尔大六个月左右，但是，我们大约是年纪相仿的。不过现在，当我和业内的公司工作的时候，我不知道你，多数时候反正我是房间里年纪最大的。因此，这也是为什么我喜欢来在这儿的原因。（全场大笑）

（鼓掌声）

主持人1：很高兴你能来。

乔布斯：所以，很多人觉得要么就是鲍勃迪伦要么就是披头士乐队（披头士乐队和鲍勃迪伦都是美国60年代摇滚乐的灵魂人物，乔布斯用他们二者来比喻他和比尔·盖茨的关系）。其中，披头士有一首歌曲的歌词是这样写的：你和我之间的回忆比路还要长，再明白不过，这句歌词说的就是我们两个。

主持人1：我觉得关于这个话题我们应该到此为止了。

主持人2：我都流眼泪了！

主持人2：谢谢！十分感谢！

主持人2：下面是提问环节。请坐。

主持人2：看大家都站起来了，这种情况以前从没发生过！哈哈哈哈！哇噢！

主持人2：下面由观众提问。

主持人1：现在是问答环节，能给我们点灯光吗？

罗杰：大家好！这真的是很精彩，非常感谢！明年是总统大选年，我很好奇你们有没有察觉到硅谷的任何变化，我们都应该专注于如何与下一任美国总统有效地交流，在对待这一事件上我们有没有任何共同点？很奇怪现在都听不到人们讨论这件事，请问你们有没有什么想法呢？

比尔：当然，我首先想提到的是教育问题。

罗杰：你是指在技术层面上他们能做些事情还是指什么其他的呢？

比尔：不是。对于教育来说，科技确实会越来越有用，但是对于教师的评估、高中教育的设计、人们对教育的期望，这些都不属于单纯的技术问题，而是关于制度上的实践。现在有很多争论都是关于哪里有机会以及怎样通过不同的方式来实现这个目标。

主持人1：史蒂夫，你说说吧。

乔布斯：我们真的存在很多严重的问题，这其中的一大部分都不是硅谷有能力来改变的，不过还是希望这些问题能得到解决。我们还低估了整个行业依赖于稳定性的程度。我们长期以来都享受稳定性，这使得我们能够推动科技和发展业务。我认为我们有时候太想当然。更有趣的是，给我们带来烦恼的领域之一就是对于能源的依赖。就我所知，在这方面有很多工作在进行，比如说很多对于替代能源的投资，虽然我不知道它们有没有出结果，也许硅谷能在投资这方面做些工作。

主持人2：就个人来说，你们俩有过任何这方面的投资吗？

比尔：有一些吧。

主持人2：这可能会是很多。

乔布斯：的确是，哈哈。

比尔：真的只是一些而已。

主持人1：你呢？有投资吗？

乔布斯：没有。不过我很欣赏这种做法。

主持人1：那边的那位。

SonyPictures：你好。我的问题是：过多的多样性在多大程度上存在？在刚才的讨论中几次提到过，现在微软的处理器成本很低，包括内存、软件。在各种标准化的影响下，我们生活得更好，比如编码标准、网络标准，就好像多样性现在已经达到一定程度，我们已经不会再有每个人都欣赏的设备融合。我很好奇，这会不会像卫生保健或是公共交通一样再也回不到从前那样？我就想知道你们的看法，以后还有没有机会再出现大型的设备融合能使人们生活得更简单并且更丰富？

主持人1：史蒂夫。

乔布斯：我想比尔和我应该都同意说想象和创新是不受限制的，总会有好的新事物出现，但是这也是我们容忍创新的一个原因，我们必须容忍一点儿烦恼才能够得到创新。

比尔：在适当的时候允许多样性和抛弃多样性，在这一点上市场做得很好。

乔布斯：有时候也会让它回来。

比尔：对。对于标准化来说，因特网标准化真的很令人惊叹，比如视频格式等。我不认为任何事能阻止设备融合，现在确实存在很多通过无线方式来实现这一目标的方法，它们各自有各自的特点，其中有些是重复的，这样就会淘汰一些方法，但是我认为行业在优胜劣汰上做得很好，缺乏创新的地方会被淘汰，那些没有确定方法的地方则会受到重视。

主持人1：杰西。

杰西：因为你们已经不是这里最年轻的人了，所以我想问你们每人一个关于遗产的问题。比尔，即使对你批评最多的评论家也会承认你的慈善事业做得很大很棒，而且如果你愿意的话，你的这项副业也会使你在微软做出的成绩相形见绌。如果你必须选择一项遗产的话你会选择什么？史蒂夫，当你看着比尔的时候你会不会觉得他太幸运了，这家伙拥有这么一个充满天才的公司，他还不用每天都自己到公司去上班，你会不会希望自己也有这样的机会呢？

主持人2：好的，他第二个回答。

主持人1：比尔。

比尔：不管我是做什么的，我做过的最重要的工作还是关于个人电脑。在我成长过程中，从十几岁到二十几岁再到三十几岁，以及我那么晚才结婚，都是因为我对个人电脑太着迷了，这才是我这一生的工作。关于这些技能和资源，我把技能放前面，在这方面我很幸运，我所经历的这些可以在之后应用在使人们获益的事情上，比如那些无法体验科技所带来改变的那些人们，能拥有这些的确对我来说很幸运。如果你看看我的脑子你就会发现它装满了关于软件的东西，比如软件的魔力和对软件的信念，这将不会被改变。

主持人2：好的。

乔布斯：你的问题是我是不是希望我每天可以不用去苹果公司上班?

杰西：不是。如果你对比尔的副业有所羡慕的话。

乔布斯：噢。我认为这很伟大，当比尔的目标不是在死后成为这个世界上最富有的人时，我认为这个世界变得更美好，这很好，不是吗？他用他赚的钱做了很多善事。比尔可能在以下这点上跟我有点儿像，我在一个低于中产阶级水平的家庭中长大，我从来没有怎么在乎过钱，苹果在之前一段时间里很成功，我也不用怎么在乎钱，这点上我很幸运，我也因此可以把精力都花在工作和家庭上。我其实觉得我们俩是这个世界上最幸运的两个人，因为我们都真正找到了我们爱做的事，我们在正确的时间出现在了正确的地方做正确的事情，在30年中我们每天都能与超级聪明的同事一起工作，并且热爱我们的事业。没有什么能比这更让我们欢乐的了，你有了家庭和事业，你还能要更多的什么呢？我并不怎么考虑遗产的问题，我所想的只是每天起床后希望跟这些很棒的同事一起能创造出一些东西，使得人们能跟我们一样热爱我们的这些创造。如果我们能做到这样的话就已经很好了。

罗布：谢谢史蒂夫和比尔。跟我一起来的是我的商业伙伴，我们的公司拥有100位员工，从事因特网媒体行业，我想知道你们能提供给我们的最有价值的一条建议是什么，能够使得我们尝试着做出像你们一样伟大的成绩，你们两家公司都很令人称赞。

比尔：如果我错了的话请改正我，我认为在我们两家企业中，让我们感受到刺激的并不是看见经济价值，即使是在1975年微软低迷的时候，我们都并不认为微软必须成为一家大公司，每次在扩大规模和管理员工时，我们都在想这能不能给我们带来欢乐。每次在成倍的扩大规模时我们都在想这应该是最后一次了吧。经济原因并不是位列最前的，最重要的还是我们的想法，我们能做什么，以及能够召集到不同的人一起快乐地工作，以及培养出他们广泛的技能。怎样使得这些具有不同技能的人合作对我们来说是一项挑战，在这方面我可能犯过最多的错，但是最后还是能成功。所以这其实很大程度上是关于人和热情的，业务能发展得这么好对我们来说也很幸运。

乔布斯：是的。人们说你必须对你的工作充满热情，这真的完全正确，原因在于如果不喜欢的话，任何一个理性人都会放弃。这真的很困难，你需要在很长时间内工作，所以如果你不热爱你的工作，你体会不到其中的快乐，你就会放弃，这对大多数人来说其实是常见现象。如果你观察那些被社会认为成功的人士和那些不成功的，你就经常会发现成功人士都热爱他们的工作，所以他们在情况艰难的时候也会坚持，而那些没那么热爱自己工作的人在这个时候就会放弃，如果不喜欢的话谁又会容忍这些困难呢？因此，这些工作很困难，也始终充满了焦急。如果你不喜欢的话你就会失败，所以你必须喜欢你的工作，你必须对其充满热情，这是最关键的。再有，你必须善于发现有天赋的人，因为不管你有多聪明，你必须有一个由聪明人组成的团队，你要知道如何在没有充分了解一个人的时候快速做出是否招聘他的决定，以及怎样改进你的直觉，怎样建立起一个以后能够自己扩大的组织，你真的需要一些优秀的人来帮助你。

利兹：这是一个关于历史好奇的问题。你们抓住机会的方法相差甚远，什么是你们从对方身上学到的、希望能尽早运用于自己工作的事情？

比尔：我很欣赏史蒂夫的品位。并不开玩笑，我认为他对人和对产品的直觉都很准，当我们讨论关于苹果电脑以及软件选择时，我考虑的都是些工程技术问题，我的大脑就是这样工作的。我看到史蒂夫在人和产品的基础上所做的决定，我很难解释清楚，他做事的方式就是跟我不同，我觉得很奇妙，我真心赞美他。

乔布斯：你们知道，因为沃兹和我创建公司是在做这整件事的基础上，我们在与人合作方面并不是很好，好笑的是微软其实是少数几家跟我们合作的公司之一，我们的合作也真的为两家公司带来了好处。但比尔和微软在这个方面却很强，因为他们在前期并不是做一整件事，他们很好地学会了与人合作。如果苹果公司能在这点上多学习微软的话，我们能发展得更好，但我觉得苹果在几十年之后才学会了这一点。

主持人1：最后一个问题。很抱歉，在这边。

查理：在我们的金融服务行业，我们强烈专注于老龄化、退休的在婴儿潮时期出生的人。

乔布斯：我们没有那么老。

查理：不是的，我的问题并不是听起来的那样。我们所看到的大多数来自于电脑公司和因特网公司的创新都是针对年轻人的，我想知道你们的公司中是否有为老年人制定的活动。

乔布斯：不是全对，我给你举个例子。我们从几年前开始在几乎所有的电脑上安装了摄像头，来自于老年人的反应好的不得了，他们开始买这些东西，为他们的孙子、孙女买，这样他们就可以和孙子、孙女进行视频交流，比年轻人还经常，这样做很棒。这只是一个简单的例子，但其实还有更多的事例显示出独自生活的老年人渴望与更多家庭成员交流的事例。

比尔：我认为关注市场大小是一件很好的事，这也许正是这么多公司考虑能为老年人做点什么的原因。我觉得这很平常也很自然。我们成长过程中用过键盘，这对我们来说极其普通。当我两个星期前私下把电脑展示给几个CEO看的时候，我很惊讶于留给他们的深刻印象，他们对于导航的接受度、对于如何布置照片的热衷比我都要强。

乔布斯：我可以再给你举个例子。我们现在拥有超过200家苹果零售店，他们做的事情之一就是一对一培训，每年我们都进行100万个针对个人的培训，每个人持续一小时，这可是一年100万个。

主持人1：你们开始没多久是吧？

乔布斯：是的，我们大概一年前才开始。我们差不多现在一年进行100万个培训。来接受培训的很多都是老年人，他们用一个小时来学习如何使用Office以及如何视频通话，他们每年花上99美元就可以安排时间来接受培训，这真的很棒。

主持人2：最后一个问题。

主持人1：这真的是最后一个问题了。那边。

我们都有关于科幻小说的经历，比如说矩阵，我们可以在不同空间中交流。顺便说一下，谢谢你们俩为人们提供的好的平台，不管是聊天室还是MySpace。除了我们在星际迷航中看到的那些，还有什么其他的比三个窗口的聊天室更好的东西是我们能在今后的5~10年中看到的？

比尔：我不知道史蒂夫是不是要发布他的传送装置。

乔布斯：我想要星际迷航，给我星际迷航就够了。

比尔：我认为除了传送装置之外，人们在科幻小说中看到的那些东西在下一个10年中还是有可能出现的，那些虚拟世界里的事物既代表了现在世界也代表了人们所感兴趣的东西，比如在空间中移动，与机器交流。我觉得在研究层面上的大投资在今后的10年中将会带来改变。

主持人1：史蒂夫你觉得呢？

乔布斯：我不知道。这正使得接下来每天的工作都充满惊喜。就像我们先前讨论的那样，现在对于这个行业来说正是一个特殊的时刻，每时每刻都在发生新的事情，我真是想象不到10年后会怎么样。

主持人：十分感谢你们！这很精彩！

你想一辈子卖糖水，还是想改变世界？

——乔布斯

别样的色彩

——苹果2010特别新品发布会

大家好，非常感谢大家的到来。我的同伴史蒂夫·沃兹尼亚克今天也在这里。伙计，站起来让大家认识一下！

感谢大家的到来，我们今天有很多非常酷的东西要展示给大家。首先，我想先介绍一点有关零售店的最新信息。你们都看过我们的第五大道店，我们最近开张了几个非常棒的零售店。现在我来给大家介绍其中的三个。

第一家零售店在巴黎，这是巴黎的第二家店，第一家店在罗浮宫，这一家在上议院附近。它非常的漂亮，我们装修的也非常豪华，有很棒的天窗，这是一幢超级赞的建筑，我们花了18个月的时间来装修它。这张是人们在其中的照片。它是一个超级好的商店，巴黎的用户都很喜欢它。对于我们在巴黎的新店，我们都感到非常的兴奋。

我们对于我们在中国的第二家店也感到非常兴奋。它是最近在上海开业的。它拥有40英尺高的玻璃圆柱，每一块玻璃都是40英尺高，这也许是玻璃工程当中的里程碑。这张是进入到里面的样子，这张是人们在那儿的照片。这是开幕的那一天，它的位置非常的棒，我觉得它的前景也会非常的好。这就是我们在中国的第二家店。

我们最近开业的第三家零售店是在伦敦，店址我们就选择了在考文特公园旁边，我们在伦敦还有一家店，这家是我们在伦敦第二大零售店。现在它在考文特花园的中心，它非常的棒，你可以看到老店和新店在一起，非常的漂亮，这张是人们在店里的情况。

这三家店都是非常成功的，我们现在有300家苹果的零售店。还有人记得我们开第一家店吗？经过这么长的时间，我们已经有了300多家店了。我们的店遍布10个国家，我们马上会在西班牙开设新店，这样就有11个国家了。还记得当时在旧金山有3万多人参加Macworld吗？现在每天有超过100万人参观我们的苹果专卖店，并不是每天都有这么多人，但是每个月总有几天是超过100万人的。我们每周都会为苹果电脑的新用户进行一对一的培训，现在我们每周进行8万次一对一的课程。而在所有购买苹果电脑的用户之中，有过半是新用户。

这就是一个简短的关于苹果专卖店的介绍，一切都进展得很顺利。

现在我想说明一下关于iOS系统。iOS是我们给移动设备使用的操作系统。它是一种触摸屏和应用程序的解决方案。在iPhone之前，触摸和键盘是完全两种不同的使用体验，iPhone彻底地改变了人们使用手机的方式。我们现在有了这三款产品，iPhone，iPad还有iPod touch。那么从iPhone发布开始我们卖出了多少iOS设备呢？1.2亿。

大家都纷纷猜测到底Apple每天激活了多少台iOS设备，现在我可以告诉大家，我们每天激活23万台iOS。这些只是新激活的数目，我们有一些竞争的对手会把更新的数目也算进去，如果我们也把更新算在内的话，将远远超过这个数字。我们认为最正确的方式是只计算最新激活的数目。23万，我们认为我们遥遥领先。在应用程序商城，iOS软件有超过65亿次的下载，每秒钟就有200次应用程序下载。呵呵，这是又一个200次！这个数字是非常惊人的。我们已经有了超过25万个应用程序。其中有2.5万是iPad的应用程序。

今天，我向你们介绍iOS 4.1。下一个即将发布的iOS系统。里面有一些非常酷的东西。那么，它到底有什么呢？

我们修复了很多系统漏洞，例如，蓝牙的漏洞、iPhone 3G运行漏洞、iOS 4不良的问题等，我们已经成功了解决了它们。第二点，我们给iPhone 4加入了HDR技术，我要简单介绍一下这个，它将会成为iOS 4.1的标准。可以通过Wi-Fi上传高清视频，并且加入了TV节目的在线租借，还有每个用户都可以使用的游戏中心预览。这也将会成为很重要的一部分。那么，什么是高动态范围（High-Dynamic Range）照片？当你照相时，会有很多不同光下的效果。HDR照片会自动拍取3张独立的照片，分别是在高亮度、阴影、适度曝光下拍摄的效果，把它们合并在一起，就得到了HDR照片了。这非常的神奇。并且我们把原始效果照片和HDR效果照片都保存在图册中，这样你就可以自己进行比对，使用你喜欢的那张。对于一些照片来说，意义十分重要。让我给大家展示一些例子，这是一组对比照片，我们可以看到HDR照片把天空和背景都进行了处理。这是另一组，你可以看到，它将阴影做了处理，还有腿部的阴影。而这组照片，你几乎在左侧照片里看不到的效果，在右侧的照片里则清晰地显示出来了。另一组，使用HDR后你可以看到更多天空中的细节。所以，对于一些照片来说，这种技术非常的棒。并且它内置在iOS 4.1中。

另一个我们嵌入其中的是游戏中心。游戏中心可以让开发者开发自己的应用程序。游戏中心是用来让多人一起玩游戏的。你可以挑战你的朋友，或者让他们挑战你。当然，如果你一个朋友都没有。你还可以自动匹配其他人来一起玩。这非常的棒。你还可以对比成绩，你还可以发掘你朋友在玩的游戏。所以，它非常的棒。举个例子：

这是THOR，他是我73位好友之一。游戏中心里，我有19个人的多人游戏。我已经从游戏中心下载了这些游戏，举个例子，愤怒的小鸟，我可以查看最愤怒的小鸟，可以查看成绩，以及我和我朋友的情况。这里我邀请两个朋友，Appleseed和THOR，游戏中心会自动匹配另外两个能力差不多的游戏对手。这张就是别人邀请我游戏的照片。我可以选择接受或者拒绝。这就是游戏中心。非常让人振奋。今年年底，将会推出一个新的游戏，我们觉得这将是一个非常好的游戏，我很荣幸能邀请到迈克（Mike Capps），游戏中心的副主席来介绍新的游戏和使用游戏中心。

迈克：大家早上好，我非常荣幸能够来到这里，给大家介绍我们的第一个苹果移动设备应用程序，由一家享有盛誉的公司所开发的，并且在世界范围内都有广泛的应用。为了更好地展示，我将介绍我们这个游戏的创立者丹来做演示。

丹：今天我向大家展示的是一个正在研发的游戏，Project Sword。

迈克：Project Sword是一个非常华丽的探险游戏，它是关于击剑的战斗。

丹：现在你看到的一切都是实时的。它并不是在电影中，你所看到的一切都在我的掌控之中。我现在身处一个城市中，充满了财富、敌人、武器，还有所有你需要的东西来扳倒邪恶的国王。

迈克：看看这个画面，非常棒的效果。非常细致的效果，你在手机上根本无法想象的效果。我们有很多关卡需要通过，我们还有你要挑战的赢家，你可以与你的朋友一起来挑战，非常容易在线上找到合适的伙伴。我现在给大家展示一下。

丹：在线游戏非常简单。你可以看到迈克正在邀请我参加游戏。我可以接受邀请。游戏中心的设计者非常的棒，所有的人物都已经设置好了。

迈克：我将会扮演这个高大雄伟的人物，丹则会扮演那个矮小瘦弱的角色。你可以看到很多特别好的画面效果，人物的很多细节。在3G手机上可以实现的很多技术。

丹：我可以向他发起攻击。只需要手指在屏幕上滑动就可以进行攻击。

迈克：我的人物属于力量型的，只需要拖动人物的身体部分，就可以进行操作。比如，拖动鞋子踢到你的脸上。

丹：我可能看起来很小，但是真的非常非常的灵活。猜猜看，结果如何？越大的块头，摔的越重。小块头赢了。

迈克：你看这就是你和游戏开发者玩游戏的结果。我对这个游戏非常喜欢，但是我更愿意把这个技术分享给全世界所有的开发者，因为我想玩他们设计出的游戏。这款游戏，在本季度就会面市。iPod touch，iPad，iPhone OS都会有这款游戏，我相信你们一定会非常喜欢它的。

乔布斯：这个游戏是在手机上，非常令人振奋。这只是对游戏中心的简短一瞥。还有更多的iOS4的应用将会在下周，可供iPhone和iPod touch使用。并且可以通过iTunes免费下载。所以，期待吧，iOS4.1下周发布。

今天我们还有一个惊喜要给你们——让你瞥一眼iOS 4.2。

iOS 4.2将会在今年年底出现，它是专门给iPad设计的。它把所有的一切都加入到iPad中去。它把所有iPhone上实现的都会放在iPad上，多任务处理、文件夹、游戏中心、HRD照片，所有你在这儿可以看到的，在iPad上都可以看到。

还有无限打印，我们把无限打印加入到了iOS 4.2中。我们还加入了一些非常酷的功能叫AirPlay。今天晚些时候，我们再向大家展示。

现在让我展示一下这种无线打印的感觉。比如，我们在iPad的一个文档中，我们想要打印它。我们用手指点击一下工具，再点击一下打印。我们选择好打印机，非常非常简单。好，它开始打印了。选择前台的打印机。这个打印的程序就会出现在多任务处理的第一个，我们可以查看它打印到第几页了，也可以随时取消打印。它给你一种感觉，iOS打印是如此简单。它非常强大。

那么现在，什么是AirPlay？嗯，你们都知道AirTunes是如何工作的——通过无线电可以收听你家附近的音乐，我们现在把名字从AirTunes改成AirPlay，因为你现在不仅仅可以收听音乐，你还可以通过无线电播放视频和音频的流媒体了。过一会再详细介绍它。先来看看它是如何工作的吧。

我打开我的iPad，进入主菜单，打开Pandora应用，这有一些Jack

Johnson的音乐。我们可以点击播放，我现在用多任务处理功能。我们可以一边查看邮件，一边让pandora在背景中播放。邮件中，我们有连线邮件，有来自Gary的两封邮件。有一封是关于Guitar的，让我们点进去看看。我们就直接进入到了网页。我们也可以停止音乐。非常非常简单。

那么，让我们再看一看文件夹功能。我可以直接把美国国家公共广播电台(NPR)拖拽到华尔街周刊（WSJ）上面，直接就可以建立一个新的文件夹，名为“新闻”。我也可以重新命名这个文件夹。我还可以继续把财富时代（FT）放进去。把编辑的选择放进去，我也可以随心所欲地把整个文件夹放在我的快捷菜单里面。现在我的iPad上就有了一个新闻的文件夹，里面是我所有的新闻应用程序。在iPhone上，所有人都很喜爱这些特征。我们也迫不及待地想要把他们放在我们的iPad上。话说回来，iOS 4.2什么时候推出呢？今年11月。并且它将会有iPad，iPhone和iPod touch的免费更新。所有的这些新特征都会在里面。

对于iOS的这些进步，我们高兴至极。上百万的设备，每天超过23万的新激活的iOS设备，两个马上要发布的iOS，一个下周发布，另一个11月发布。我们对iOS感到非常满意。这些就是关于iOS的更新。

接下来，我们进入今天的正题——iPod。我们将展示我们最酷、最炫的音乐产品。让我简单介绍一下iPod。

那么我们卖了多少iPod？2.75亿。iPod成功的原因之一是，即便iPod有着非常高的市场享有份额，我们从来都没有停止脚步。每年我们都会对iPod进行更新，让它们变得更好。

今年我们的野心更大。我们每一个型号的iPod都会在今年更新。

前所未有的、最大阵容的一次更新。非常令人振奋。好了，让我们从iPod shuffle开始。这是我们第一代的iPod shuffle，iPod shuffle是听音乐的一种极致享受，以一种用非常简单的方式来收听音乐。第二代的iPod shuffle更好，体积更小，还有转圈的按钮，非常简单方便。第三代产品，我们把所有的按钮都取缔了，加入了声控功能。你可以用语音控制你的播放列表。但是，显然，人们还是很怀念按钮。人们喜欢第二代的按钮，并且还喜欢第三代的声控播放列表，那我们怎么办呢？我们就将二者合为一体。新一代的iPod shuffle比第二代的体积更小，它具有按钮、声控功能和播放列表。并且它真的非常的小。

当然，它还是有小夹子的，你还是可以带着它到处行走。非常可爱，夹在衣服上就可以出门了。它还有一些非常好的特征：小巧，便携，简单易用的按钮，随意改变音量，切换到上一首或者下一首歌曲中去，还有播放列表、你可以声控你的播放列表，就像使用第三代iPod shuffle那样，随便选择你想要的播放列表、混合音效，还有声控功能，你可以通过声音控制音乐和歌手，播放列表，混合音效，甚至电池电量可以使用15个小时。它是非常小的东西。这就是包装的样子。非常的可爱。它有5种不同的颜色供选择。然而它仅售49美元。这就是新的iPod shuffle。我们才刚刚开始。

接下来，让我们谈谈iPod nano。你可以看到这个是第一代的iPod nano，这是一个巨大的突破，是第一个可以播放flash的音乐播放器。并且，它出现的时候，成了一种标志。第二代、第三代就更好了，第四代的屏幕更大。最近的一版，屏幕更大了。我们如何把它变得更好呢？我们想把它变得更小、更好。把它变得更小，只有一种方法，就是把下面的按钮部分去掉。把下面的按钮部分去掉，只有一种方法，就是把屏幕变成触摸屏。把它变成触摸屏也只有一种方式，就是多点触摸。这就是我们做的事情，新的iPod nano具备多点触摸，并且非常的小。你可以用两个手指夹住它。因为它是如此的小，我们甚至可以在它上面也加上一个夹子。它也变得可以随身携带。

因此，它就具备了多点触摸的用户界面，体积减小了46%，亮度增加了42%，几乎是以前的一半大，却比以前亮了一倍。这种事情并不是非常常见。它还有一个夹子，当你想要运动的时候，你也不再需要一个手腕带，它还具有音量按钮、声控功能、FM广播、Nike+，计步器等功能，并且，它还支持29种不同的语言。对此，我们非常满意，而且它还可以连续使用24小时。

看看这些屏幕，你有很多不同的界面，你有主界面、音乐界面、图片界面、设置界面、专辑界面等。这些是另一些展示。前两个是广播界面，还有钟表，跟表一样的效果。这就是iPod nano。我将向你们展示一下，它是如何运作的。

屏幕上这个就是iPod nano。我点击歌手的名字，找到我想要听的歌手，点击一下就可以直接播放了，这还有一些控制按键，我可以跳到下一首曲子中去，或者前一首曲子。还有不同的模式，非常简单。我也可以轻松地回到主菜单。

让我给大家展示一下其他的界面。我们这里有广播、电台、图片和设置。还有很多听音乐的不同的方式。我经常收听专辑，我可以拖动专辑的图标，拖拽到首页上去，我就可以上下滑动查看专辑中的曲目。非常简单。

还有一项，我想要给大家展示的就是，用两个手指转动一下，就可以轻松的反转屏幕，最后，让我给大家展示一些照片。现在是倒转的屏幕。我的生活很多方面都是颠倒的。你可以看到图片是什么效果，效果非常的好，手指轻轻一划就可以翻页。这就是关于iPod nano的一些新的想法。新的iPod nano和iPod suffle一样还有其他4种颜色，除此以外，还有另外2种颜色。会在全世界范围内得到广泛认可。手里可以拿着这么小的东西听音乐是一件非常神奇的事情。它一直都很神奇。这张就是iPod nano的包装照片。8G版本售价是149美元，16GB的售价是179美元。本季度将与iPod suffle一起推出市场。

因此，我们有了新的iPod suffle，iPod nano，剩下的就是iPod touch了。

iPod touch一向是我们推出的非常杰出的产品。它已经成为了最流行的iPod。以前是nano，touch成为了最受欢迎的iPod。很多人称之为没有电话功能的iPhone——当然也是没有合约的iPhone。更加难以置信的是，它还成为了世界上销量第一的便携游戏机。iPod touch比任天堂和上索尼掌上设备加起来卖得还要多!这非常的神奇。它在美国和全世界范围内获得了超过50%的移动游戏的市场份额。并且通过iPod touch下载的游戏和娱乐组件超过15亿。那么，对于如此成功的iPod touch我们还能做些什么？我们可以将它做得更好！我们将改变它，这是新的iPod touch，更薄、更漂亮。

你可以看到的这个是上面的效果，还有下面的效果，有扬声器，还有耳机插孔。更加不同凡响的是我们内置的东西。iPod touch有非常棒的视觉效果。与iPhone一样领先的技术。具有4倍像素。326 PPI，24位色彩LED，是世界上最好的视觉效果。这也是每一个看过iPhone的人评论的。现在，iPod touch也具备了。

苹果A4芯片，和iPhone的芯片是一样的。3轴陀螺仪，iOS 4.1游戏中心和前置摄像头及视频聊天功能。后置摄像头同样也兼容HD高清视频的拍摄。所有这些都在一个非常薄的东西上。40小时的音乐播放。这就是新的iPod touch。

这是前置摄像头，这是后置摄像头。你可以在上面剪辑视频，可以通过无线和iTunes上传这些视频。可以从iMovie上购买视频。所有这些可以在iPhone上实现的功能，在iPod touch上都可以实现。而且，你可以使用FaceTime——不只是和其他的Touch，和iPhone也可以实现。我们对此感到非常兴奋。

我们还有游戏中心。所有这些都在iPod touch上。我们对这个产品感到非常兴奋。这张是包装照片，还有3种不同的类型。

8GB版本的售价是229美元，32GB版本299美元，64GB版本399美元。这个新的iPod touch，将与新的iPod shuffle，iPod nano一起，作为新系列产品，在本周末上市。你们在下个星期就可以买到。今天就可以预定到。你们今天就可以上网预定了。我们下周就会发货。我们队新的全线产品感到非常的兴奋。只要是Apple的发布会，就不可能缺少新的广告。这里有一些新的广告，我想与大家一起分享。你们马上就可以看到了。史无前例，最强大的iPod产品，我们对人们即将开始购买这些东西而感到异常的兴奋。这些就是新的iPod。

现在，就像你知道的，iPod与iTunes是一个伟大的二重唱。iTunes是相当出色的。人们从iTunes下载了117亿首歌曲。最新卖出的歌曲刚刚超过120亿首。下载的电视短片超过4.5亿。下载的电影超过1亿，下载的书籍超过3500万。还有1.6亿个含信用卡的一键购买账户。因此，iTunes是非常神奇的东西，它是排在世界第一的在线媒体商店。

今天我们很荣幸地发布下一代的iTunes产品——iTunes 10。现在大家看到的这个是我们使用了10年的图标。我们认为由于CD已经快要淡出市场了，可能是时候把CD从图标里去掉了。因此，现在大家看到的这个将是我们iTunes 10的新图标。那么我们都干了什么呢？有哪些创新呢？

我们把它做得更美观和简单。这是缩略视图，这个是列表视图，现在你会注意到在列表视图，专辑这栏的专辑名重复着，有点浪费空间。现在我们使用混合视图用专辑封面代替了这些重复的专辑名。

当然我们拥有封面秀，而且我们也有iTunes 商城。现在最重要的一件事就是让我们聚焦到iTunes上的是发现功能（discovery）。iTunes里面有120亿首歌曲，我们怎么才能找到新的东西？我们想要展示一些新的东西，人们总是这么问到，我的朋友们在听些什么歌呢？我现在最喜欢的歌手是谁呢？我的朋友都去听什么音乐会呢？如果我看到了一些非常好的东西，我想要告诉我的朋友们。但是却没有一个很好的方式来处理这样的事情，电子邮件？肯定应该有个更好的方法来回答这些问题。

因此，在iTunes10，我们加入了一些非常酷的东西。我们称之为Ping。Ping是什么东西呢？它是一个音乐社交网络。它就像iTunes里见到的Facebook和Twitter一样。它并不是Facebook，也并不是Twitter，它是一个全部都是音乐的社交网络。而且它是内置在iTunes10里面的。这样你就可以关注你的家人和朋友，你可以发掘他们谈论的音乐，试听，并且下载。

在这里，你可以看到iTunes商城，就是iTunes商城的下面，就可以看到Ping。如果你点击它，你就可以看到所有你最近听过的音乐发布。这里有一条你的朋友最新发布的信息，这里有一条关于歌手Lady GaGa发布的内容，还有另一个朋友发布的信息，你可以只输入他们的名字，就可以找到你的朋友。如果他们注册了Ping，并且允许你搜索他们的话。你可以关注他们发布的信息，只是通过一个简单的操作。并且你还有一个用户最喜爱的前10名排行榜。关于歌曲，专辑的排行榜，只限于你关注的那些人。你可以定制属于自己的前10名排行榜。非常的酷。这个是歌手页面。举个例子，Lady GaGa。这些是她最新发布的信息。这些是她最喜欢的歌曲。还有一些她要演出的演唱会。如果你想要关注Lady GaGa，你只需要点击一个键，她所有发布的信息，她所有的内容都会直接传送给你。就是如此简单。还有一些其他的人。比如凯文，这些是他发布的信息，这些是他最喜欢的音乐，还有他最近听过的演唱会。还有凯文关注的一些人。就是这么简单，非常好用。所有我们浏览过的都会留下足迹，如果我们进行了关注了，所有这些信息都会显示到我们的页面上去。

Ping是用来发掘社交网络音乐的。你可以关注别人，也可以被关注。它是这样运作的，任何一个歌手可以举手说，任何人都可以关注我，你可以通过点击就关注他们。你也可以自己举手，并且表示任何人都可以关注我。任何想要关注你的人都可以关注你。或者你可以设置，人们可以关注我，但是需要得到我的许可。因为我有点特别。那你该怎么办呢？你就设立一个朋友圈子。我和我的10个朋友建立一个小圈子，里面每个人都可以互相关注。我们这个小圈子中任何一个人听到了一个非常好的歌曲都可以发布出来，这样圈子里的每一个人都可以立即分享到这首曲子。我们这10个人可以有一个下载前10名的歌曲排行。你可以如你所愿地选择私人还是公开，并且设置起来超级容易。你可以随时随地地发布你的想法和观点。你可以有用户歌曲和专辑列表。有超过17万的演唱会列表。你可以查看到你所有喜爱的歌手的演唱会信息。你还可以自动接收到这些演唱会的提醒。并且立刻ping 给全世界23个国家1.6亿iTunes用户。我们是从一个非常大的用户群开始的，他们都可以立即注册Ping。因此，它非常的酷，现在我也很想跟大家分享一下。

我现在进入到iTunes里面，这就是我新的浏览记录。你可以看到并没有很多多余的空间，但是我们有歌曲的名字和专辑的信息。专辑的封面也不会占据额外的空间。我现在将如何操作呢？我会点击这里的ping。这就是我的页面。

举个例子，我关注Jake Johnson，我就可以看到他发布的一些信息。我只需要点击这些东西即可查看。就像这样点击。他发布了一些照片。我想他大概是在旅游吧。而Philip刚写了点东西——我也可以对其进行评论。我不会拼写。我可以发布评论。也可以看到其他人的评论。这里有一首歌，Eddie发布了一首歌，我可以进行试听。如果我想买也可以进行购买。我可以看到那张专辑上所有的歌曲，听任何人的歌。非常简单。这里是Katie的留言。我也可以查看Katie的页面。这就是我们可爱的Katie的页面。这里你可以看到所有Katie喜欢的音乐，你可以试听这些曲子，你也可以查看这些专辑。就是这么简单。我也可以回到我的页面上去。

卡蒂留言的下面是Lady Gaga，她刚发布了一段视频。我可以发布视频、音乐、图片等。随你心情。就在这里了。下面还有一些演唱会信息，附近将举办一场音乐会。我可以发布一条信息，比如，演唱会见。点击发布。这还有一条来自YOUYOU MA发布的信息。他演出的情况。

我也可以回到我的页面，这个是我的页面，这里有我最近听过的一些歌曲。我还可以查看活动。这里你可以看到它说史蒂夫正准备去这里旅游。所有关注我的人都可以看到这条信息。你可以看到我正在热追的曲子。我还对Jack Johnson的照片进行了评论。我做的所有事情，我圈子里的朋友都可以查看到。我的朋友和家人，或任何我允许的人都能看到我所做的全部活动。就是这么简单。它是一个音乐社区网络。全部都是音乐。怎么样？

现在Ping不仅仅能在你的电脑上使用。它同样可以在你的iPhone和iPod上使用。现在就可以在iTunes Store上见到它。那里有一个Ping的按钮，只要点击它，你就可以把你最近的活动直接发布到你的手机或者iPod上。非常的神奇。

Ping是一个音乐的社会网络，苹果创造了它，它内建在iTunes10中。iTunes 10今天就提供下载。来自世界上23个国家的1.6亿用户今天就可以在Apple.com上免费下载到。这就是我们关于iTunes的更新。我们觉得它会非常的流行。

因此，我们有iOS，iPod，iTunes这一天还真不赖。但是我们还有一件事。不过其实应该算一个爱好。

当然我现在说的是苹果电视（Apple TV），我们4年前就开始做了，我们也卖出去了不少，但它一直没有造成太大的轰动，和其他的产品相比，一直都没有得到热捧。

但是我们和用过苹果电视的人聊天发现，他们喜欢这玩意。他们非常喜欢它，并且经常使用它。那么我们从我们的用户中学到了什么呢？我们从过去的4年中学到了什么呢？

首先是，他们想要什么？他们想要随时在任何想看好莱坞电影和电视节目的时候都可以观看到。这很简单，也并不困难。他们想看好莱坞电影和电视剧。他们不需要普通的节目。他们需要的是专业内容。还有呢？他们想要高清（HD），所有东西都要高清。一旦有了一个高清设备，每个人都想要高清设备。他们想用较低的价格获得内容。价格越便宜，他们会看得越多。他们不想在他们的电视机上再放一台计算机，他们已经有计算机了。他们看电视是为了娱乐，而不是再来一台电脑。这个对于一些人来说有点难以理解。但是对消费者来说却很好理解。他们明白，他们从来没想过要整理存储空间。他们不想要管理这些东西，他们只是想看电影和无聊的电视节目，而且用户不喜欢无端的同步文件，很多人都不知道那是干什么的。他们想要在电脑里放置一些东西，但是却没有想同步到电视上，这对他们来说太复杂了。他们希望无论硬件怎么样，我们都要保持酷、小巧。这和很多公司的想法大相径庭。无论我们是对是错，这就是我们从客户身上学到的东西。因此，我们为他们带来了些新的东西，这就是新的苹果电视。这就是它的样子。

它的体积很小，是原来版本的四分之一，你一个手就可以拿着。看，就是它。就是一个很小的盒子。哑光黑。后面有个开关键。在背面有HDMI接口，USB接口，音频光纤接口和以太网接口，支持Wifi 802.11n。它甚至不需要网络连接。它非常的简单，你只需要把接口连接上，按下开关就可以了。它有个很棒的遥控器。非常漂亮的遥控器。它主要是用来看电影和电视节目的，所有的节目都是HD高清视频的。而且我们提供租赁服务，所有的东西都是租赁的。这些都是租借的，你没有存储的麻烦了。因为你不需要存储了，只要租借下了就可以了。并且租赁的费用非常便宜，即便是租赁下来看很多遍也是非常便宜的。

你可以从你的计算机中输出内容。照片、音乐、视频等。这不需要同步。你还可以以幻灯片的方式播放照片。它安静、低温，并且小巧。那里面都有些什么？iTunes拥有世界上最丰富的在线电影和高清电影库。用户可以以4.99美元的价格租借。在线图书馆非常的棒，电影非常棒，价格也非常便宜。以前买电视节目需要2.99美元，人们会说太贵了，但是现在租赁只需要花0.99美元就可以了。记住，这些都是商业免费的。这一点非常好。那么这对一些电台来说是一大跨越。目前我们有ABC和FOX支持。只需要0.99美元就可以看到他们的电视剧。而我们认为其他的电台会慢慢跟进的。

除了租赁电影以外，你也可以通过Netflix在线观看好莱坞的电影。如果你订阅的话你将有很多免费的电影。你可以在YouTube上看任何你想看的东西，包括他们所有的高清视频。你可以从Flickr和MobileMe上获取照片。而且你还可以从电脑上听音乐和观看照片、视频等。

现在就是UI的真面目了，非常简洁。电视，电影，网络，电脑，设置，就是这么简单。你现在看到的都是上榜最新电影。如果想租借的话只需单击一下就可以了。你可以在第一时间看到番茄评论。如果你想要看到更多的内容，你只需要查看，你就可以看到编辑的具体内容，其他人的评论，甚至还有一些媒体的评论。

电视节目，没错又是它，排行榜靠前的电视节目。点一下，0.99美元，你就租赁了一个节目。你几乎可以立即开始观看它。那么这就是电视节目。在互联网上，你可以观看从Netflix，YouTube，Podcasts上查看视频、电影等。还有我的个人电脑，我可以连接到我的电脑上听音乐，查看电脑上的东西。这些给你关于苹果电视的一些体验。

这些都来自这个非常小的盒子。非常的神奇，我现在想给大家展示一下。你可以看到它可以播放出的不同种类的幻灯片。如果是你个人的照片效果会更好。

让我们回到主菜单，让我们来看看热门电影。这些都是在线直播的。让我们来租赁一部。《钢铁侠》，显然，我们可以免费观看一段预览。我只需要把它往下滚动，我可以看到演员还演过其他什么电影。我可以查看用户评论和番茄的评论。非常的棒。所以我可以花4.99美元去租赁它，稍等几秒钟，它就会告诉我一切准备就绪，我可以现在观看，也可以稍后观看。让我们开始观看吧。画质非常的棒。

那就是电影部分，现在让我们看一看电视节目部分。最喜欢的电视节目。电视节目都集中在一块显示，每一季有哪几集我没有看过一目了然。我也可以重新安排这些东西。现在是主流媒体电视节目。一季的Glee，只需要0.99美元就可以租赁观看了。点击播放就开始了。这就是电视部分。

网络部分也可以查看这些非常棒的东西，让我们看看Netflix，你可以看到这些列表，列表里面的东西都是免费的。对Netflix来说这是目前最棒的应用了。使用方便而且电影效果非常不错。

电脑部分，你可以查看照片，有不同的分类，你可以用幻灯片的方式查看这些照片。你就知道它是什么了。这就是一个关于苹果电脑的预览。

我们刚才说到了AirPlay。它将和iOS 4.2一起在11月上市。我们可以利用AirPlay做的事情就是，可以把内容从iOS设备上传送到苹果电视上。这有我的iPad，让我回到我的视频播放中去，这儿有我最喜欢的电影UP，我可以播放它。我也可以通过点击屏幕上的按钮进行操作，选择传送的设备，我可以选择传送到苹果电视上去，看，就是这样，视频已经传送到苹果电视上去了。你可以在你的卧室看电影，按一个按键就可以直接把你看的内容传送到你的苹果电视上去，你回家的时候，iPhone上可能有很多照片，按一个按键，就可以把照片都传送到你的苹果电视上去。这些听起来都非常非常的酷。苹果电视目前在6个国家可以购买到，美国，加拿大，法国，英国，德国和澳大利亚，年底的时候，会有更多的国家可供选择。

苹果电视原来的价格是299美元，根据我们从用户那里得到的反馈信息，他们希望它的价格更容易接受一些。299美元，很多用户都不知道这个设备都有哪些东西能够值这么多钱。所以我们降低它的售价，从299美元，直降到99美元。苹果电视将在4周后发行。你今天就可以订购了。

今天是9月1号，让我们回顾一下今天所提到的东西。这里是我们今天所有讨论过的东西。新款iPod。新款Shuffle。新款Nano，小巧、高集成度、还可以方便的携带，不需要手腕带，直接一个小夹子就可以携带。还有新款iPod touch。我们拥有过最强的iPod产品线。还有新版iTunes，并带有iTunes Ping。一个音乐的社交网络。我们认为它将会变得非常流行，非常快。因为有1.6亿人将会在今天注册使用它。而且，它还能在你的iPhone和iPod touch上使用。还有很多iTunes 10的新特征，我们认为它会成为新的赢家。还有iOS 4.2，高清照片、游戏中心，还有很多很多。和苹果电视，看电影或电视的一个创新方法。在你家里，可以任何方式看电视剧。还可以从任何设备传送到电视上，从你的电脑到电视等。这就是我们今天发布的所有产品。希望你们能像我们一样的兴奋和期待。它们都很快就会发售，有一些是今天发售，大部分是下周发布，苹果电视将在4周之后面市。

来到世间，我们就是为了给宇宙留下永恒的印记。

——乔布斯

对未来的“预览”

——iOS4发布会

非常感谢大家的到来，我们今天有一些非常有趣的东西要与大家一起分享。那就是iOS4。世界上最先进的下一代手机操作系统，在谈论它之前，我有一些更新，一些有趣的话题要与大家一起分享。

首先，是iPad。本周六开始发布，在我们发布之前，我们有一些非常好的评论，这是来自Walt Mossberg的评论，我个人非常欣赏。他说：“玩转了几个小时之后，我相信这个来自苹果的漂亮的新型触摸屏幕设备将有潜力深刻地改变便携式电脑。”Walt是一个非常严苛的人，我觉得他能做出这样的评论非常了不起。还有Ed，他说：“iPad并不是关于你能做什么，诸如浏览网页、发电子邮件、玩游戏、读电子书等，而是你如何能实现这些功能。这也就是苹果正在重新书写主流电脑的规则。”当然，他也说了一些更为简洁的评论，如“iPad是大赢家。”

周六第一天的销量，我们卖出了30万台，我想给大家一个最新更新的数据，我们已经卖出了45万台。我告诉那些零售商，以及销售人员用最快的方式把它们卖出去，他们忙得手舞足蹈，我们还需要更加努力。

关于iBooks，用户在头24小时内，下载量为25万，而时至今日，他们下载量已经达到了60万。这非常不错，我们也得到了一些非常好的评论。他们对于iBooks的前景非常乐观。

至于iPad的应用程序，用户在头24小时内下载了100万个应用程序，我们对此满意，截至今日，已经达到了350万。

除去所有这些数据，我们关心的，就是这个，一张来自零售店的照片。人们非常热爱这个产品。你知道，当你生产一个产品的时候，你的心中就会忐忑不安，你并不知道人们是否真的喜欢它，到目前为止，看起来人们真的很喜欢它。对此，我们感觉非常良好。

这些就是关于iPad的更新。

现在，我想简单谈谈关于应用程序商城（APP STORE）。用户已经下载了40亿次应用程序。并且，在应用程序商城中，我们现在有18.5万个应用程序，我们每天都有新的应用程序进入到应用程序商城中，这非常值得庆贺。并且，在应用程序商城中，我们有3500个iPad的应用程序，这也非常值得庆贺。这些关于iPad的应用程序非常棒，这是一张关于在应用程序商城中iPad应用程序的照片，并且，我想向大家展示一些应用程序，如果你没有见过，你一定会觉得非常惊奇。

你会看到一些非常好的游戏，如scribble、ambiance。一些非常美妙的游戏，故事游戏，来自迪斯尼的一些游戏。蜘蛛侠，孩子们非常喜欢的故事。还有一些非常棒的驾驶游戏，驾驶游戏非常酷。它会让你感觉真正地驾驶在一个正在行驶的火车上。我们还有Zlo，你可以看到一些正在销售的房子的信息，还有这些房子的照片。还有漫画书，有一些非常有趣的漫画书，你可以在应用程序商城中购买漫画书，这简直棒极了。天气、宇宙，非常精彩的棒球比赛应用程序，还有菜谱，教会我们如何做菜，电子交易，这是一个来自IMBD的非常好的应用程序。你可以从中了解很多关于电影的东西，ABC对iPad来说非常重要，它们所有的电视剧都可以在iPad上观看，感觉非同凡响。还有路透社，我们有很多新闻应用程序，这是华尔街日报、今日美国、纽约时报、时代杂志，我们可以向你展示每天的照片，还有每天的科技新闻。还有免费的电影。还有钢琴。这只是3500个应用程序中的一些而已。

其次，我们谈谈iPhone。我们最近有很多好事来临，我们获得了JD POWER奖项，用以表彰2010年智能手机。但并不仅仅是2010年，我们在过去3年里，每年都获得了该奖项。

如果我们看看市场份额，看看美国手机的使用情况，看看美国手机浏览器的使用情况，iPhone占有64%的市场份额，所有其他的手机加起来才是iPhone的一半，这非常有趣。我们卖出去了多少iPhone？截至目前，我们已经卖出了5000万台iPhone。如果你把iPod touch也加进去的话，超过8500万台。如果你是一个软件开发者，这是一个非常巨大的市场。

所以，今天我们将给开发者一个关于iPhone OS4的预览。下一个iPhone操作系统，我们已经研究了有一段时间了，它非常的棒，我们将于今夏发布，并且在今天发布一个预览。iPhone有1500个新的应用程序接口（APIs），包括计算器、图库、静态及视频照相数据、快捷方式、短信息、自动计算工具，还有一个框架结构称为“加速”，我们本身应用程序不算，还有超过2000个应用程序接口（APIs），可以很好地利用这个接口。这里展示的只是几个，iPhone OS4的1500个中的几个应用程序。此外，还有100个新的用户特征。同样，举几个例子，用户可以创建播放列表，5倍数码聚焦，每个iPhone拍摄的照片都可以进行定位，你可以看到它是在哪儿拍摄的，你可以改变桌面壁纸，你也可以使用蓝牙键盘，只需要点击几下就可以得到你想要的内容，并且也可以通过你的手机直接把东西给你想要给的人。这也只是iPhone OS4的100个新的用户特征中的几个，今天我们将谈论其中的7个。7个顶级特征，这7个都是什么呢？

第一个，也是最重要的一个，多任务处理（multitasking）。我们是第一个涉猎这个领域的，我们也将成为最好的。好比页面切换，其他人也做过，我们只是更加专注，并且做得比其他的人更好，我觉得人们对于多任务处理的感受也是一样的。因为通过消耗电池寿命的方式开发多任务处理是非常容易的，还有通过使你的手机变慢，开发多任务处理也是非常容易的。如果你选择不这样做则是非常正确的，因为上面提到的两种方式会让你的电池寿命降低，并且你的手机也会变慢。人们已经受够了这样的感觉了。

我们找到了安装多任务处理并且避免上述两方面的方式，虽然花费了我们有点长的时间，但是我们觉得这是值得的。现在，就是向大家展示样品，让大家知道用户使用起来会是如何。我们有一个非常好的用户界面，并且我觉得你们都会喜欢的。我会把这个手机的画面投影到大屏幕上，你们可以看到我手机的菜单，我将直接进入到电子邮件，现在我将查看电子邮件信息，这个电子邮件信息有一个网址，于是我将点击它，那么我就进入到了浏览器中，这也是我们目前每天都在做的事情，进入到网址中，那现在我想回到我的电子邮件中去，我该怎么办呢？我可以回到主菜单，然后再次点击电子邮件，或者，更好的方式，就是双击两下开始键（home key），下面就显示出了所有正在运行的应用程序，点击电子邮件，我就回到了刚才的邮件中，如果我想回到刚才浏览的网页，也可以轻松进入，非常简单。

现在，我想进入到易趣（EBAY）中去，查看我之前看过的信息，我就直接进入到我之前查看的页面中，大家可以看到，我进入到了我之前浏览的页面，以及可以供选择的东西。现在，我想玩游戏，进入到Tip top中去，它有一个简短的倒计时，游戏便开始了，大家可以看到，我并不擅长这个。现在游戏停止了，我可以回到电子邮件，再次查看邮件。没有新的邮件，就可以回到游戏中继续游戏了。再次回到了我上次玩到的地方，非常好玩哈。我也可以进入到其他应用中去，只需要点击开始键，便回到了主菜单。很好理解吧！非常简单，把所有正在运行的程序都出现在屏幕的下方，非常简单易用，也非常高效，我觉得用户会非常喜欢。这就是多任务处理，它确实改变了iPhone。你可以随意地去换多个任务，非常了不起。那么，我们解释一下，如果保持电池的寿命，并且实现该功能，我将从头开始，我将邀请iPhone 的副主席（VP），斯格特（Scott）来做下介绍。

斯格特：我们对iPhone引入多任务处理感到非常兴奋，我们是如何实现的呢？如何在保持电池寿命的前提下，能够成功运行它，我们查看了上百万个应用程序，我们发掘了这些应用程序在后台应用的服务要求，然后我们在iPhone中安装了所有这些要求，保留了电池寿命，也实现了应用。现在，iPhone可以作为应用程序接口为开发者提供这些服务，因此开发者可以加入多任务处理，而系统保留电池寿命并且实现应用。我们提供7种多任务处理服务，我将一一进行介绍：

第一个是背景音乐，现在有很多音频应用程序商店，但是没有一个像PANDORA一样流行，它具有5000万注册用户，3000万用户会将下载的音乐直接下载到iPhone中去，PANDORA改变了人们使用广播的方式，PANDORA有一个非常好的应用，目前我们有很多用户在使用。如果你在使用这个应用程序，切换到其他应用程序中去的时候，音乐便停止了。而在iPhone 4中，你切换任务的时候，PANDORA仍然可以在背景中播放音乐，并且，你甚至可以在屏幕被锁的情况下像使用iPod一样来控制PANDORA。现在我们将展示PANDORA如何实现多任务处理，我想邀请PANDORA的创建人迪姆（Tim）来做展示。

迪姆：感谢斯格特，感谢斯蒂芬以及所有到场的成员，给我这个机会与大家分享，我们的小组组长将会为大家做展示。我们在2008年开始做这个应用程序的时候，我们有非常大的期望，我们希望有1000万收听用户，而现如今有了iPhone之后，一切都变了，忽然间，我可以把它放在我的口袋里。并且我可以改进我的个人收听电台，我可以根据自己的心情创建一个新的电台列表，我可以在堵车的时候收听，可以在健身房收听，我甚至可以在家的时候收听，它彻底地改变了PANDORA的存在方式，因为我们确实实现了随时随地收听的愿望。我们的增长率基本上是一夜间翻番，而且仅在iPhone上我们每天都有3万的新用户收听，而如何让它变得更好呢？就是把它变成背景音乐。所以，斯格特给了我们这个机会，让我们来展示一下。有一天能够使得PANDORA真正地变成背景音乐。现在我们想给大家展示一下。

比如，在火车上，收听我个人非常喜爱的电台，现在已经能够实现了，有了新的iPhone OS4，我可以做得更多。看看报纸新闻，浏览《纽约时报》的网站，浏览一些最新的头条，查看新闻，PANDORA还作为背景音乐播放着，我也可以锁上键盘，放在口袋中，PANDORA依旧在播放着。我也可以在屏幕被锁的情况下，控制PANDORA，只需要轻轻地点击两下开始键。我也可以跳过这首歌。这首歌好像之前在哪儿播放过。我记不得是谁的曲子了，让我回到PANDORA，哦，原来是Matt Costa的曲子，我非常喜欢这个曲子，我想买下来，直接点击进入即可。这就是PANDORA一直想要计划做的事情。2500万营业额中的25%，都是通过iPhone来实现的。我们也给iTunes派了些人手，但是却是iPhone真正实现了它。所以，我的整个旅途都可以这样，可以查看电子邮件，可以浏览网页，可以查看日历，而我个人最喜爱的电台则一直在背景中播放着，就这样一直播放着。

斯格特：PANDORA在背景中播放，非常棒。我们的下一个服务，是IP通话（voice over ip），语音通话的方式有很多，比如通过skype。skype已经占据了每9个网络电话中的1个。非常了不起，它也是iPhone一个非常重要的应用。但问题是，如果你离开了该应用，那么电话就会被中断，更糟糕的是，如果你没有在前台运行skype，你不能够接到skype的呼叫。但是，现在一切都改变了，因为有了iPhone OS4。现在，你在使用skype的时候，你可以切换到其他的应用程序中，并且电话不会被中断，你可以看到最上面有信号显示，说明你现在还在通话中，并且，即便你没有在前台运行skype，锁了屏幕，你仍然可以接收到skype的呼叫。 接下来将是一个技术展示，iPhone OS4如何利用多任务处理实现该技术。下面，我将邀请大卫（David）

来进行介绍。

大卫：非常感谢各位，我非常荣幸能够来到这里。我将与钟诚（音）iPhone首席开发官一起向大家进行展示。skype帮助人们通过互联网进行免费通话，连接这个星球上几乎任何一个地方。现在，有了iPhone OS4，使用skype将变得更加方便。让我来告诉你如何实现。

这个是我进入skype之后首先看到的页面，我可以看到我的联系人，还有谁在线，当然，他们也可以看到我也在线。以前，一旦我不在前台使用skype，我就会被迫下线，也接收不到skype联系人的聊天和呼叫。然而，有了iPhone OS4，我离开了应用，它就会自动到后台运行，我仍然可以接收到电话。比如，我回到我最喜欢的游戏中，我只需要双击开始键，进入到多任务处理中去，即便是我在游戏中，我也可以接收到skype的呼叫，看，艾伦（Aaron）正在进行呼叫。通话中：

大卫：Hi，艾伦，最近好吗？

艾伦：不错。

大卫：你能等一下吗？

艾伦：没问题。

现在你看到的应用程序是非常简单的，只是几行的代码，我们就能够实现语音的通话，顺便说一下，我们通过这里的IV系统将这台iPhone进行了链接，有点像免提的效果，这是一个真实的skype呼叫。恢复通话：

大卫：Hi，艾伦，还在线吗？

艾伦：还在呢，我只是正在想晚上到哪儿去吃饭。

大卫：哦，那我查查看，看看有没有合适的地方。

你可以看到屏幕的上面的标识，显示skype的呼叫还在进行中，即使skype没有在最前面运行，我现在利用其他的应用程序查看一些可供选择的地方。

大卫：去Abacus如何？

艾伦：好主意，事实上，我也一直很想试试。

大卫：那我马上将信息发送给你。

艾伦：好啊，回见。

大卫：回见！

现在，我可以选择进入到其他应用中去，或把电话放在我的口袋中，即便如此，我依旧可以接收到电话。有了iPhone OS4，每个人每天都可以通过skype进行通话。非常感谢各位。

斯格特：iPhone OS4实现了IP通话。下一个服务是背景定位（background location）。有两种类型的背景定位方式。一种是反复传输数据的TomTom应用，这种应用会一直使用GPS，它会告诉你什么时候进行转弯，问题是，如果你离开了该应用，它将会不再追踪你的定位，并且不会再给你提供方向。但是有了iPhone OS4，你可以在你的车中使用TomTom进行定位，同时收听音乐，并且它在背景中仍然给你提供方向指引。使用GPS进行持续的追踪定位，GPS会使用大量的电池，像TomTom就会一直使用GPS进行定位，但是对于这样的应用来说，是没问题的，因为通常它是在车里使用，你的手机可以在车载充电的情况下使用。但是，还有另一种情况，会用到背景定位，但是并不是在实时充电的情况下使用，它是一种范围更广的应用程序。比如Loopt，这种应用程序并不需要时刻与GPS进行连接，对于它们来说，我们使用的是信号塔，我们发现，你接打电话的时候，基站是与信号塔进行连接的，信号是在信号塔之间进行转接，如果你变更了信号塔，那么我们就知道你变更了位置。如果你变动了500~1000米的距离，那么信号塔就会改变。这样，我们就可以通过这种方式，告诉你的朋友你的最新位置，这就是另一种背景定位。对于所有这些定位，我们非常看重隐私。每次更新你的位置，我们都会有一个提示，能否得到你的授权，我们对于隐私的保护，早在iPhone OS4之前就开始了。

首先，我们加入了一个暗示，让你知道是否有人请求知道你的位置，我们有全局应用和背景应用。因此，你就知道是否有人在追踪你的位置。接下来，是设置，你可以通过应用程序开放和关闭位置定位。对此，如果有人请求知道你的位置，我们会在应用程序中加入一个暗示信号，这样你就可以知道有人曾经在过去24小时内请求你的位置。在完全透明使用定位和让用户自己设置应用程序基础上使用背景定位，这就是背景定位。

下一个服务是推送信息服务（push notification）。我们拥有这个应用已经有9个月了，它非常受欢迎。它会提供最新的数据、新闻，以及挑战者的分数给用户，因此，我们推送了100亿条信息。下面我来说明下它的工作原理：

第三方信息提供者将信息推送给苹果信息服务中心，然后由我们将信息发送到用户的手机上。我们可以使用非常少的电量，因为我们对手机的推送是单向的，我们从多种渠道获取信息，只通过一个渠道发送给手机。这就是推送信息服务。

在推送信息的基础上，我们建立了一个新的服务，这就是本地信息服务（local notification）。本地信息服务与推送信息服务类似。区别就是你不需要服务商。因为所有的信息都可以在手机上实现。比如，你有一个电视剧导航应用程序。它会提醒你，你最喜爱的电视剧，比如Colbert Report马上就要开始了。它可以做所有这样的事情，只需使用本地信息服务。这就是本地信息服务。

下一个是任务完成服务（task completion）。有一些程序需要花一些时间来完成任务，比如，Fliker，你在使用Fliker上传照片的时候，需要消耗一点时间。以前，如果你在使用该程序的上传照片的时候，离开了应用，那么应用程序将会停止工作。而任务完成服务则可以在你切换到其他应用的时候帮助你完成上传任务。

下一个是快速应用切换服务。它对研发者来说，是最简单的，也是最容易实现的。快速应用切换服务是让你从一个应用程序切换到另一个应用程序的时候，不需要耗费丝毫时间，并且准确地切换到你上次停留的地方去。不需要重新开始该应用程序，也不需要刻意保存，所有的数据都已经保存好了，并且可以准确地回到你曾经停留的地方。

这就是7个顶级服务，它们非常非常地深入，也节省了很多电量。可以让开发者把多任务处理加入到他们的应用程序中去。我们有非常好的用户使用体验，使得你切换各个应用程序的时候非常简单和快捷。这就是多任务处理，iPhone OS4的第一大杰作。现在让我们把话语权交还给史蒂夫。

乔布斯：非常好。我们的第二用户特征，是文件夹（folders）。随着人们下载了越来越多的应用程序，人们需要切换很多页面去找到这些应用程序，他们需要一个更好的方式来管理它们，一个更好的方式来找到它们。文件夹解决了所有问题。在我们谈论它们的时候，不如让我给你们展示一下，它们是如何运作的。

它们是非常漂亮的，我想要建立一个关于游戏的文件夹，我有很多游戏，可以把所有的游戏放在一个文件夹中。我怎么做呢？我只需要把手指点击在主界面上，你可以看到所有图标都在闪动，我只需要把其中一个拖动到另一个上，它就会自动建立一个文件夹把它们放在一起。而且，它还会自动地命名这个文件夹，依据是它们在应用程序商城中的分类。我可以重新命名它，用任何我想要的名字，如果我不想那么麻烦的话，我只需要使用它自己的命名就可以了。然后你就会看到有很多空出来的位置，我只需要拖动几个图标，你就会看到图标就会随着我拖动图标而改变。现在，我就有了一个游戏的文件夹。看，我只需要点击我想要的游戏即可。我可以把它移动到我想要的任何地方。并且，我可以随意建立文件夹，无论多少个都可以。我甚至可以把文件夹放在快捷方式中，无论我在哪个页面，无论我在哪个地方，我都可以看到我的游戏。非常好。

另一个我想要向你们展示的，并不是关于文件夹的，而是关于主菜单，关于变更墙纸。让我们回到设置。我有一些相片滚动图片，我可以非常轻松地更换它，我可以把它设置成主菜单页面墙纸，设置成屏幕锁界面的墙纸，也可以把两个页面都改变了，我先设置一下全部变更，现在你就能看到，我已经更改了我的墙纸。我可以用多任务处理回到墙纸设置，可以选择另一张墙纸。更换多少张都可以。

非常棒的拖拽方式，通过拖拽就可以实现的文件夹，过去你手机上的一页页的180个应用程序，如果把它们都变成文件夹的话，将会是2160个应用程序。所以，如果你下载了很多程序，那么我们有一个很好的解决方案，它就是文件夹。

接下来，是第三个用户特征，改进版的电子邮件（Email）。我们在邮件中加入了很多新的特征，也从用户中获得了很多建议和意见，才使得我们获得了这个新的iPhone应用。首先，是联合收件箱。你可以有很多电子邮件，MobileMe电子邮件、雅虎电子邮件、交互电子邮件，所有的这些邮件都会进入到一个收件箱中去。这样，你就不会错过任何信息。我们也做了不止一个交互电子邮件。现在，如果你只想关注于其中的一个账户，你可以使用快速收件箱切换，这样你就可以只关注一个收件箱的内容。此外，我们还通过连线的方式进行排列，这样你可以更为简便地组织对话。

举个例子，看第二个电子邮件，你可以看到一个“3”和一个双箭头，“3”意味着有3封相关邮件，我们就可以查看最近3封邮件，这样你就可以非常容易地展开对话，这就是通过连线的方式组织对话。还有就是展开附件，可以通过应用程序商城中的程序打开或者发送一个附件，这非常棒，轻点一下，就可以打开附件。关于邮件还有很多新的特征，但是最重要的是联合收件箱、多个交互账户、快速收件箱切换、连线信息，还有就是通过应用程序打开附件。

接下来是第四个用户特征，对于iPhone OS4来说，我们加入了iBooks，我们有非常多的用户使用iBooks，它看起来像什么？iPad上的书架，还有同样的iBooks在线商城。这是在iPhone上的样子，所以，我们的客户非常喜欢这个。令人愉快的电子书阅读器，iBooks在线商城，你可以一次购买，终身受用，你可以在iPad上购买，然后转移到你的iPhone上，你只需要购买一次，你就可以随时随地阅读它。你可以同步你的页码和标签，还有就是我们在iPad上做的那样，我们需要一些免费的资源，非常好的选择。我自己也曾经读过一个。关于第五个用户特征，我想让斯格特来介绍。

斯格特：我们的第五个用户特征则是针对企业的一些创新。iPhone为企业带来了巨大的效益，世界财富100强的公司，有超过80%的公司都在使用iPhone。因此我们有一些非常好的用户特征。

第一个是更好的数据保护，我们通过你手机的识别码（pin code）对你所有的电子邮件进行了保护，因此，电子邮件变得更加安全。并且，我们提供了可供选择的应用程序接口，这样开发者可以把所有的数据都放置在他们的iPhone中去。因此可以提供更好的数据保护。

下一个是手机设备管理。这是一个巨大的市场需求。有很多公司，如赛博等，公司要管理很多手机设备，我们提供的解决方案可以帮助他们解决这个问题。因此，这是很重要的一个。移动设备管理。

下一个是无线应用程序发布。有很多公司都建立了客户应用程序，直到现在，员工需要连接需要的设备来获取相关信息。但是，有了iPhone OS4，这些公司可以随时随地通过他们自己的服务器，利用无线的方式发布信息了。

下一个，斯蒂夫提到了，在一个手机上，我们加入了多个交互账户。还有就是2010交互服务器。我们还有SSL VPN技术支持。iPhone OS4有一些非常好的特性。这就是我们的第五个用户特征。

我们的第六个用户特征是游戏中心，这是一个iPhone OS4的预览。游戏在iPhone和iPad touch上受到了极大的欢迎。事实上，在应用程序商城中，我们拥有超过5万个游戏和娱乐组件。我们把它和其他的游戏和娱乐设备进行了对比，如索尼PSP和Nintendo ds，我们是他们的十几倍。我们想把iPhone游戏做得更好。因此，我们有一个社交游戏网络。它可以让你挑战你的朋友。这张就是你朋友邀请你参加游戏的图片。我们还有自动匹配游戏对手的程序。比如，你加入一个游戏需要4个人参加，我们将自动匹配出和你能力差不多的3个人出来，让你们一起进行游戏。你可以与你的朋友一起游戏，挑战他们，甚至挑战赢家。你也可以看到你自己的进步，与朋友对抗的进步，因此，在社交游戏网络中心，你可以邀请朋友一起游戏，自动匹配游戏对象，挑战游戏赢家，还有查看自己的游戏记录。今年年底，每个人都可以使用到了。这就是游戏中心，第六个用户特征，现在让我们请回史蒂夫。

史蒂夫：我们的第七个特征，称为iAd，也就是手机广告。我们在iPhone OS4中嵌入了它。它是什么呢？你知道，我们在应用程序商城中有100万个应用程序，由非常非常多的开发者提供，其中很多应用程序是免费的，很多也是有一些非常合适的价格，如0.99美元，我们喜欢这些应用程序，用户也喜欢它们。但是开发者需要通过一些渠道来赚钱，我们想要帮助他们。现在一些开发者做的就是把一些广告放入到他们的应用程序中去。我们觉得这样做的大多数应用程序都非常糟糕。我们觉得，也许我们可以做出一些贡献。这就是关于帮助开发者，通过应用程序赚取一些钱，从而让他们的免费应用程序继续免费。

如果你查看一个移动设备，人们经常做的就是搜索，但是在手机上，人们并不经常这样做。如果人们想要找一个地方吃饭，他们没有搜索，而是找到yelp，他们通过应用程序连接互联网，而不是直接搜索。这也就是一个可供广告的机会。并不是搜索的一部分，而是应用程序的一部分。

每一个iPhone用户每天大概使用30分钟用于在应用程序上进行搜索。每天超过30分钟使用应用程序。如果我们想要每三分钟插入一个广告，那么每个设备每天可以接收的广告为10个，和电视剧上广告的数量差不多。我们卖出大概100万个设备，那么将是每天10亿个广告，在iPhone社区和iPad touch社区中，每天有10亿个广告机会，这是一个非常巨大的广告机会，这意义也十分巨大。但是我们想做的远远超过这些，我们想要提高这些广告的质量。我们对网站的嵌入式广告都非常熟悉，它们都具有互动性，但是并不能传播出情感。这也是为什么大部分的广告商会投钱给电视。因为广告商可以通过电视广告传播情感，我们知道那是怎样的感觉。

我们想通过iAd实现的是互动的同时，也传播情感，因此，网站上的互动广告有一些活动，而电视广告有情感但是没有互动，而我们想做的是，比网站广告更多的互动，比电视广告更多的情感传播，这就是iAd。它就是情感和互动的联合体。

在如今的移动设备上，很多应用程序会出现很多网址，通过这些网址，你会被直接拖到一个网页上去。但问题是你可能再也回不到你的应用程序上去了。基本上不可能再回到你刚刚停留过的地方。结果是什么？人们不会点击广告。谁还会在你的应用程序上发布广告呢？

我们已经找到了一个方式，发布内容并且不用跳出你的应用程序，因为iAd是嵌入到iPhone OS4本身中的，并且用户可以随时回到他们的应用程序中来。所以，我想结果就是人们会很感兴趣点击这些东西，因为他们不会担心回不到他们的应用程序中来。因此，建立在iPhone OS4基础上，可以让开发者将广告发布在上面变得非常简单。他们可以在下午就把广告通过iAd加进去。苹果公司将主持并且负责出售这些广告，并且我们将给开发者60%的收入。接下来，我想展示给大家看一下。我们现在完成的就是加入了一些广告，我们并没有现成的广告，我们根据一些喜欢的商品，自己做了一些广告。这些产品本身并没有这些广告，我们只是通过这些广告展示一下。

大家可以看到，这是一些娱乐新闻，在最下面，我有一些《玩具总动员3》的广告条。《玩具总动员3》是一个非常好看的电影，迪士尼在7月发布的。我看过这个，非常有趣。所以，我只需要点击下面的广告条，广告就显示出来了，顺便说一下，所有这些都是在HTML5的基础上建立的，非常简单。你看到上面有一个标志了吗？如果我点击它，我会立即切换到我原来的界面上去。所以，用户可以随时切换到原来的应用程序中，这个广告将会瞬间消失。这个广告有什么新奇之处呢？我可以听到人物的对话，还有一些视频，他们也可以自己制作各种风格，这个广告用的是转轮风格，非常简单，我就随机选择一个视频，而且，如果我想要的话，也可以切换屏幕到横屏去播放。这些都是电影片段，都可以展示在手机上。甚至在这个广告中还有一个游戏，当然，他们并没有真的做出这样一个游戏。你可以看到，我并不是很擅长游戏。不管怎么说，这个很有趣。还有海报，我还可以点击一下直接将海报设置成墙纸。广告商可以给手机提供一些墙纸，并且用户喜欢一些免费的东西。还有电影院，我可以看到这个电影在哪些影院上映，我们就可以知道地点。并且，这也有一个游戏应用程序，我可以直接在里面购买应用程序，而不用到应用程序商城里去购买。你见过这样的广告吗？或者类似的？这非常神奇。

我们还有一个耐克的广告，我们喜欢耐克，但是这些都不是真的耐克广告。我们只是非常喜欢他们的产品。这个直接会进入到一个视频中去，非常酷哈！让我们看看这个设计，我将向大家展示这个非常酷的东西，历史。这就是这双鞋的历史，创立于1985年，你可以变换时间，这样你就可以看到鞋子随着时间的改变。另一个是耐克ID，这个非常酷，你可以做你自己的鞋子，耐克这样做已经有很长时间了。你可以通过摇晃你的手机看到其他的样品，只要摇一摇。你可以通过点击这个图标，订购这双鞋子。你也可以找到最近的店铺，它可以找到你的位置，告诉你取鞋子的地址。这就是耐克广告的样品。

还有一个是Target的广告，他们的产品也非常棒。点击就可以进入广告，你可再次播放，你也可以自己建立自己的房子。我是一个小伙子，学校选择密歇根，我还可以查看我的购物车，它告诉你所购买的东西，你可以直接购买，如果你想要的话，我可以找到它的商店。或者离我最近，或者离我的学校最近，就是如此简单。

并且我可以随时回到我的应用程序中来，这就是3个非常容易做的广告。此外，除了广告公司可以做这样的广告，还有成千上万的iPhone应用程序开发者可以制作这样的广告。我们觉得这将会非常令人兴奋。情感和互动的结合。应用程序中的广告，你将会更愿意点击它，并且发掘它。而且只需要点击一下就可以回来。建立在iPhone OS4的基础上，这使得开发者可以非常容易地在他们的应用程序中加入广告。苹果公司将负责营销这些广告，并且开发者将会得到大部分的广告收益。所以，这就是iAd，也就是我们的第7个用户特征。

那么，让我们来回顾一下这些用户特征：多任务处理、文件夹、增强版的电子邮件、iBooks、 更加深入的企业应用、游戏中心，还有iAd。这只是100多个新的用户特征中的7个，iPhone OS4还有1500个新的开发应用程序接口。今天我们发布研发者预览，开发者可以现在进行测试，使用这些应用程序，开发一些新的应用程序，你可以在developer.Apple.com上获得更多的信息。我们将在夏天发布新的iPhone和iPad touch，iPhone 3GS还有iPod touch3代，去年发布的iPhone 2GS，还有iPod touch2代并不支持多任务处理。

今年夏天，我们将发布iPhone OS4，秋天，所有的特征都可以在iPad上实现。

这就是iPhone OS4。

非常感谢大家今天的到来。

没有经验，你就永远不可能知道经验的价值。

——乔布斯

"I"生活 "I"时尚

——Back To Mac 2010的主题演讲

早上好。

非常感谢各位出席今天上午的发布会。今天上午我想和在座各位分享一些有趣的东西。因为我们今天发布会的布置和气氛非常的轻松融洽，所以我认为应该请一些我们的工作人员和工程设计师来向大家进行一些神奇的演示。我会请一些同事上台来展示我们的部分产品。至于我的角色可能有点像个溜溜球（台上台下来回跑），不过那也没关系。

今天，我想从Mac的现状说起，说些关于Mac的情况。为了向大家更好地展示Mac的现状，我想请我的同事也是苹果的首席运营官（Chief Operating Officer）迪姆·库克上台来详细地进行介绍。

迪姆：多谢，史蒂夫。

各位早上好，同样欢迎大家的光临。首先我想谈谈关于苹果在

Mac产品方面的收入情况。从苹果的收入分布图中，大家可以看出来，Mac产品所带来的收入占去年总收入的33%。事实上，就这个数据本身而言，它已经相当惊人了，而更让人惊讶的是这33%的收入用货币形式表现出来是220亿美元。220亿美元——如果将这笔收入算作是“Mac公司”的收入——假设“Mac公司”是一家独立公司，当然我们并不打算真的成立这样一家独立公司——那这家公司将会成为在财富500强排行榜上位列第110位的公司。这是非常惊人的，并且它也创下了苹果公司的一个新纪录。当然了，有收入就一定有产品，有好的产品才能赢得可观的收入。在我们刚刚结算完的上一个年度财务中，我们卖出了1400万件Mac产品。这个数字已经是我们5年前销量的3倍。在5年内实现3倍的飞跃无疑是令人不可思议的。这一数据的变化自然带动了Mac安装库数据以不可思议的速度增长。事实上，Mac的安装用户在全球范围内已经迅速扩充到了5000万人。我们为这个数字感到自豪。

但值得注意的是，这并不是刚刚发生的事情。上一季度的Mac销量同比增长了27%，较之11%的同期市场平均增长率远远高出了2.5倍。并且，这已经是Mac销量连续18季度超出市场平均增幅了。换句话说，在四年半的时间里，Mac都在书写苹果的神话。这是非常不可思议的增长势头。当然，有了良好的销售增幅，也就有了大量的市场份额。上个月，也就是八月份，Mac所占的零售市场份额已经超过了20%——这也就意味着在美国每销售5台个人电脑其中就有一台Mac产品。又是一个不可思议的数据。

随着Mac市场份额和销量的不断增长，我们现在拥有了一个活跃的开发社区。一个惊人的数字显示，我们现有注册的Mac开发者已经达到了60万人，而更加惊人的是这一数据正以每个月3万人的速度持续增长。

我们新加入的设计者中包括Valve，Steam的发明者，他是世界上最早的游戏开发者之一。他们同时为Mac和普通个人电脑创造新的软件。他们的产品已经拥有2500万用户。而更让人赞叹的是，他们带来了像Half Life那样的软件，这对Mac来说无疑是大有好处的，他们为Mac的游戏注入了强心针。还有一些是我们长期合作的设计者，比如Autodesk，他们最近针对Mac推出了他们的旗舰产品AutoCAD——我们等这一天已经等得太久了。这真的值得我们激动，它能够为Mac新一代的设计者们提供更为良好的服务。

当然，还有一些我们会继续投资的设计公司，比如说Microsoft。值得一提的是，最新的Microsoft Office系列真的是非常棒，值得推荐。

相对于所有设计开发的成功范例和所有增长的数据而言，客户的满意度对于我们的意义更为重大。Mac产品通过了重重客户测评的检验。在刚刚发布的ACSI客户满意度调查中，Mac连续7年被评为第一。根据用户调查报告，Mac的技术支持连续10年第一。而通过《微电脑世界》我们可以了解到，Mac的台式机和笔记本电脑可信度均是第一。从《微电脑世界》中我们还能看到，Mac的台式机和笔记本电脑都是读者的第一选择。这些都是很不可思议的事情。

事实上，推动这一切不可思议事情发生的源头来自于我们对苹果零售注入的超强源动力，虽然苹果零售的开展还不到10年。我们以纽约的一家苹果零售旗舰店为例。仅仅上一季度，光顾我们旗舰店的顾客就达到了7500万人。在上一个财政年度中，零售店共售出280万台

Mac电脑。更重要的是，其中超过一半的购买者是Mac的新用户。随着Mac电脑风靡市场，我们已设立了318家这样的零售店，分布于全球11个国家。最近，一些新的店面刚刚开张，比如这一家——位于曼哈顿上西区的零售店。与此同时，我们也在增加对国际市场的投入。在法国巴黎，我们在巴黎歌剧院附近开设第二家分店。我们在伦敦的柯文特花园也开设了第二大分店。现在大家看到的是位于上海的零售店，40英尺的玻璃圆柱注定了它将成为这个城市地标之一。这一家是我们在北京设立的最新的零售店。值得骄傲的是，我们在中国的零售店是业务最为繁忙的。如果你去过我们任何一家美国本土的零售店，你会觉得这一现象真的很有威慑力。

朋友们，这就是Mac电脑的现状。不论是产品还是数据抑或是那些产品与数据背后的东西，Mac电脑的发展势头都是前所未有的强大。

好了，现在我要将舞台交还给史蒂夫了。

乔布斯：多谢迪姆。刚刚我能听到很多人的手机在响，大家能不能花一分钟的时间把手机调成静音。谢谢！

刚刚迪姆向大家展示了Mac电脑的现状，接下来我们来谈谈新产品。首先我们来说说iLife。iLife被普遍认为是世界上最好的一款应用软件套装产品。它也是很多人购买Mac电脑的原因，因为你能够通过它完成很多你用其他软件或是在其他电脑上所不能完成的任务——无论是针对照片、音乐还是视频。我们不断地改进更新这个软件包，差不多每隔一年或两年便会推出它的新版本以使它日趋完美。今天，我们又有一个新版本——iLife 11将要推出。下面我们将向大家介绍三款其中的软件。第一款便是iPhoto，这是我们这个软件包里最受欢迎的软件了。iPhoto 11拥有了一些新的特性，其中全屏模式的初步反响不错，所以我们又大刀阔斧地改进了这一功能，让大家能够感受更高水平的全屏体验模式。通过更多Facebook的辅助，大家也可以更简单地发布照片和看照片评论。同时，电邮照片的浏览方式更加简洁，你无须切换出iPhoto就能做到。而且我们在其中增加了许多漂亮的新背景。相册方面我们也做了很大改进。现在我们平均每年要打印200万相册，其制作方式和打印质量都有了很大提高，其中增加了更多漂亮的凸版卡片。iPhoto 11中有很多不错的东西。下面我想请苹果的全球产品营销高级副总裁菲尔·席勒为我们做演示。

菲尔：多谢，史蒂夫。

早上好，各位。我将会是第一个向你们展示这款很棒的软件——iPhoto 11的人。真得非常棒！我知道你们很多人都在Mac电脑上用过它，这是目前最好的版本。你可以在一个窗口里操作，如大屏幕所示。但正如史蒂夫告诉大家的，新的全屏模式能让你在漂亮的全屏状态下查看全部的照片。这是按场景分类的，我可以滑动选择我想要的场景，也可以迅速从中找到我要的图片，它们都是按时间顺序排列的。非常的便捷流畅。这都是采用了很多Mac system10的核心软件来提高操作性能的。我们也可以按脸部分类，按一按鼠标就能迅速找到亲戚朋友的照片。而按地点分类的话，大家会看到一张世界地图或是一张卫星图。旁边的菜单可以帮助你快速进入任何一个国家、一个州、一个城市。你可以看到在你拍过照片的地方周围会出现图钉图案。鼠标停在图钉上，就会显示出你拍照的地点，点一下就可以看到照片了。当然，你也可以选择“显示图片”按钮，那么所有在该地附近拍摄的照片都可以查看了。同时，你还能对这些照片进行设置。比如说，我要做个照片的幻灯片，只要按一下幻灯片键就可以了。现在我们来介绍iPhoto 11的第二大特色，我们新增加了很多很棒的幻灯片主题。如果按相册查看的话，就有点像iPad的相册了，并且可以从这里直接自动上传到Facebook。我在这里再给大家演示一个模板。请看这个幻灯片主题，它会带给你一种节日的气氛。如果你想把照片传给朋友，完全不需要再麻烦地剪切、粘贴了，你只需要选中要传送的照片然后按分享键，选E-mail选项，它就会自动合成一封邮件。而且你还可以选择模板，移动各个照片的位置，或是调节每张照片大小。让我们把这张考拉照片放大，呵呵，每个人都爱考拉。键入地址，然后在这里键入文本。之后，你只需按发送键，就可以轻松完成一封邮件的发送了。这根本不需要退出iPhoto即可完成，非常简单。双击这张照片，让我来介绍iPhoto Ⅱ的下一项新应用——信息板。使用以前的版本，你只能看见照片拍摄地信息和地图，而新的版本有一个分享板块，这上面显示我刚刚把这张照片发送给了史蒂夫，上传到了Flicker，发到了Facebook，甚至Facebook上的好友评论都能在这儿显示出来。现在我们来制作一本相册，我把它命名为澳大利亚探险。你能想象你和你的家人朋友度假回来，拍了120张照片，要把它们制作成相册分享给大家要怎么做吗？事实上，这很简单，你只要点击生成按钮，选择一个主题和大小，一本精美的相册就做好了。现在我想告诉大家一些iPhoto的先进功能，它能够利用照片的相关信息自动合成相册。第一张封面照片将自动选用高质量照片，当然，我也可以重新选择一张，但是不得不说采用系统的选择才是最明智的。它还拥有评级功能，所以如果我对一张照片进行了评级，那么五星或者四星的照片将会被自动放进大版面里。它甚至会自动把同一时段拍摄的照片放在一起。比如说这些照片是在沙滩上拍的，它们就会被放在一组。但是，我对这些照片仍有绝对的控制权，如果我想自己订制相册，只要简单地进行拖放操作就能够实现。我还能方便地组织页码。比如说，我喜欢其中不连续的两页海滩图，我就可以把它们选中放到首页上。这些都做完了，你只要点击买书键就可以将相册上传到苹果再寄到你家中。所以，做一本相册非常的简单方便。我们再回到查看功能，这个功能查看是iPhoto 11的一个全新功能。这些书架可以用来放置我们创作的工程。大家可以看到在第二层书架上有一个我们刚做好的相册。同时，你也可以制作凸版卡片，和前面一样，可以选择一个主题。如果你不知道什么是凸版卡片，这边有一段视频可以为你解释，我现在就为大家播放这段视频。

以上就是iPhoto 11的新特性了，这是目前为止最好的版本了。好了，现在有请史蒂夫。

乔布斯：我认为这简直棒极了！这也正是我们会选择从事这一行的原因，它真的有无穷的魅力。

现在我们能将iPhoto扩大成全屏模式，而在全屏模式中，我们大力改进了相册功能，这让我们能够做出最美的相册。再加上那些精美的凸版卡片，这些都是我们在以前的电脑上从未见过的新东西。我们为这些新的特色倍感兴奋——这就是iPhoto 11。

下面我要介绍的是iMovie的全新版本，这个版本非常棒，它就是iMovie 11。在上个版本的iMovie推出以后，我们收到的最多反馈是要求更好的音频处理，而经过团队不懈地努力后，我们终于推出了这个版本。我们致力于iMovie开发的最终目标是能够用它进行最精细但操作却最简单的处理。这样的话对于所有并不想学习怎么使用那些诸如

Final Cut Pro之类软件的人而言，他们也能制作出非常棒的影片。以下是团队开发的成果：全新的音频剪辑，一项叫一步特效的功能——你们待会儿将会看到它的功能，寻人功能——能帮助你找到相关人的影像片段，新闻和体育主题，还有最让我们为之兴奋的——电影预告片制作功能——轻而易举地制作电影预告片是件绝对有趣的事，人们会经常使用这一功能。为了向各位更好地介绍iMovie，下面我想有请苹果的视频应用总设计师Randy U比尔os上台为大家演示iMovie 11。

Randy：多谢，史蒂夫。今天早上我将会为大家演示些非常炫的东西。首先我来介绍一下音频处理，在工程和事件窗口，我们可以看到音频波段，这些音频波段采用了彩色编码，所以很容易就能看出音频内容的高潮部分，如果音波过高的话，还会自动以红色生成。返回工程，播放一小段视频。听到的声音有点小，如果我想提高音量的话，只要拖动这条线，这些波段都会相应的实时修改。再回放一遍，声音就变大了。我们经常要对音频进行的处理是对音频片段的处理，这是非常简单的——只需选中要处理的音频片段，在处理前我们先回放一下整个视频，还满吵的。拖动所选片段中的这条线，你就能够增大减小音量了。还可以拖动这边的渐变点做出渐入效果。回放一下，我们所处理的这个片段就变无声了。改变音频声音大小就变得非常容易了。在iMovie 9中，我们新增了视频特效功能，而在iMovie 11中，我们又新增了音频特效功能，调出检视窗口，点击音频特效，回放视频，我只需要……这个听起来不错，点一下，可以预览一下，我们直接确定回放一下——只要轻轻一点，我们就能做出这样的处理。我想大家都会觉得这是个非常有意思的功能。

返回到工程界面，我来向大家演示一下一步特效的功能。先直接回放一下这个片段——看到的是些很棒的自行车二次飞跃。如果能立即重放这一瞬间就好了——我们只需要选中这段自行车在空中越过的片段，调出片段菜单，选择一步特效下的立即重放，选个想要的速度50%，只需这一步iMovie将自动选择我选中的片段做一个减速50%的重放并且在画面上加上重放的字样。再来看下一段视频——更多的自行车飞跃。如果我想重点突出这个飞跃画面的话，从后拖动选中，选择片段菜单中一步特效下的快播并延长最后一帧，这一步iMovie将自动增加一个渐入转场并且加上一个最后一帧的静止帧，然后才继续原来的视频播放。现在我们来播放一下修改后的视频。

下面我想介绍的功能是电影预告片制作。打开新建工程对话框，除了之前版本已有的主题之外现增了15个电影预告片模板，分成很多主题，种类繁多。直接选中其中一个来看一下预览效果。选择这个24帧的片段，点击生成，可以看到这边的影片编辑操作的白色窗口，先回放一下。接下来教大家怎么把这么一个普通的影片变成很炫的电影。首先我们采用大纲模式，在这里填上预告片的基本信息。输入电影名称、发行日期、演员阵容，这个模板共有四个演员可填，填入姓名、性别。选择工作室标志，我们选择这个日出的云朵——很好看的一个标志。填写演职人员，我觉得这样就不错，所以我就不改了。现在转到故事界面，在这个界面我们可以看到片段是怎么整合到一起的，可以看到这些非常棒的动画加配文。可以在整合之前用这些看看大体的播放顺序。在整合之前我们就能感受到整个氛围。另外要提的还有这些音乐，事实上，这15首音乐我们都是用15首原来的乐谱整合而成的，其中有一些我们是去了伦敦音乐工作室让伦敦交响乐团为我们录制的。所以你的电影将有一整个交响乐团为你伴奏，非常棒吧！滑动鼠标回到顶端，我们现在就来制作这个电影预告，在这里键入改变文本，能够改到影片都是随之实时修改的，现在我们就来填充这些影片片段。滑动鼠标到这边进行浏览，点击我想放入片头的片段。可以看到整合这些是非常迅速的，我们可以让它更简单一些——注意在这些场景中有些紫色的线，这些是通过寻人功能完成的，我们把iPhoto中的脸部识别技术运用到了视频中，这样我们就能找到拍摄人的视频，分别找出一个人、两个人或一群人的视频，还可以根据脸部大小判断出是特写、近景还是远景。这样我就能通过回到关键词面板选择多人组即刻找到拍摄多人的视频片段。再选一段动作视频，整段影片就完成了。全屏回放看一下。可见这是多么简单的事。你可以从一趟旅行回来，用5~10分钟把影像片段整合成一个电影预告片并且分享上传到MobileMe Gallery和YouTube，现在还可以直接分享到Facebook，Vimeo和其他别的地方。我还要再向大家展示两个预告片以便你们能更好地了解这些多元化的主题。

多谢大家，这就是iMovie 11。

乔布斯：棒极了。Randy和他的团队创作出了所有的这些东西，真得很棒！我们认为iMovie 11将带给大家很多很多的快乐。能够制作出这样的东西来并发在YouTube，Facebook，Vimeo真得是非常棒。iMovie 11会带给你很多新的特色功能。我们还推出了新的GarageBand——GarageBand 11，它新增的一些特色功能可以帮助你校准音乐的节奏。新增了Flex Time、音乐套路匹配和更多的吉他放大器与音效以及新的钢琴和吉他演奏基础课程，其中包括一项叫“我该怎样弹”的特色课程。为我们进行演示的是苹果产品营销经理Xander Soren。

Xander：多谢，史蒂夫。我很高兴能向大家展示一下新版本的GarageBand。我们今天将介绍两样东西——一样是神奇的录音工具，另外一样是学习钢琴和吉他的有趣方式。启动GarageBand 11，新建一项工程，打开一首已有歌曲。这就是你创作歌曲的工作台。想象一下一群孩子挤在车库里并录了这首歌，我们可以看到有吉他、贝斯、打击乐器，每个人都是按一段鼓点进行的录制。我们现在来放一段听听看，我想你们都会很容易听出来这群孩子在音乐方面还是需要点帮助的。有点糟不是吗？他们的问题在于节奏紊乱，每个人都是自己在乱弹。我们来单独听听鼓声，鼓打得很不错，鼓在这段合奏里不是问题。事实上，鼓声是整首歌里唯一能掌握到好节奏的。可以同时再听听其他人的，你会发现很快就都乱套了。这两个吉他手显然跟不上鼓点。但是神奇的是，GarageBand 11能够解决所有的这些节奏问题——只要鼠标轻轻一点就可以了。移动鼠标到左侧，看到这些在每个轨道旁的星星没有？我可以选一条轨道作为音乐套路轨道。这首曲子里我当然要选鼓。看，我轻轻一点，其他所有轨道立刻就与鼓点匹配了。我们再回放一遍，好多了。非常酷吧！这就是音乐套路匹配，有点像自动检查拼写错误系统，只是它针对的错误的节奏而已。音乐套路匹配是用来统一整首歌曲的节奏，但是有时候我们需要修改的仅仅是一两个音节，这就要用到GarageBand 11中完美的Flex Time功能。你可能还记得这首歌结尾的时候有个乐器的节拍跟整首曲子不太和谐。我再放一遍你们听听看，有个吉他声不在节点上。你甚至能从视图上看出来，因为这些音波在轨道上都有所显示。这个尾巴就有点短，点这一轨道的独唱你可以听tj很清楚。是谈得不在点上，但这对我们而言不是问题——只需双击这段，调出波形图管理器。用GarageBand 11的

Flex Time功能，我可以轻松拖动波形图的任意部分，我现在把它拉长一点。操作很简单吧，所以有了音乐套路匹配和Flex Time，音乐者们会非常爱这些新的特色功能的。

现在我们要介绍的是GarageBand 11完全不同的另一部分，因为GarageBand 还提供内置的音乐课程。在GarageBand中，你可以直接学习钢琴和吉他。点“学着弹”就可以进入课程，在这儿你能看到所以的课程。如果你这辈子从没碰过吉他，你可以从吉他入门课程开始，我们会教给你所有你需要知道的东西。还有蓝调吉他和摇滚吉他系列可供选择。钢琴也是一样。这儿有所有的课程包括我非常喜欢的经典钢琴曲目部分。我们来学一下莫扎特的F大调小步舞曲，这首曲子神奇的地方在于莫扎特写它的时候还是个孩子，他当时也正在学着弹钢琴。非常酷。所有GarageBand中的课程都是全屏显示的，开始显示一段精美的高清视频，我们播一小段这个入门课程。我快进一些，你可以看到老师会一步一步地教你怎么弹，把整首歌一个音节一个音节地教给你，下方的这个动画钢琴会告诉你用哪个手指应该放在哪个键上弹。你可以按照你自己的节奏慢慢学，没有任何压力。当你准备好弹的时候，点击演奏那一章，我们现在就可以看看这个“我应该怎么弹”的功能了。我本人是弹吉他的，所以键盘上需要我们的GarageBand软件总设计师Gerhard Lengeling上台帮助一下。现在我们看到是标准键盘。这其实是很简单的，当你跟随课程弹奏时，你的演奏会被录下来，GarageBand会即时收听并且对你的演奏进行评价。另外一个很酷的事情是你可以和一个室内音乐演奏团一起合奏，他们的演奏是我们在维也纳录制的。能有个大师级的演奏陪着你从头学总是好过无聊的老师。你们可以看到如果他弹对了的话，这些弹过的区域就是绿色的；如果弹错了，就会变成红色提醒你。大体意思一下就可以了，多谢，Gerhard，弹得不错。这样你就可以轻松回顾你弹的内容。更棒的是每次你完成一次演奏，GarageBand都会记录下来并自动帮你生成历史信息。点历史，你就可以看到自已演奏的进步，一开始可能不太好，渐渐错误就少了，最后你就能够完美演奏了。钢琴是这样，吉他也一样。我们认为音乐者们会非常喜欢这一版的GarageBand。多谢，史蒂夫，舞台交还给你。

乔布斯：多谢二位！这是不是很棒？这就是GarageBand 11的新特色功能。GarageBand现在已经有超过500万的用户，不可思议吧，500万用它来创作音乐来学弹乐器。在所有全新的Mac上都配有免费的iLife 11，如果你想升级的话，只需49美元。它将包括很多世界上最具价值的软件。iLife 11今天上市，我们为此感到非常自豪。除了感谢这些创作出它的天才们——Gerhard，Randy还有其他人之外，还要感谢Greg Gilley，Greg在哪儿？站起来Greg，Greg是iLife多年的项目经理。谢谢Greg还有每一个在团队里工作的人。我们的队伍里有很多天才，他们不断给我们的工作带来惊喜。这就是iLife，下面我想谈一谈FaceTime，FaceTime是非常了不起的——他是第一个手机视频电话应用，我们6月在iPhone 4上使用了它，9月的时候配合前端摄像头我们把它用在了新的iPod touch上。从那时候起，4个月内，我们已经卖掉了1900万台装有FaceTime的苹果装备。1900万台，什么能超过这个呢？我们收到的头号要求就是希望能够在这些设备和Mac之间进行交互视频电话。所以今天我们推出了Mac版的FaceTime。这儿你可以看见你的通讯录，选中一个人，你就拨通了FaceTime视频电话，不论你用的是Mac，iPod touch还是iPhone 4。它甚至还可以全屏显示。废话少说，我来为大家演示一下。

在我的这台Mac上找到FaceTime图标双击，找到favorites组，点击Phil Schiller就开始和Phil的视频电话了。

乔布斯：嘿，Phil。

Phil：嘿，史蒂夫。

乔布斯：你用的是什么装置？是Mac还是别的手机什么的？

Phil：我用的iPhone 4，我总是带着他。

乔布斯：你能把你的手机调成横向模式吗？

Phil：OK。

乔布斯：显然我是不愿意把我的Mac显示器调成这样来配合手机，要调回来吗？这是非常简单的，你不需要设置什么，也没有什么搞不懂的。这就是个非常简单的演示。现在，数以千万计的Mac用户能够通过FaceTime和iPod touch，iPhone 4进行通话。基于我们收到的反馈要求来看，大家应该会喜欢这个。非常感谢，Phil，再见。

这就是FaceTime在Mac 上的应用。也许最好的消息是我们今天就将发布Mac版的FaceTime。你可以去苹果官网下载，轻松与1900万iPod touch、iPhone 4用户进行电话视频。这就是我们的新图标。

下一个我们要讨论的是今天的重头戏——我们将谈谈Mac OS X的前景。诸位都知道，在上一个10年内，苹果发布了7个版本的Mac OS X。我们相信没有其他系统能超过这个纪录。每一版系统都在不断进步，我们对于雪豹这一版本非常满意。但是我们想精益求精，所以今天像各位提前预告一下第8版Mac OS X，我们称之为雄狮。那么雄狮版本背后的大概念，背后的支撑哲学是什么呢？这个答案就是我们要提出回归Mac时代这一概念的原因。从Mac OS X中我们发明了一个新的版本，我们称之为iOS，并把这个版本用在了iPhone上，我们发明了一些新东西并且在过去的几年中不断完善这个版本，现在这个版本也用在了iPad上。我们现在想做的就是把我们从iPhone和iPad应用中所得到的灵感和启发重新用回到Mac上。这就是雄狮版本的意义所在——Mac OS X加iPad。Mac OS X中有很多创新的地方，在低版本中就有很多特色，但是在高版本中，它们将会成为最有意思的功能。今天我们并没有时间一一介绍，但是我们想让大家了解一下它们的支撑哲学，给你们看一些主要特色功能。那么，究竟我们从iPad中得到的启示和灵感是什么呢？——多点触控手势，多点触控手势是非常重要的，我们认为它在Mac中的作用也是非常重要的；App Store完全改变了iPhone和iPad用户获得apps的方式，为什么不能也用在Mac上呢？当人们获得了apps，他们可以把这些apps存在App Home screens里面，无须把apps放的到处是。全屏apps有时候用在Mac上也是不错的，我们在iLife11中的iPhoto上的应用就说明了这一点。在iPad上获得的apps是自动保存的，而且当你启动iPad的时候apps可以回到上次退出时的状态。这一点应用于Mac上也是很棒的。这些我们在ios上改进过的功能，也是我们想要应用回到Mac上的。我想再谈谈其中的几点。说到多点触控手势，我们想到的就是这个，我们多年前就想到了这个。我们对此做过无数次的用户测试，结果都不成功。多点触控手势不能是垂直的。演示是很好的，但是一小段时间之后你就觉得手臂酸了，再过一会儿，你会感觉整个手臂都快掉下来了。这是完完全全不可行的。多点触控手势只能是水平的，所以能够应用在平板电脑上。这就是为什么对于笔记本电脑而言，我们多年进行的是对触摸板的完善。因为这是我们能为笔记本找到的最好的多点触控手势应用方式。我们还曾把多点触控手势触摸板内置于我们的魔术鼠标内并且最近还为我们的台式机用户推出了纯粹针对游戏的触摸板。所以这将是我们将多点触控手势应用于Mac的方式，因为那样行不通。App Store——App Store非常受欢迎，在iPhone上，它彻底改变了应用软件的世界。在iPad上也同样大受欢迎。我们是怎样得出这一结论的呢？——因为超过70亿apps都是从App Store下载的。70亿——在我们的职业生涯中从未见过这样的事。所以我们想把它应用于Mac，在雄狮版本中，我们将设置Mac App Store。这个商店的特点是什么？它将成为寻找apps的最佳去处，就像在iPhone和iPad上一样，它不会是唯一的去处，但肯定是最佳的。一键下载，按收入七三比例的免费和收费apps，自动安装，自动更新并且注册apps可在任意Mac上使用。这就是Mac App Store。当你获得了这些apps，你得找个地方把它们存起来，Launchpad就是这个唯一的地方，就像在iPad上使用App Home screens一样。这是前3个，我想后3个大家可以自己想见。

今天我们还想介绍一样东西——在Mac OS X中的这4个非常酷的发明。Exposé——用来查找和管理我们所开的很多窗口；Dashboard——能够即时进入工具集合，全屏apps——之前我们已经介绍过了；Spaces——满足你创建多个工作空间并且迅速转换空间的要求。这些都是很棒的功能，但是因为有了全屏apps的加入，如果能把它们整合到一起不是更好？通过任务控制我们就可以做到这一点，它可以让你用于预览你Mac上的一切并立即进入任何一处。尽管在雄狮版本中我们有大量的特色功能，我们挑选了一些并且想给大家今天先睹为快。有请Mac软件工程副总裁Craig Federighi上台为我们做演示。

Craig：多谢，史蒂夫。我非常激动能为大家展示一部分Mac OS

X雄狮版本的特色功能。从app store开始，我们把所有用户喜欢的关于iPad上的app store的东西都用到了Mac上，我可以从停靠栏直接进入app store。这是一个特别页面，可以看到最新最热的apps，职工最爱的apps——可以很方便地知晓现在apps的流行趋势。在最顶端的地方，还有榜单apps，可以看到最棒的付费和免费apps。在分类apps中可以轻易找到特定apps。这边是更新区域，所有apps的更新都会显示在这边，你可以选择更新，也可以点击更新全部一次完成所有更新。下面我想向大家介绍一下怎样轻松购买和安装这些apps。回到主页面，我想安装pages，这台Mac上还没有装pages，点一下就进入了产品预览页面，可以看到详细介绍和应用截图，顾客评级和顾客反馈可以帮助你确定是否要购买这个app。当确定要购买的时候，只需点击购买，就可以看到这个app图标飞出去落在停靠栏里。安装前所未有的简单——轻轻一点我就运行了我刚刚购买的app并且创作了我的第一个pages文档。这就是Mac App Store。我想apps设计者和用户都会非常喜欢它的。

下一个要介绍的是Launchpad——通过它就可以非常简便地管理和运行你Mac里所有的apps。在停靠栏里点击它，就全屏显示了你所有的apps。如果想要运行的话，比如说字典app，点一下，字典展开，Launchpad自动弹出。还可以用选中拖动的方式管理apps。还能够想在iOS中那样拖拽创建文件夹。

下面要介绍的是全屏apps，我们把这一iPad广泛应用的apps用到了Mac上并且创造了一种新的全屏视角。我现在通过打开一个pdf来说明一下。在雄狮版本中，单击标准控制，书就从封面迅速转到打开，变成一个非常漂亮的全屏页面。现在可以用手势直接翻页，非常方便。但是雄狮版本最棒的地方在于你可以随时通过多点触控手势退出全屏apps，回到桌面或切换至另一个app，非常简单。

乔布斯：对于“雄狮”操作系统的面世，我们真的是满怀期盼。包括任务控制（Mission Control）等，它为Mac引入了如此多的创新元素，它所具有的新功能、新界面一定会让广大Mac用户满意。哦，画面上展示的是全新的Mac App Store，这功能让你使用Mac轻松获取新应用。此外，我们很高兴看到启动面板（Launchpad）的出现，这让你可以对软件安装情况一目了然，而且这居然是全屏的，你可以自由浏览、翻页，或者是切换回桌面或其他任务窗口，非常便捷。时间所限，我们无法向你们展示“雄狮”操作系统更多层面的变化，真希望我能再来讲上一个半小时，来充分展示“雄狮”英姿。是的，它还有更多新奇的内涵需要用户亲自慢慢挖掘。大家无须着急，按照计划，我们会在2011年夏天发布这套操作系统。目前，项目进展很顺利，相信我们不会跳票的，敬请期待。好吧，以上就是我们最新的操作系统，OS X Lion，姑且先介绍到这儿。

现在，我想花点时间再简单回顾一下我们的在线应用商店App Store。前面介绍过了，Mac App Store继承了之前iTouch和iPhone上App Store的成功经验，肯定会让用户体验到非同一般的服务，想必大家都很期待吧？我们从用户的角度出发，不会等到“雄狮”操作系统推出时再一并发布这项功能，所以我们决定，将会把它整合到现在通用的“雪豹”系统中，并且将会在90天以内正式开放。我们的应用开发者们从今天起就可以登录Apple官网，查询相关信息，全面了解这项功能。预计在下个月，也就是11月份，我们将开放相关的应用上传，让更多开发者和普通用户体验到强大的服务。正式的Mac App

Store将在90天内正式推出。

"雄狮"和在线应用商店，介绍了这么多，先暂告一段落。现在说回到Mac吧，在这我先简短回顾一下之前谈到过的Mac发展情况。Mac在去年的收入是220亿美元，占据了我们总营收的33%，这个数字如果单独拿出来在世界500强企业中排位，足足可以占据到前110位的高位了。真是令人瞠目的成绩。我们都看到了现在Mac的蓬勃发展，为之欣喜和自豪的同时，也对Mac业务的发展继续进行重金投入。很显著的成绩是，我们的Mac在全美个人电脑零售市场的份额已经占到20.7%，我们已经有相当长的时间未取得过如此佳绩了。这真是鼓舞人心的巨大成就。当然，我们不会故步自封、满足现状，接下来我们将继续在世界各地大力发展Apple专卖店。试想，一家又一家Apple专卖店如雨后春笋般出现，生意红火，顾客如潮，还有什么事情能比这更令我们开心吗？

看看iLife 11，这项应用中集成了许多新鲜的功能，诸如iPhoto 11，全屏模式，iBooks，iMovie 11……等等。哦，屏幕上展示的是新的GarageBand 11，校准音乐节奏，模拟各种乐器，它能帮助千千万万的用户做出更好的音乐，模拟学习各种乐器，并充分享受这一过程。你可以尽情畅想，自己该如何享受所有这些功能的。而Mac上则有了FaceTime功能，FaceTime on Mac，它让1900万Mac用户能够和iPhone等手机用户直接进行视频通话，多么方便！我相信它一定能够风行全球。

再稍微提一下"雄狮"操作系统吧，这头将于2011年夏天咆哮的"狮子"。届时它将带着"任务控制"、"启动面板"、"应用商店"等功能呼啸而来，每一样相信都能为用户带来足够的冲击力。

以上是今天我想和你们分享的内容，都是些让人兴奋不已的东西。不过还有一个东西，我将在下面重点介绍。那才是我们今天真正的主题，我还是要说回到Mac，从Mac说起。首先我们来看一下这个良性循环。Mac 使用的OS X操作系统，iPad及iTouch、iPhone等使用的iOS操作系统，这些软件在开发升级过程中，互相借鉴，取长补短，共同取得了今天令人瞩目的成绩，可以说我们的软件开发过程已形成了这样一个良性循环，即在旧操作系统的基础上，我们为其他新设备开发出新一代系统，而新系统又能提供经验，帮助其他设备的旧系统进行完善。

同理，就像我们的软件系统开发会互相促进一样，我们不同产品的硬件设计也互相影响，激发出来不少的设计灵感。你有没有设想过：当MacBook遇到iPad会发生怎样奇妙的事情呢？这二者的长处能不能完美整合到单一的新产品中呢？先来想想看iPad的几大优点：首先是开机迅速，在这一点上普通的笔记本电脑显然望尘莫及；再一个是超长的电池续航时间，让一般的笔记本相形见绌；还有相应的让人惊奇的超持久待机时间，足足能持续30天；稳定而快速的固态存储功能，其稳定性和传输速度大大超过了传统的机械硬盘等存储方式；当然，iPad毋庸置疑的轻薄就意味着更好的便携性，我想这也是很多人对它爱不释手的一个重要原因。对于平板电脑来说，这些优点实在是太棒了，而如果它们能够在笔记本电脑上得以实现，会是怎样的情形呢？作为不懈追求创新的产品开发者，我们也在问我们自己，如果把MacBook跟iPad的优点揉合在一起，会出现多么令人惊奇的产品呢？好吧，让我现在就来揉一下试试。（全场笑）

（背景大屏幕上，MacBook和iPad图像交叠在一起，融入黑色的

背景中，然后，慢慢浮现出了MacBook Air侧面那纤巧的身影）

这就是我们的新成果，全新的MacBook Air产品，简直可以说，这是我们迄今为止最令人惊讶的创造之一。看看它完美的造型，我们有充分理由相信，这是未来笔记本的必然发展趋势。看到它，能令人兴奋不已。下面让我们看看大屏幕上这款产品各个角度的图片。

如你所见，这款MacBook Air的造型，简直超越了我们之前所有的产品，它是如此的纤薄、小巧、优雅而充满美感，真令人震惊。

它实在是太纤薄了，最厚的地方也不过0.68英寸，而最薄的合盖处，厚度仅有0.11英寸，十分之一英尺。而它的重量，只有2.9磅而已。要制作这么纤薄小巧的电子产品实在不是件容易的事情，但是我们苹果公司，向来不满足于自己的成果，我们力求完美，始终追求更优秀的作品，只希望能为用户提供更好的产品。所以，在开发团队的不懈努力下，新款的MacBook Air变得更加耐用、更加牢固，因为我们实现了一体成型的机体结构。真是让人惊喜，它坚固、轻巧，同时仍然具有全尺寸标准键盘，全尺寸的触摸板，绝无偷工减料。这款MacBook Air各处都经过贴心的设计，必能让你充分体验到它的与众不同。

下面让我来详细介绍有关这款MacBook Air的详细参数以及它的优异之处。这款MacBook Air拥有13.3英寸的LED 背光宽屏高分显示屏，支持高达1440x900的标准分辨率，这甚至比当前主流15英寸笔记本的屏幕分辨率还要高；它的CPU使用的是Intel酷睿2双核处理器，高速、多线程、低功耗且功能强大；它使用NVIDIA GeForce 320m独立显卡，不管是观看高清影像还是游戏娱乐，它都能为你提供更流畅、更华丽的画面；其他方面，它拥有全尺寸键盘、多点触控的触摸板和用于Facetime的网络摄像头，等等。这款MacBook Air拥有这么多其他笔记本所无法企及的功能，但在这里我要强调的，是它相比其他笔记本所“不具备”的部分，这很有意思，请大家多关注。例如，你会发现我们的MacBook Air上找不到常见的光驱和机械硬盘，这有什么问题吗？我们只是省去了过时的部件！传统意义上的光驱以及机械硬盘，这些部件的功能我们已在MacBook Air上用闪存技术全部实现了，而且我们能做得更好。有鉴于此，我们还有什么必要再添加那些累赘笨重的外设呢？我们使用的是全面的固态存储器，尽管它的费用相对昂贵，但我们依然坚持进行产品革新。相对于费用方面的影响，我们更关注的是固态存储带来的巨大科技进步。作为一项革新性的技术，固态存储的优点是显而易见的，我们通过iPad就能一目了然：如前所述，它启动更加快速，相较机械硬盘的启动时间能缩短一半以上；它更加耐用可靠、不易损坏和丢失数据，尤其是用在可移动存储的情况下；更主要的是，较传统产品来说，它的体积和重量都减少了90%，这对可移动存储应用来说更为关键；除此之外，它运行无噪音、工作更稳定、传输速度快，这都是传统机械硬盘或光驱无法比拟的。我们苹果公司对闪存技术有着充分的理解和掌握，我们已将它运用在iPhone中，运用在iPad中。事实上我们苹果是世界上最大的闪存使用商，这一点你或许已有所耳闻了。是的，对于闪存的应用技术，我们已经积累了丰富的经验。这，就是我们将其应用在新款MacBook Air的信心所在。

除了存储问题，让我们来看看这款MacBook Air的另一项巨大优势：超长电池寿命。根据我们的电池测试数据，理论上我们这款产品的电池可以实现7小时Wi-Fi上网，或是30天待机！对于现在的主流笔记本电池来说，我们显然拥有巨大的技术优势。这里必须强调一点，上述的Wi-Fi上网测试数据，是我们实验室严格测试的结果，而我们采用的测试标准，要远高于PC行业时下通行的测试标准。PC行业中通用的一般电池测试手段，其实并没有反映出实际的电池压力测试情况。而我们现在使用的，是更加严格、更加现实的测试，所得的结果也更加贴近实际使用的情况。在这么严苛的测试中我们的电池寿命能达到7小时，而其他笔记本产品经过普通的测试也不过才5小时，两相对比，我们可以毫不自夸地说，我们等于是实现了双倍的性能提升。

好吧，这款MacBook Air详细的配置是怎么样呢？我们来看看内部剖面图加以加深印象：闪存固态硬盘（我们没把它设计在特别的固态存储盒里，而是像iPad、iPod和iPhone那样设置在主板上），802.11n的Wi-Fi无线连接，酷睿2双核处理器，GeForce 320m独立显卡，内存，立体声喇叭，电池！你看，这里占体积最大的就是电池，我们持久续航能力的保证。如果拿掉电池，你会发现这款MacBook Air的主板竟是如此之小！各种元件完美的整合在这块小巧却高效能的电路板上，这是与iPad、iPod和iPhone一脉相承的技术结晶，这是我们对于简约集成理念的完美演绎。够让人兴奋了吧？

然而，这款13.3英寸屏幕的MacBook Air并不是一切，因为接下来我会展示它的兄弟，也就是11.6英寸的MacBook Air。它更纤巧、更轻薄，总重量仅仅2.3磅，同样是一款令人惊奇的产品。它使用的是11.6英寸LED背光屏，分辨率高达1366x768，除此之外它的配置与同门兄长一样：Intel酷睿2双核处理器，NVIDIA GeForce 320m独立显卡，全尺寸键盘（尽管它机身尺寸更小），多点触控的触摸板和用于

Facetime的网络摄像头，等等。电池寿命方面，经历我们同样严苛的测试，无线上网的续航时间可达5小时，而且它能达到同样长的30天待机时间!

像上面这么棒的产品，我们打算标出什么样的价格呢？我们在这方面具有强大的信心和伟大的雄心，我们认为，这两款产品是划时代的，它们代表着今后的笔记本发展趋势。在可预见的未来，迟早有一天所有的笔记本都会仿效我们的产品思路。这两款可以说是引领潮流的高端产品，我们的价格却很有吸引力：

最基本的11.6英寸版MacBook Air，处理器主频1.4GHz，64GB硬盘版，只需要999美元；

11.6英寸版MacBook Air，处理器主频1.4GHz，128GB硬盘版，需要1199美元；

稍高端的13.3英寸版MacBook Air，处理器主频提升到1.86GHz，128GB硬盘版，需要1299美元；

如果需要更大的存储空间，你可以选用这款13.3英寸版MacBook Air，处理器主频同样是1.86GHz，256GB硬盘版，它需要1599美元。

以上的各型号都含有2GB内存和NVIDIA GeForce 320m独立显卡。从999美元到1599美元，我们为你呈献了多种产品选择，但所有产品都具有相同的特点：美观时尚，功能强大。

当然了，与我们苹果其他的产品一样，新款MacBook Air同样符合严格的环保标准，我们使用的全都是无毒无铅、绿色环保且可循环的材料，完全符合EPEAD金牌标准。多么令人心动的产品，而我怀着激动的心情在这里宣布：这两款新产品，将于今天正式开始发售！（全场掌声）

好吧，为了推广这两款新的MacBook Air，我们特别制作了一款广告！请看大屏幕。

（背景开始播放MacBook Air广告）

同时，我们也制作了一个视频短片，在其中对我们之前介绍的MacBook Air特性加以总结性展示。让我们来给大家看看这个视频吧！通过它你可以加深对我们新款MacBook Air的了解。

（背景开始播放MacBook Air的产品宣传VCR，结束后获得全场掌声。然后乔布斯重回展台）

我们为这两款产品感到由衷的骄傲！展厅另一侧，在我们的体验大厅，我希望稍后大家能去那里初步熟悉我们这些新产品，自由体验它们带给你的视觉享受和操作快感。拥有它们，使用它们，简直是一种身心的愉悦。希望我们的用户能够满意。

这个上午，我们介绍了这么多信息，非常感谢大家到场关注我们的产品发布会。接下来请大家多多体验我们的新产品，多多交流经验。发布会到此结束。 再次感谢，愿Mac与你同在！

这只是一个开始

——WWDC2008的主题演讲

谢谢大家！非常感谢！

很高兴今天早晨来到这里，我们一直在辛勤工作，希望创造出伟大的产品，现在我迫不及待想要和你们分享。感谢大家来到2008苹果电脑全球研发者大会。今天我们创造了5200名现场来宾的记录，其实我们期待更多人的到来，但是票已经卖光了。对那些希望来到这里却没有机会的人我感到非常抱歉，但是我们实在找不到更大的场地了。

这将是非常精彩的一周，我们将举办147场会议，其中有85场介绍Mac电脑，62场介绍iPhone手机，所以日程非常紧密。届时将会有169个动手实验室以及1000多位苹果工程师来到现场。我们也将举办研讨iFund基金以及英特尔的会议（周五举行），总而言之，苹果公司为各位来宾准备了丰富多彩的内容。

我想这将是有史以来最精彩的一届苹果电脑全球研发者大会。首先我想讲的是，众所周知，现在苹果公司的产品有三大部分，第一部分是Mac电脑，第二部分是音乐业务和iPod以及iTunes音乐播放器，第三部分是iPhone手机。今天上午的时间我将谈一谈iPhone手机，以及与之相关的事情。我请到了iPhone软件高级副总裁Scott Forstall先生，以及负责产品营销的高级副总裁Phil Schiller来和我一起探讨。午餐之后，我们的OS X操作系统高级副总裁Bertrand Serlet将为大家介绍最新版OS X操作系统“雪豹”的一点情况。

现在让我们继续，让我们继续来谈谈iPhone。我要从我们最新的软件iPhone2.0操作平台讲起，比起iPhone1.0，iPhone2.0往前迈了一大步，当然其中包含了软件开发工具包。我们于95天之前，从3月6日开始研发项目。很欣慰，在这95天当中，有25万多人次下载免费的SDK软件开发套件。人们可以在他们的Mac电脑上构建运营。有2.5万多人申请参加付费的测试项目，在这个项目中用户可以下载增强设置，并在iPhone手机上进行调试。只是我们不可能让所有人都参加，所以我们准许4000人参与此项目。通过此项目我们得到了大量的反馈，在此我想感谢大家为我们做出的反馈。

谈到iPhone2.0软件，它有三个部分组成，企业支持，SDK以及一些新的特性。首先是企业支持，你们知道，我们从很多用户那里了解到他们非常希望iPhone手机能兼容Microsoft Exchange。在iPhone2.0软件中，我们突破了过去的束缚，我们做到了。新的iPhone软件有了Push email，Push contacts，Push calendar，自动搜索，全球地址查找（你可以找到全球任何人的地址），以及远程信息清除（如果你丢失了手机，你手机上的信息都可以远程清除）等功能。另外，我们还同思科合作，在iPhone2.0中建立了安全的虚拟个人网络以及其他企业需要的一切网络安全。事实上，一切企业需要的功能，iPhone2.0都具备了。

我刚刚讲过，我们正在进行一个非常艰难的项目。很多企业都参与到了这个颇有难度的项目中，事实上，35%的世界500强企业都参与到了这个项目中，其他企业如5大商业银行，5大安全公司，以及7家最大航空公司中的6家，10家最顶尖的制药公司中的8家，10家顶尖娱乐公司中的8家都加入了这个项目。所以情况并不太糟。我们已经得到了大量的反馈。

除了这些全球500强公司，我们还有来自高等教育界的一些重量级参与者。有很多世界顶尖的大学参与了这个颇具挑战性的项目，因为他们，我们得到了难以置信的反馈信息。

我们制作了一些企业用户的视频，现在我想播放给你们看。请打开视频。

“为了对迪士尼IT环境获得一个大致的了解，我们联络了世界各地包含1500种商业应用程序的5万部台式电脑和笔记本。”

——Randy Brooks

迪士尼公司IT战略及构建部高级副总裁

“Sonnenschein Nath & Rosenthal公司是一个有101年历史的律师事务所，在欧洲14个国家我们都有办事处。”

——Sonnenschein Nath & Rosenthal

律师事务所首席信息官 Andrew D. Jurczyk

“我们有500万份可搜索文档，其中3.5万份在局域网，还有大量的文档在数据中心。”

——Todd Pierce

Genentech集团信息技术公司副总裁

“其实在科技应用方面部队和大公司没有什么不同，但当我们使用手机时，我们就很有可能被敌人发现并杀死。”

——Colonel.C.J.Wallington

美军高科技指导员，陆军中尉

“当苹果公司宣布iPhone2.0开始测试时，我们公司的很多人马上联系我，迫不及待地问我能有一台吗？”

——Andrew D. Jurczyk

Sonnenschein Nath & Rosenthal律师事务所首席信息官

“在过去的几个月里我们一直在辛苦地测试刚发布的新版本，新软件大功告成了。”

——Randy Brooks

迪士尼公司IT战略及构建部高级副总裁

“我们快速简单地把2.0融入了我们的网络，第一周我们就部署了7项应用程序，现在我们有2000多名员工在为iPhone的事业而努力。”

——Todd Pierce

Genentech集团信息技术公司副总裁

“苹果公司认为当你进入一个大公司时，你不可能仅仅依赖于现有的环境。iPhone2.0和微软如此完美的融合，我现在也可以用iPhone发送push Email，push Calendar。”

——Randy Brooks

迪士尼公司IT战略及构建部高级副总裁

“Push技术的美好之处在于它非常透明，我不需要有任何疑虑。iPhone是一个可以让我随心所欲的看word文档、Excel文档和PPT文件的装置。”

——Andrew D. Jurczyk

Sonnenschein Nath & Rosenthal律师事务所首席信息官

“我的通讯录里有200多万用户，这可能是世界上最大的通讯录。我能在任何地方找到我想要寻找的人，iPhone创造了一个美妙的地球村。”

——Colonel.C.J.Wallington

美军高科技指导员，陆军中尉

“目前我们可以用iPhone连接整个环境，查看600多万分的文档，获得商业发展信息，查看公司内部的合同，所有这一切，都可以通过iPhone手机远程做到。”

——Andrew D. Jurczyk

Sonnenschein Nath & Rosenthal律师事务所首席信息官

“我们也可以通过已经被嵌入2.0的VPN来安全地进入公司内部的网络，从安全角度来说，这种嵌入是非常必要的。”

——Randy Brooks

迪士尼公司IT战略及构建部高级副总裁

“Genentech公司致力于保护用户的信息，新版的iPhone提供了WPA和VPN以及所有我们需要的工具，确实保障了用户的安全。”

——Todd Pierce

Genentech集团信息技术公司副总裁

“我们公司的安全部门和苹果公司的安全服务部门，以及FBI的国土安全组有密切合作，”所以保障客户的安全及保护他们的隐私不受侵犯对我们来说是极其重要的。”

——Andrew D. Jurczyk

Sonnenschein Nath & Rosenthal律师事务所首席信息官

“远程清除是一个伟大的创举，我需要确定我可以保障我手机的信息安全，我可以把它锁起来，或者当我丢失手机的时候，我可以删除毁掉我手机上的全部信息。这事关我们士兵的生命安全。”

——Colonel.C.J.Wallington

美军高科技指导员，陆军中尉

“新版软件将改变游戏规则。”

——Andrew D. Jurczyk

Sonnenschein Nath & Rosenthal律师事务所首席信息官

“在企业里提升iPhone的作用最关键的就是使用2.0。”

——Todd Pierce

Genentech集团信息技术公司副总裁

“我们相信iPhone是企业课堂中的移动计算平台，人们现在可以把笔记本中的东西打包存进智能手机。”

——Randy Brooks

迪士尼公司IT战略及构建部高级副总裁

我想刚刚的视频一定让你们了解了iPhone在企业中发挥着什么样的作用，以及iPhone2.0的新功能，下面将为大家介绍SDK，SDK可以为我们带来什么，以及为大家展示一些令人兴奋的玩意儿。下面有请Scott Forstall先生。

Scott：借助SDK和iPhone2.0，我们正在开放API和其他工具的使用，在内部借助这些工具建立使iPhone部分成型的应用程序。这意味着，在场的人，你也可以和我们一样，作为研发者，为iPhone设计应用程序。首先让我们谈谈API，iPhone内的API及其框架和之前的Mac iOS X系统有很多相似之处，从Core OS金字塔层次开始讲起，我们实际上在iPhone中使用了完全相同的OS系统内核，这构成了Mac iOS X系统的基础。看一下这个API金字塔层次，你就会发现iPhone与Core OS金字塔的每一层都有相同的源代码，而这源代码正是我们在Mac iOS X中所使用的。我们也可以看到一个全面的Core Services金字塔，从完整的数据库API到当下流行的特性Core Location，应有尽有。拥有这一切我们就可以为用户轻松地建立基于定位的服务。我们也有一个丰富的媒体层次，从3D移动视频到硬件加速的屏幕，无所不能。我们可以在iPhone手机上领略到真正的3D图像。除此之外，我们也开发出了先进的Cocoa Touch API。Cocoa Touch是用户界面、目标驱动的框架，这使得开发应用程序格外轻松。综上所述，我们有一系列很棒的API。首先我们有一系列好用的工具，先说Xcode，Xcode是开发者用来写代码并完善和修改代码的工具。我们也有界面编辑器，它可以让设计者很轻松地编辑出需要的界面，然后根据代码进行修改。我们还有iPhone模拟器，它可以让开发者在Mac电脑上运行以及调试应用程序，除此之外，我们还有Tethered Debugging，它可以让用户直接在iPhone上调试程序。最后一样工具是instruments，这是为表演者而设置的工具，它可以使得表演者衡量并优化自己的应用程序来达到最佳表演效果。

下面我将为大家带来一段演奏。不过我没时间把所有乐器都试一遍。所以我想集中为大家讲述用户如何在界面编辑器中调整并使用界面。我们从Xcode开始，我想创造一个新的项目，一个基本的Cocoa Touch应用程序，我想为它取名为“附近的朋友”。现在我们已经用

Xcode建好了一个项目，我的应用程序会使用内嵌的API以此来取得手机的背景数据库，还会使用内嵌的Core Location API，这样我就能享有Core Location Service。在这个例子中，我将为大家展示当前定位下的所有联系人以及10英里之内的联系人。但我真正想为大家展示的是如何构建界面，所以我要把控制连接器拖进来，这个连接器已经写好了，大约有300行代码。现在让我们继续构建用户界面。现在你看到的是一个界面编辑器，看起来像是视窗中间的一块帆布。左边一栏是Cocoa Touch控制集，接下来我往界面编辑器里拖入了一个搜索条，你可以看到这个搜索条自动调整了大小以更好的适应界面。在界面中间我往底部拖出了一个工具条，这个过程经常要使用一样东西，但我现在并不想用那样东西。我想用的是分割控制器，这个控制器可以用来在所有的连接中转换。我们知道这个控制器的外观和界面的背景以及工具条有所不同，所以我们给它设计了适合的外观。左边适用于我的全部联系人，右边适用于我附近的联系人。下面我想把它置于工具条的中间，这很容易，因为界面编辑器有很好的层次控制。我设置好了，现在就算是工具条的大小改变了，分割控制器仍然处在其中间位置。你也许会问，什么时候iPhone工具条的大小会改变呢，答案是，你横过来看手机的时候。这一点你可以用界面编辑器进行测试。我还需要一个控制器来展示我所有的联系人。所以我又拖入了一个标准目录控制器，把它放在这儿，好了。

正如大家所看到的，我们可以在iPhone模拟器中模拟制作用户界面的过程。这里有一个目录，所有的一切都符合用户的习惯。我们可以直接点击联系人的名字，我们也可以点击搜索器，马上就会有一个键盘弹出来。下面我们要用代码把这些连接起来。我们退出模拟器，回到界面编辑器。界面编辑器很了不起的一个地方在于，它了解你所有Xcode中的代码和，所以随着鼠标的移动，我可以告诉它这是附近的朋友控制器，那是工具条，而这是显示联系人的目录。好了我们做完了，我们已经编辑好了界面，我们已经把它和代码连接起来，现在只需要在Xcode中点击一下，就能运行整个程序了。

这儿有我所有的联系人，我只需要在搜索器那儿一点，屏幕上就会显示出键盘，如果我想搜索具体的联系人，比如说比尔，那么键入键盘，就能看到比尔的联系人信息。所以在Mac上写程序并在模拟器中进行调试是如此便捷的一件事。现在让我们继续。

我在这儿插了一个iPhone，现在我想在iPhone上进行这个过程，这只需要改变一个部分。我只需要在这里轻轻点击一下，电脑会对程序进行重新整理和调试，在这个过程之后，我就可以自如地在iPhone上运行通讯录了。我可以像在Mac上一样搜索我需要的联系人，我也可以利用Core Location Service查找附近的联系人。当然我也可以旋转屏幕，屏幕上的一切以及工具条都会随之旋转，但由于底部的控制，分割控制器仍然在中间。再一次总结，为iPhone制作应用程序实在是非常简易。

我们有一系列非常棒的API和工具，它们已经被很多研发者使用了数月，所以我们询问他们对于SDK的想法如何，答案肯定得让人难以想象，这里我将为大家展示一些他们的评论。

“在研发过其他成百上千的手机装置之后，为iPhone研发简直是小菜一碟，硬件稳定并且功能齐全，软件直觉敏锐，呈现出一种手机界罕见的优良性能。”

——迪士尼公司，手机研发工程师 Jonathan Backer

“我曾为塞班系统、微软手机和黑莓手机编写复杂的代码，但是在iPhone面前，他们都是浮云，让我不禁思索，谁规定了研发手机一定是很艰难的过程呢？”

——InfoWorld Tom Yager

“我们都很喜欢Xcode研发环境，它让我们之前为黑莓公司研发过的任何东西都黯然失色了。”

——福克斯互动传媒，手机产品研发主管 Elias Slater

“你们现在正在见证第三代主机平台的诞生，Windows，Mac OS X，iPhone。”

——纽约时报 David Pogue

我们对此表示认同。我们有一个很棒的平台，人们可以在这个平台上创造难以置信的应用程序。有成千上万的人正在创造他们的程序，我们已经看过其中一些，真的很棒。今天我们有幸请到了其中的一些开发者，来为你们展示他们的创造。

首先有请的是3月份和我们一起启动测试的开发者，3月份Sega让我们震惊了。他们两个月之内就完善了数据，并且带来了第一版Super Monkey Ball游戏。从那之后的几个月里，他们做了很多非常棒的事情，他们修正了游戏，并且为其打入市场做准备。要了解他们在SDK方面的经验，我要为大家请上Ethan Einhorn，他是Sega游戏开发者。

Ethan：回想一下去年3月份第一次在iPhone上为各位展示Super Monkey Ball的场景吧，我们的研发团队仅在两周内就在零的基础上开发出了4个关卡，8周之后，他们研发出了110关，这是很了不起的。他们也设计出了4只很经典的猴子的形象，AiAi，MeeMee，baby， gaga。今天我们游戏的主角就是baby，有5种不同的游戏场景可供选择，上次我们为你们展示了第一种环境，猴子岛，这次我们将为你们展示最后一种环境，Space Case。我之所以要展示这个是因为我想让大家看到iPhone的方向控制可以让你应对游戏中的任何挑战。你们可以看得出来，这一关是有难度的。要通过这一关需要加速、减速以调整位置，iPhone的旋转视图可以让我们顺利通关，所以对于游戏制作者来说，最好的事情莫过于让人们在掌中尽情体验精彩有趣的游戏。Apple为Sega提供了一个绝好的机会，因为人们现在也可以像购买音乐和电影一样购买游戏产品，并将其随身携带。我们制作出了Super Monkey Ball，也迫不及待的想要看看其他进入市场的游戏。这款游戏将以9.99美元的价格在Apple店内发售。

Scott：我很多同事都非常喜欢玩这款游戏。下面要为大家带来展示的是eBay，eBay是全球最大的在线交易网站，拥有8400万活跃用户。要了解他们为iPhone构建app的过程，我将为大家请上Ken Sun，他是eBay集团产品经理。

Ken Sun：我们将为大家展示eBay在iPhone手机里的应用。iPhone正迅速成为eBay的第一大移动交易平台。尽管eBay一直有很大的交易量，我们还是尽可能的希望为顾客提供最好的移动交易设备。5个星期以前，我们开始研发iPhone app，iPhone提供的简单易操作的开发平台让我们迅速植入了eBay网页服务。你们现在看到的是eBay的主页，用户可以很容易的进行搜索。不管是卖家还是买家，你都可以清楚地了解你有没有竞拍成功。以现在美国当红的Wiifit产品举例，在搜索栏中键入Wiifit，就可以搜索出一长串产品目录，你可以选择感兴趣的进行查看，得到更多关于产品的细节。你可以查看其他人的竞价，如果想买得所需产品，只要出更高的价格。接下来我们可以看一下位于墨西哥的价值1250万美元的高尔夫球课程，看看它到底值不值那么多钱，点击该产品可以看到更多图片，看起来相当不错。我很高兴地告诉大家eBay app是完全免费的。

Scott：下面将要为大家展示的是Loopt，当我们为iPhone SDK加入了Core Location功能时，我们迫切地想知道它到底能有怎样的定位服务，当你把定位和社交网络结合在一起时，你会得到非常别出心裁的东西，下面为大家请上Sam。Sam Altman是Loopt公司的CEO。

Sam：很兴奋能在iPhone上使用Loopt，Loopt旨在把人们联系在一起，这也是为什么人们要使用手机。我们可以让用户了解其他人在什么地方，在干什么，以及周围有哪些好玩的地方。大家可以看到，橙色的点代表我所在的地方，蓝色的点代表我的朋友所在的地方。想象一下，有的时候当你在饭店吃饭时，可能离你的朋友只有几条街，或者你在机场候机的时候，不远处就有你的老同学，而你对此却浑然不知。

这是我们目前最好版本的Loopt，也是一个绝佳的展示Loopt功能的机会。我们几乎和每家手机厂商都有合作，但和iPhone合作推出的app是功能最强大的。我的助手James现在正为大家展示一份地图，在这张图上我们可以看到南边有几个朋友，还有朋友正在开车，我们可以看到一个朋友离得非常近，让我们点击一下。她离我们只有几条街，我们可以知道她正在做什么。现在让我们回到这个咖啡馆，看一下这个咖啡馆的大图，环境很不错。我还没有吃午饭，待会我就可以联系她要不要一起吃午饭。SDK不仅提供联系人定位也可以让人们了解好玩的地方。在美国其他的移动通讯设备上也可以使用Loopt。我们是世界上最大的社交网络提供商。很开心地告诉大家loopt在iPhone上也是免费的。我有理由相信，iPhone正在引领一个新时代的到来，我们很荣幸能成为这个时代的一部分，谢谢。

Scott：下面将为大家带来展示的是TypePad，TypePad是一个非常棒的移动博客应用程序，现在也已植入iPhone，要了解他们关于SDK的经历，我们将请上Micheal Sippy，Micheal Sippy是TypePad产品部高级副总裁。

Micheal：TypePad是世界上最大的专业博客服务商，每个月有100多万人次访问TypePad网站的博客，图片博客是我们网站的一大特点。下面我将为大家介绍iPhone内的TypePad。

现在你们看到的是这个程序的主页，我可以非常容易的发表博文，点击create a post我就能通过Post编辑器创建一个文本Post。或者我可以拍张照片，记录下美好的时刻，然后上传到我的博客中，这利用了iPhone SDK中的camera API。但我现在想把我昨天拍的照片传上去，只需点击add a photo，你可以看到photo albums，点进去就能看到想要上传的照片。我可以调整照片的大小使之与博客相适应，再点一下确定，照片就显示在了Post编辑器中。我们可以为照片选择题目，增加照片的描述，选择分类，点击“发布”，iPhone就把我的照片发布到TypePad中了。通过这个程序我们还可以查看我们刚刚发布的照片，操作非常简便。iPhone SDK让人感到十分的兴奋，而且很高兴的通知大家，这个程序是免费的，你可以在Apple店中获得。感谢大家。

Scott：下面将要为我们带来展示的是美联社。美联社是一个5000多家媒体联合形成的组织，他们每天为世界上一半多的人口带去新闻。之前他们已经有比较成熟的iPhone网页程序了，但他们精益求精开发出了植入式的iPhone app，这让他们可以最大限度地利用iPhone SDK的独特性能。了解他们的经历，我要请上Benjamin Mosse，他是AP移动产品部的主管。

Benjamin：iPhone对于AP来说有非常重要的意义，它的网络把从成千上万的通讯社来的消息整合起来。我们用SDK有一段时间了，现在我将为大家展示我们所创造的。我们把它称为移动新闻网。从各地可靠消息源头获得的新闻非常重要，现在借助iPhone的定位功能，我们可以知道这新闻来自哪里。我会把我收到的消息自动定位。所有的新闻都会被自动接收存储，并实时更新，所以即使有时我上不去网，比如在地铁里的时候，我还是可以收到最新的新闻。除了本地新闻，你还可以浏览关于体育、商业、科技以及娱乐方面的新闻。下面我将为你们展示来自世界知名摄影家拍摄的图片，是不是很令人吃惊？你也可以在iPhone上看视频。

你不仅可以和朋友分享第一时间获得的新闻，我们也鼓励你报道身边的新鲜事。所以如果你有一台照相机或者有写好的新闻稿件，你可以马上用iPhone把它发给我们。我们都爱iPhone。以Mac OS X为基础的SDK非常易于程序的开发。更让我印象深刻的是我的队友们只用了几周就开发出了AP app。很感谢Apple给我这个机会来到这儿，我想告诉大家的是这个app是免费的，所有新闻的下载也都是免费的。我们的团队正和Apple一起，为大家创造更好的新闻体验。谢谢大家。

Scott：下面即将为大家带来展示的是Pangea Software，这是Mac电脑游戏长期的开发商。他们为这次测试设计出了两款游戏，下面我们将请上Brian Greenstone他是该公司的总裁。

Brian Greenstone：下面我将为大家展示我们设计出的两款游戏，这两款游戏都比老版好玩得多。首先第一款游戏是基于物理原理的解密游戏。这个游戏基本的内容就是让水流落到容器中，全部通过触摸来控制游戏。我们可以自如地拖动容器，也可以让水流旋转，落入容器中。你需要获得一定的分数来进入下一关，游戏一共有15关，有一定难度。我想为大家介绍第二关比较有意思的部分，你们现在看到的画面需要高密度的CPU，事实上为了做出这样的画面我们进行了成百上千次的试验，iPhone有性能非常好的CPU，这一版的游戏比上一版做了很多改进。

下面我要位大家介绍第二个游戏，这是一个有3D视觉效果的洞穴人赛车游戏，在这个游戏中有9种不同的场景可供选择，我比较喜欢冰川场景，有11种赛车可供选择，你也可以选择游戏角色。在iPhone平台上开发这款游戏非常简单，只用了3天时间游戏就基本成型了。这款游戏最棒的地方在于iPhone本身可以作为游戏手柄。所有人第一次玩这个游戏的时候都会乐不可支，因为这对于他们来说是一种全新的游戏体验。游戏装置本身就是控制器，借助SDK以及API和那些非常好用的开发工具，我们只用了5~10分钟的时间就搞定了游戏中驾驶的部分。这款游戏可以在Apple店中以9.99美元的价格买到。

Scott：下面将要为大家展示的是Cow Music。他们让我了解即使是独奏音乐者也能这么快就开发出这么好的app。这位开发者实际上受雇于一家英国保险公司，但他开发出的app却跟保险没什么关系。下面让我们请上Mark Terry，Cow Music的首席执行官。

Mark：我是用业余时间开发出这款iPhone app的，iPhone现在非常流行，并且借助于其简便易操作的平台，开发app变得非常简单。即使对音乐一无所知的人也可以利用iPhone中丰富的乐器工具开发自己的app。我制作的这个app中有钢琴、架子鼓、吉他等乐器的声音，你还可以弹奏调音乐。你可以和朋友一起分享音乐体验，说不定有一天你可以用iPhone组一个乐队。这个app很快就能在Apple店内见到了。谢谢大家。

Scott：下面将为大家展示的是MLB.COM，很多垒球爱好者一定会喜欢这个app。众所周知，MLB是官方的世界顶级垒球队网站，他们为iPhone开发出了非常棒的app。下面我们请上Jeremy Schoenherr。

Jeremy：下面我要为大家介绍我们专门为iPhone开发的全新app。借助这个app你可以看到今天所有的比赛信息，你只要触碰感兴趣的部分就能看到更多信息和细节，这些信息是实时更新的。我想为大家介绍的第二点是iPhone的比赛播放器，通过这个播放器你可以看到实时的比赛。借助3种工具和一个平台，我们开发出了这个独一无二的播放器，这是你在其他任何地方都看不到的。很快你们可以在Apple店里看到这个app。谢谢大家。

Scott：下面将为大家带来展示的是Modality。在2.0测试启动之后，很多医疗机构都想和iPhone合作。调查显示我们之前开发的应用程序已经成为内科医生必备的app，未来15个月内会买手机的医生1/3都表示他们会购买iPhone。下面将为大家展示两个app，第一个来自Modality，旨在培养更多的内科医生，有请S.Mark.Williams。

Mark：现在我将和大家分享这个学习app，过去医学生大多依赖于卡片和分析仪器来学习记忆人体各个部分的名称，但现在情况不一样了。借助iPhone SDK开发出的这个app不仅更易于携带而且功能十分强大，它收录了人体所有器官的图片和详细构造，只需要动动手指就能找到你所需要的。并且我们提供了反馈的功能，用户如果发现信息有错误，可以及时反馈给我们，便于我们完善。这为课外有效学习提供了崭新而独特的机会。有一天我教授关于大脑的课程时一个学生跑来跟我说，他今天早晨等咖啡的时候背了5张图。iPhone SDK为学习者提供了可移动的Modality。它是如此的易操作以至于我们构建业务框架变得如此简单，也催生了无数的app。我很高兴地告诉大家在iPhone 2.0正式上市时我们将在Apple店内提供12种app。谢谢大家。

Scott：下面将要为我们进行展示的是Mimvista。这是一家在创新性医学软件领域的先进研发者。他们的app将让你了解医学app原来可以这么的不可思议。让我们有请Mark Cain，他是这一公司的首席技术官。

Mark：医学成像需要很多数据和交互行为。在医学软件的研发中，界面是至关重要的。就我们现在接触的顾客来看，在医院、加油站以及高尔夫球场都很容易接触到射线。只需要在iPhone屏幕上移动手指，就会看到人体图在不同射线不同温度下发生的变化。你可以从各个角度观察到人体的数据。不久之前我们意识到了iPhone的巨大潜力，一周之后，我们有了一个原型、产品定位，三周之内我们就做出了这个app。我的助手说SDK让他的想法得以无障碍的成型。单击、双击以及两个手指一起滑动得到的效果是不一样的。让我们来看看衡量工具，你可以用手指划线，如果你摇晃手机，你划的线也会动。下面我要介绍的是mid movie，这是一个用来查看图像的、绝好的3D重构，图像的颜色可以改变。想象一下一个医生和他的病人iPhone对

iPhone的坐在一起，或在学院里重新拟定治疗计划，iPhone为医学软件公司提供了新的方向。我们用一种简单的方式制造出了呈现复杂图像的app，让它们尽在医生的掌握中。今天我为大家展示的只是这个app的表面，想要了解更多深层次的东西，去苹果公司吧。谢谢大家。

Scott：最后为我们展示他们app的是Digital Legends Entertainment，我上周才了解到他们的app，这个公司总部在西班牙巴塞罗那。事实上他们开发app的过程始于两周前，他们开发出了一款游戏，这款仅用两周时间打造的游戏却会让你觉得你不是在手机上玩游戏，而是在竞技场中。下面让我们有请Xavier Carrillo Costa，这一公司的首席执行官。

Xavier：我们在游戏界并不是什么很有名的公司，但我们非常乐于和iPhone合作。iPhone本身游戏性能非常好，而且提供了简单明了的开发平台。我们设计的游戏是一款幻想型冒险游戏，制作这款游戏只花了四天，我们用剩下的时间使之适应iPhone的独特性能。这款游戏中的角色可以做奔跑、跳跃等很多动作，游戏中有四个3D角色。这款游戏现在还在生产当中，预计今年9月就可以在Apple店内和大家见面了。

Scott：从刚才各位的展示中我们可以看出我们的SDK确实很棒，其实开发iPhone 2.0平台最有意思的地方就在于可以欣赏到其他研发者的奇思妙想。让我们给这些研发者一些掌声吧，感谢他们的付出！

很多研发者热爱SDK，然而现在的SDK中却缺少一项十分必要的功能，只有少数研发者才需要的功能。这项功能实质上就是在用户不想再运行app时提醒他们退出。以eBay为例，他们想提醒用户有人比他们出价更高。我们想解决这个问题，但是该怎么解决？很多公司采取了错误的解决方式，就是采用后台运行，这意味着程序会继续运行，即使用户觉得他们已经退出了。后台运行错在几个方面：一是电池寿命的损伤。即使后台运行，程序依然会耗费电量。第二个原因在于影响手机的正常运行。当你在运行app时，你当然希望它表现良好，但后台运行却会拖慢CPU的运行速度。很多其他的平台都意识到了这的确是一个问题，其中一个平台想出了这样的解决方式，任务经理。这更像是在比赛，让用户发现是什么程序在拖累CPU，然后把它关掉。我们想出了更好的方法。我们将为所有用户提供Push Notification Service。它如何工作呢？比如你正在运行一个即时通讯app，在运行时，它被连接到服务器，你可以发送任何信息。但当用户退出这个app时，这个app就再也连不到服务器了。我们会为手机配置一个静态IP，所以第三方服务器可以通过我们的服务为用户做提醒。企业可以设置三种提醒，企业可以设置app里有多少需要用户了解的信息，企业也可以设置提醒的声音，企业也可以发送文本提醒。研发者可以在app上设置按钮。

Push Notification Service是一种针对所有研发者的联合提醒设置服务，它可以保护电池电量，再也没有后台运行的程序无谓的耗费电量了。它可以使你的手机表现良好，免于后台运行的程序干扰CPU。最后这项提醒服务是通过无线网络发送的。9月份这项服务将正式问世，但下月各位研发者将先睹为快。这将是SDK的新篇章。

乔布斯：太棒了。除了企业支持和SDK，我们还有几个iPhone的新特征要为各位介绍。首先是查找联系人，你只需在屏幕顶端键入几个字母，就能马上找到你想找的人。其二是我们刚刚在iPhone中新加入的iWork功能，以后你就可以在iPhone上阅读公司文档、文件、报表以及基本的图形。我们还完善了iPhone微软办公软件，现在你可以在手机上使用Word，Excel和PPT了，你可以把文档下载下来，随时阅览。

我们也添加了Bulk Delete& Move，你可以一次性删除多个软件，非常方便。你还可以用Save images来保存电子邮件中的图片。我们了解到一些用户需要科学计算器，只要把手机屏幕横过来，简易计算器就变成了科学计算器。我们还开发出了Parental Control，虽然很多青少年可能不喜欢这种软件，但这是十分有必要的。除此之外，我们为iPhone加入了多种语言，特别值得一提的是亚洲语言，我们设置了两种日语以及简体和繁体两种中文，新的iPhone支持用户在屏幕上手写中文。用户可以在多种语言间自如转换，真的非常棒。

以上都是iPhone2.0的新性能，这些新特征以及企业支持，SDK一定会让iPhone2.0非同凡响，更上一层楼。iPhone2.0软件将于6月份开始面世，所有iPhone用户都可以免费获得，iPod touch用户只需9.99美元就可以获得，非常令人兴奋。

我想介绍其他一个相关的方面就是用户如何获得app，所有用户可以无限下载并支持自动更新。对于研发者来说，他们可以自由定价并获得70%的盈利，苹果公司不会再收取任何其他的费用。

现在苹果专卖店已经开到了26个国家，我们计划明年开到62个国家。如果你的app不到10M大小，你可以通过cellular，Wi-Fi，iTunes进行下载，如果大于10M，则需要通过Wi-Fi或iTunes进行下载。

我们接到了一些反馈，很多企业家并不喜欢我们处理app的方式，他们更喜欢自己去处理。我们因此拓展了传递app的方式，在企业内部，企业家可以管理所有的iPhone，并且制作只能在雇员手机上运行的app，这些app只能通过局域网传递，用户可以通过iTunes进行下载。

除此之外，还有第三种方式，那就是Ad-Hoc，如果你是一个大学教授，教一门叫做“如何写作iPhone地图”的课程，你希望你和你的学生可以进行实时的信息传递，现在你可以做到了，这不是天方夜谭。有了Ad-Hoc，我们发展了一个研发者传播项目，最多可以注册100个iPhone用户，从此你们就可以自如地传递app了。所以针对团体用户我们有两种额外的方法来联系苹果店。这是一个传奇。

下面让我们有请苹果公司世界市场部高级副总裁Phil Schiller来为我们介绍一项新的服务，MobileMe。

Phil：MobileMe是一项全新的服务，什么是MobileMe？简单说来，就是我们与其他人之间的交流。并不是所有人都在大公司工作，也并不是所有人都有交流经验，但我们都渴望有交流的能力，现在你有机会了。有了MobileMe，我们可以同步E-mail、联系人和日历数据等。不管你在哪，这一切都可以实时更新。MobileMe将数据存储在云端，只要有相关的设备比如Mac和iPhone，不管在哪里都能实现数据的同步。如果一端信息更新，那么另一端的信息也会相应的更新。简单说来，如果你的电脑在旅行期间收到了新的E-mail，那么你其他所有的通讯设备比如iPhone也会收到新的E-mail，反之亦然。MobileMe最好的地方就在于它是在空中通过无线网络进行的，并且同步更新。当然Mac电脑和PC也同样适用，MobileMe适用于Mail iCal，Address Book，他们都和MobileMe紧密地结合在一起。

PC用户也可以使用MobileMe，用户可以在Outlook中保存邮件和联系人。我们该对此作何期待？我们可以期待的是，MobileMe对电脑自带的app同样适用。全新的Web2.0体验会令人们惊喜。这是如何工作的呢？很简单，在任何的电脑，PC，Mac上打开浏览器，输入me.com，就可以了。这是为这个app设计的新网页，用户只要登录进去，就能获得丰富的E-mail体验。在页面顶端有app工具，用户可以在这些工具之间自由转换。在邮箱方面，联系人信息储存在云端，可供用户随时调用。除此之外，用户还可以体验到基于网页的画廊技术，任何MobileMe用户都可以连接到“画廊”。用户也可以连接到邮件、联系人以及照片。

比如我想和朋友分享照片，通过iPhone MobileMe服务发送出去，那么朋友们都可以通过网页界面看到我的照片。

近来十分流行的iDisk也是基于网页界面。用户可以将自己最爱的文档或最重要的联系人存入iDisk，便可以与他人分享。Web2.0界面是一个重大的突破。下面我将为大家做更具体的展示。

在这台Mac电脑上，我打开Safari浏览器，登录进去。在2.0下所有的信箱都设置好了，环境非常流畅，用户可以非常方便的阅读E-mail，并选择一些存档。需要存档的话只需要将邮件拖动到左边相应的文件夹中，非常方便。有时我会收到一些朋友的邀请，让我出席一些重大活动，我要做出回复，只需点击一下邮件题目，就会弹出回复窗口，很容易。再看看联系人，可以通过搜索条搜索联系人，或者键入地址，马上就会弹出内嵌的谷歌地图，很简单，但功能强大。下面让我们看一下日历，日历的环境同样内容丰富，我们可以按天查看，也可以按月查看，我们可以在相应的日期下做个人安排，并对这些安排做出调整。除此之外，画廊的操作也很简单，我们可以浏览照片，随意调整照片的大小，旋转图片的方向。然后，有了iDisk，用户再也不需要远程发送超大容量的邮件，只需要将文件放入iDisk，就可与他人共享了。

如果想退出MobileMe的话，点击右上角的叉号就可以了。

下面我想为大家介绍的是iPhone和MobileMe之间的交互，打开iPhone，我收到了很多封E-mail，启动一下Push，现在iPhone就在Push技术下了。需要读邮件的话我只需要点一下邮件，用过iPhone的人都知道如果邮件中提到地址，那么只要点击它，马上就会弹出谷歌地图。查看一下这个饭店的详细信息，预订餐位，看看菜单。让我们看一下Mac的反应，打开邮箱，我们可以看到刚刚在iPhone上预订饭店的信息已经同步到电脑中了。我们再看一下日历，我想安排和John的午餐会晤，MobileMe现在已经把午餐会晤的信息发送到云端了，让我们来看一下iPhone的日历，午餐会晤马上同步过去了。再试一下日程修改，iPhone和Mac仍然可以实时同步。最后让我们看一下照片的同步，出去旅行的时候拍了一些照片，想让父母看到，怎么办呢？我们可以把照片放入其分类的文件夹后发送至MobileMe。再打开Mac电脑，打开相应的文件夹，没错，照片已经同步过去了。

MobileMe是一项崭新的应用，它让一切都与时俱进。Mac和iPhone上的邮件、联系人和照片都可以实时同步。这不同于任何我曾经用过的网页app。MobileMe是人们的好伙伴。只需每年缴纳99美元，就可以享用此项服务。MobileMe是如此的令人惊叹，所以我们决定前六天免费试用。它将和iPhone2.0一起于6月份上市。有人提到Mac，MobileMe是Mac的替代品，Mac用户仍可以继续试用，但最终会自动更新。谢谢大家。

乔布斯：是不是很棒？研发MobileMe花了我们一些时间，但最终我们实现了既定目标。现在我想说一些发自肺腑的话，再有几周就是iPhone的一周岁生日了，我们在2007年6月29日推出了第一代iPhone。发布会那天很让人激动，之后iPhone摘得了一系列的荣誉，比如“年度最佳发明”等，很多人相信，iPhone永远地改变了手机。不过最让我们感到开心的是用户真的喜欢iPhone。在一项“什么产品最让人满意”的调查中，90%的人把票投给了iPhone，在其他的调查中，98%的iPhone用户会用iPhone手机上网，94%的用户会用iPhone手机查看邮件，90%的用户会用iPhone发短信，此外，有80%的用户会用iPhone的10项独特功能，甚至更多。

第一年里iPhone卖出了600万部，对此我们感到心潮澎湃。但我们深知iPhone还面临着许多重大的挑战，还有很多座山要攀登。第一个挑战来自3G网络，第二个挑战来自企业支持，第三个挑战来自三方应用，第四个挑战则是我们希望往更多国家销售iPhone，现在iPhone在六个国家出售，但我相信我们会往更多国家销出我们的产品，全世界的人都会使用iPhone的。第五个挑战是很多人希望我们能让iPhone便宜一点，喜欢iPhone的人很多，但不是所有人都买得起。我曾经试图了解那些不买iPhone的人不买的原因，结果56%的人告诉我说是因为iPhone太贵了。所以我们会尽量让iPhone便宜一点。

下面我们来谈另一部分，iPhone3G。

在充分学习借鉴iPhone一代的基础上，我们创造出了iPhone3G。它非常美丽轻薄，周身经典全黑色，机底覆盖有坚硬的金属，它的屏幕3.5英寸大。我们可以看到它的耳机插孔以及摄像头。iPhone的音响效果得到了进一步的提升，一切都很棒，手感也非常不错。

接下来这张图所列举的几个方面，iPhone是如何一一做到的呢？首先来看一下iPhone的3G网络，为什么用户需要3G网络，因为他们需要更快的下载数据，特别是在浏览网页和读邮件的时候。下面我们用同样的网页在同样的位置对Edge网和3G网做对比，这个网页中有很多的图片以及层次，我们可以看到在3G网络下iPhone下载该网页只用了21秒，而在Edge网下却用了59秒，3G网络比Edge网络快了2.8倍，而下载同样的网页，Wi-Fi网只需要17秒，3G网络几乎接近Wi-Fi。下面是在同样网络下不同机型下载同样内容的对比，可以看到下载同样的网页，iPhone 3G用了21秒，而Nokia N95和Treo 750则分别用了33秒和34秒。iPhone 3G比后面两部机器快了36%。而只有在iPhone手机上，用户才能看到完整的网页。

另一个比较典型的例子是查看邮件，经过对比我们可以看出查看同样的邮件，在EDGE网络下需要18秒，而在3G网络下只需要5秒，3G网快了3.6倍，而在Wi-Fi网络下只需3秒。除此之外iPhone的电池持续时间也值得一提，电池持续时间可达300小时，在2G通话下可持续10小时，我们将这一时间从8小时提到了10小时，在3G任务下可持续5小时，其他手机在3G下工作只能持续3~5小时，在这方面我们处于行业领先地位。除此之外，看网页电量可持续5~6小时，看视频可持续7小时，听音频可持续24小时。iPhone 3G有了更好的性能，更快的数据下载速度。除此之外，我想再谈谈GPS，在iPhone 3G中内置了GPS功能。我们知道定位是Web2.0的核心，我们从cell tower收集数据，通过GPS和Wi-Fi定位。我们还可以用GPS进行跟踪。这就是3GiPhone的第一个方面，3G以及GPS定位。

第二个方面是企业支持，这一方面之前我们已经谈到了许多内容，我们同很多500强的企业建立了合作并得到了许多反馈。第三个方面是三方应用程序，我们有SDK和很好的工具，我们还开发出了分配app最好的方式。第四个方面是我们会将iPhone卖到更多国家，现在iPhone售往6个国家，我们打算把iPhone 3G售往12个国家，在未来的几个月我们的弹性目标是25个国家。下面我们来看一下新增加的国家。

现在总共是70个国家，真是太让人兴奋了。所以北美主要的国家都包括在内了，还有中美及南美的15个国家，以及欧洲的29个国家，亚洲和大洋洲的8个国家。我们非常兴奋。我们和以上这些企业合作出售iPhone，它们都是科技相关的企业。所以未来一年内我们要把iPhone销售到70个国家。最后一个方面是让iPhone更便宜。比起第一代399美元的售价，iPhone 2代手机8GB只需首付199美元，这样所有人都买得起了。16GB的iPhone 3G手机也只要299美元，而且16GB版还有一个特别之处，那就是它有白色版的，非常漂亮。

我们首先会在22个最大的国家销售iPhone 3G手机，在所有这些国家iPhone 3G将于6月11日同时发售，在所有国家的定价都不超过199美元。我们都期待那一刻的到来。我想你们一定期待iPhone的新广告，下面我将为大家播放iPhone新一季的广告。

就像iPhone一代一样，iPhone 3G是我接触过的最好的产品，研发人员请起立，让我们对他们报以热烈的掌声。太棒了，你们做的太棒了。我们拥有如此多天赋超群的人才，他们为产品的研发倾注心血，希望各位用户能在使用iPhone时感受到他们全心全意的付出。iPhone 3G手机将于6月11日在22个国家发售，这只是开始。

2008年苹果电脑全球研发者大会将是目前为止最好的一届，我们会举办147场会议，有1000名苹果公司的工程师会来到现场，共同期待iPhone 3G问世的一刻。希望各位工程师尽可以多学习一些东西，做出更好的产品。非常感谢各位的到来，本周见！

我愿意把我所有的东西去换和苏格拉底相处一个下午。

——乔布斯

非同凡“想”
——WWDC1998的主题演讲

片头视频：

向疯狂的人致敬！那些叛逆之人，制造麻烦之人，打破常规之人，那些用不同的视角看世界的人。他们不喜欢规则，对现状毫无敬意。你可以与他们争吵，你可以不同意他们的意见，将他们神化或者恶魔化，但是你唯一不能做的就是忽视他们，因为他们带来的变革，因为他们将人类向前推进。有些人将他们视作疯狂的人，我们可不这么觉得，因为那些疯狂到相信自己可以改变世界的人，正是那些改变世界的人。

Think different. 不同凡响。

早上好。感谢你们来到我们的开发者大会。今天我们为你们准备了好东西。我今天想从介绍我们公司的新发展开始，然后介绍我们上周三公布的新产品，以及我们新的产品战略。你们有多少人上周来了？有一些，好的。然后我们会进入核心话题，软件战略。

苹果电脑。我10个月前回到苹果。很多事情都打破了，我们在10个月的时间内改正了很多事情。我们很高兴地告诉各位，苹果回到正轨上来了，公司的情况很棒。让我来告诉你一些具体的。当然，很大一部分成就归功于苹果的员工们。他们真的很棒，疯狂的工作，让苹果重新焕发光彩。你看一个公司，最重要的就是这里的人。苹果有一群卓越的人，我们有一群很明智的董事，非常强大的管理团队，最重要的是我们有着一群非常有天赋的员工。有了很棒的人才，最重要的事情就是留住他们，去年夏天，苹果流失了一些员工，每年30%的比例，以这种比例流失人才，一个公司很难支撑下去，我很高兴地告诉大家，4月份降到了15%，低于硅谷的平均水平。接下来，销售。我们对苹果的销售进行了很大的改革，其中较大的一个就是集中于全国最大的经销商，CompUSA。他们同意在店内开辟苹果的专卖店。因为这个，因为集中化。我们去年10月开始这个的时候，在CompUSA总共的电脑利润中，苹果占到3%，我很高兴地告诉大家，现在是15%，而且我们认为这个数字仍在增长。然后是苹果的网站Apple.com，因特网是公司的各种利益的一个集合，有顾客，现存的和潜在的竞争者，软件开发者，下载者。不论你能想到的任何人，他们都来到Apple.com。而且我们还有获奖的苹果商店。再次，10个月以前，每天点击量大约100万，现在每天是1000万。增长，增长对我们很重要。市场占有率，上个季度IVC评估的约为3.4%，这个季度是4.0%，增长了15%。我们对4%的市场占有率并不满意，虽然在教育部门、新卖出电脑中我们的成绩更好，但是我们希望在总占有率中改进。我们认为上周的新产品可以帮助我们做到这点。最后，财务。有很多雄心勃勃的计划，我们需要保持健康的财务才能投资这些计划。在这两个季度内，我们创造了一亿多美元的利润，而且我们在现金流上有改进，去年第4季度我们有16亿美元现金，上个季度我们有18亿美元现金流。这点对于向那些顾客和潜在顾客保证，10年后苹果仍然在市场上非常非常重要。我们的市值，从10月前的18亿美元增长到今天的大约40亿美元。谁知道明天会怎么样呢？总的来说，我觉得我们都很关心的这家公司回到了正轨上。这感觉真是非常好。

我有幸代表苹果设计部门在上周介绍新产品，现在我再向你们介绍一下。如果你看看去年夏天苹果的产品，苹果有无数的产品。服务器、显示器、打印机，等等。我问我的同事们，为什么我要选择3400型号而不是4400呢？我自己也不知道，专家也无法解答，一个顾客怎么才能选择呢？其中有些是很好的产品，但是现在我们一个也不生产了。我们回到商业课的第一节课，想想什么才是我们的顾客想要的产品。有的想要消费品，有的想要专业品，教育市场，对我们来说是个很大的市场，主要要消费品，但是也买些专业产品，而且每个消费者都希望在每一类中有便携机和台式机。我们可以制造4种产品，我们会做的很好，于是我们10月前就是这样做的。

去年10月，我们推出了Power Mac G3，在第一个半年内卖出了超过50万台，成为历史上苹果最畅销的一款产品。这些产品都非常好，这是BYTEmarks的数据。这是已知的最有效的评估指标。我们对这些产品非常满意，你们应该都看到了我们的广告，对了，你们喜欢吗？是吗？还有些话要说。你们想看广告吗？我这里有，可以放出来。（放广告，解说词：奔腾2处理器在蜗牛上，有些人以为奔腾2处理器是世界上最快的处理器，不尽然，在每台Power Mac G3中的芯片都高达其两倍的速度；消防员，苹果公司想为在公众面前批评奔腾2处理器道歉，但是事实就是这样，在每台Power Mac G3中的芯片都高达其两倍速度。

那就是我们的台式机。上周三我们介绍了苹果的便携机，New PowerBook G3，这是个绝妙的产品，看着也非常漂亮，尺寸高达14寸，这是苹果的便携机第一次大于12寸。我们去PC机中找了所能买到的最快的电脑，奔腾2，我们花了很大力气才买到，可能是因为生产起来太难了，我们很容易就比奔腾2最快的便携机快两倍，而且我们相信我们比任何奔腾的台式机都快。这是一个很快的便携机。14寸的起价为4999美元，13寸的是2999美元，我们真的会卖很多这样的产品。你们都应该看看。你有了新产品，就得要新广告了。这个我也想放给你们看看。（放广告，推土机）明天开始各大电视台都会播放，请收看。这是我们的专业的便携机的产品，而消费的便携机，我们决定不再生产以前的机型，我们在努力做MacOS系统，预期明年产品会出来。而消费的台式机，我们觉得这是苹果最激动人心的产品。

我们再次回到消费市场。记住，苹果发明了电脑的消费市场，但是不知道为什么苹果迷失了，去年夏天，苹果没有一样是2000美元以下的有竞争力的产品，这很可怕。苹果要想回到消费市场，有些特别宝贵的资产。第一个就是品牌。品牌今天太重要了，世界让人疑惑，有这么多的产品向我们涌来，一个受信任的品牌就像一个受信任的朋友。品牌前所未有的重要。苹果是世界上最著名的品牌之一，仅次于迪士尼、索尼和耐克。计算机产业中没有任何其他品牌可以匹敌，我们不断用品牌提醒大家，这家公司的产品和用户体验都很棒。有几亿人曾经用过苹果的产品。另一个关于品牌的是它比人们以为的更有生命力，每一个品牌都有过困难时期，看看几年前的迪士尼，看看他们今天，索尼在七八年前也有问题，耐克也是这样。但是当这些公司复兴的时候，他们的品牌比任何时候都强大。（这里有个关键词没有听清）当然我们寻找新顾客，当然我们会寻找一次性的顾客，但是我们不要忘了已经使用苹果的老用户。苹果有2000万老用户，有趣的是1000万是家用的，大部分都用了3年或者3年以上了，我们希望他们会更新，但是他们没有，他们的更换率每年不及10%，这意味着他们对苹果有顾虑，苹果也没有推出吸引他们的产品。希望这两项都变了。除此以外，像我说的，教育客户占据了大部分的消费市场，600万已有客户知道如何使用产品，使用苹果的软件，并且想买更多的苹果电脑，我们会帮助他们实现这一点。市场是重点。苹果在理念的传递上也很成功。我们这个市场中的大部分的竞争对手对营销都不在行。他们只是交易商品，这两种概念非常不同。时尚，我们要进入消费者市场，时尚非常重要。我10个月之前，发现了我在苹果见过的最好的工业设计团队。他们为我们的产品带来时尚。我们认为这对消费者来说非常重要。打个比方来说，这是今天世界上卖得最好的手表，卡西欧G-shock，因为它的设计。关于手表的有趣的事情是，10年前，普通美国人有一块手表；今天，10年后，普通美国人有7块手表，恰恰因为设计。所以说设计很重要。最重要的一点就是要易于安装和使用。苹果至今仍然是最容易安装和使用的产品。为了把产品卖给那些不以此为生的人来说，这一点就更重要了。我们觉得我们有非常好用的产品，iMac。融汇了互联网的刺激，与Mac的简洁。这个小东西真的很漂亮。它用起来是这样的。我们在会议上又实用。它整个是透明的，而且真的很漂亮。一体机。这是鼠标。整个在一体机中真的很好。我相信这是唯一的一台一体机。那么这就是我们的竞争对手。这是你可以在PC中买到的最好的电脑。他们都很慢，显示屏很烂，13~14寸，重要的是质量也不太好，没有平台，老的系统，而且实在不太好看。那么我们的怎么样呢？我们决定生产很棒的产品。所以我们在消费产品中放入了。这是你能买到的最好的消费品电脑。如果你觉得这很酷，等着看更酷的。你能买到的最好的奔腾2也比它慢，你可以花上大价钱买个最好的奔腾机，只要花上1299美元，这个快多了。为什么我们要这么做呢？因为我们希望你们的软件在消费者面前能够焕发光彩。我们用了漂亮的显示器，15寸，1024×768像素。再一次，为什么因为你是消费者，就得将就呢？不应该这样。很多内存，100兆的以太网，很多家庭都安装了网络。我们安装了全新的系统，环绕立体声，包括很棒的键盘和鼠标。我们预装了很多软件。我们还想安装一些游戏。如果你有什么想法，请告诉我们，现在就行。1299美元，包括所有刚刚说的东西，不需要买任何其他东西了，1299美元。我们将在8月上货。我们一直对这个项目进行了严格保密，决定现在公布这个消息，因为我们想事先与你们交流。90天后，我们就将卖这个产品了。我们对此非常非常激动。我们为它做了个视频。我想现在放给你们。

“你们将要在大屏幕上看到的所有图像将在那个包中产生。你好，我是Mac，能从这包里出来真是太好了。几百万人买Mac因为它可以做到其他电脑做不到的事情。它让人很激动，它不像任何其他的电脑。很多年来，苹果忘了这一点，忘了怎样与别人不同。很难模仿过去的东西，但是我们需要从过去的产品中吸收苹果的哲学。我们对所有其他的说‘停’，专注于一项事情，生产最好的个人电脑。人们真正喜欢的电脑。它简洁，非常好用，效能极佳，性价比好极了。我们有这种创新能力在其中，但是我们想释放这种创新能力。作为设计师，苹果是个绝佳的地方。这就是让我彻夜工作的原因，我们在制造世界上最好的电脑。哇，那看上去真棒。我最先看到的时候想，天哪，那是什么？人们无法形容这种感觉。这是第一次我们在我们的产业中看到不那么平庸的产品。想象一下一个人第一次拿到它时是什么感觉，他可以拿起它，而且看上去真漂亮。它看上去拿起来都很酷。键盘很棒，透明的。连接线是透明的。我拿着这个激动人心的鼠标，看上去与任何鼠标都不一样，开机后是亮的。这就是变革的趋势。你打开箱子的一瞬间，就会爱上它。我想看看它工作起来怎么样。如果你看的更远，哇，它的性能真好。它的内部才是真正好的，这可不是过去的产品的小更新。很强大，很多功能，迷人又激动人心。这就是人们想要的。我觉得这是第一个能让PC使用者换成Mac的产品。你会震惊的，天哪，苹果真的没有闲着。他们真的有很棒的想法。苹果的品牌又一次代表着普通人、所有人、大众市场，我觉得这对所有人来说都是绝佳的消息。第一台生产出来的时候，我会站在流水线的最后等着它。我们经历了挫折，但是最终会显示，这种等待是值得的。”

我们希望很快你的桌上就有一台它。这不仅是我们的新产品，也是我们的新产品战略。因为我们专注于4款产品，意味着我们可以把整个团队投入进去，意味着我们更新和改善的速度会更快。我们下年有些棒极了的计划。这就是为什么我们今天在这里。我们在这里讨论我们的软件战略，我觉得它真的很好。我们10个月以来都在做这个。再一次，我们进行了严格的保密，这样可以展示给你们。当然我们没有时间说所有的，所以我们直接看那些最重要的。最重要的就是苹果的OS系统，还有我们加入了Java，这对苹果是新的，还有Quicktime。其他也很重要，但是这三个最重要。我想用相反顺序介绍它们。

首先，Quicktime，我在苹果的时候，我不太明白Quicktime是什么，我觉得就是个很小的窗口，里面放视频。事实上比这多多了。就像你们知道的，我们处于媒体的数字化时代。CD-ROM有自己的标准，DVD有自己的标准，电视、数码相机、电话会议，等等，所有这些都是数字化的，每个标准都不一样。这是一堆胡言乱语，互相完全听不懂。你想要把来源不同的视频放在一起，再把它们输出成不同格式，简直就是噩梦。这就是Quicktime，它是一个数字媒体，就像10年前postscript对于程序和printer一样。你们有些人太年轻了，可能不理解它。让我收回这句话。如果15年前你是app开发者，比如说你开发处理器，简直是不可能的，为什么呢？因为每一个程序都需要一个独特的printer，每一个printer必须在一个程序中。所以如果你想有一个新的处理器，需要有数以百计的printer驱动器，某公司成功的原因就是它们有400多人写printer驱动器。反过来说，如果你想有printer，你得要所有公司把你的printer放入它们的程序，你可以想象，那时候创新并不快。postscript解决了这个问题，通过在两个防火墙间建立平台层，printer理解postscript，而程序也能与postscript对话。Quicktime是完全一样的。对于多来源的和多目的地的数码内容的制作和播放来说，它都是一个统一的平台。这很重要。它如此重要，以至于ISO组织最近将Quicktime文件格式作为MPEG4的基础。这很重要，竞争激烈，Quicktime赢了。它对我们所有人都如此重要，Quicktime持续称为行业标准，我们把它们放入Windows系统，在两个平台上它都完全一样。我有个视频想放给你们看，展示一下它多么有渗透性。"Quicktime对于视频制作、多媒体制作来说是一个平台性的产品，它用于专业性视频制作，对于CD-ROM、DVD、多媒体，创作和出版来说是主要的工具。它用于7万多个网站中，而且是网络上第一位的视频格式。人们到处都在制作视频。人们没有意识到他们在电视上看到的是Quicktime。视频对于任何想在互联网上传递消息的人来说都很重要。那些不用视频的人很快就会被淘汰。人们需要把视频、文字、虚拟和现实结合起来。ISO组织最近将Quicktime文件格式作为MPEG4的基础。视频需要成为容易接触和获得的东西，MPEG4和Quicktime允许你做到这一点。postscript使得开发者得以接受一种语言，开发程序。广泛，强健，灵活，可扩展。因为我们不知道20年后，数字内容会如何产生，如何使用。所以有一个在不同维度上可以扩展和深化的标准，非常重要。我可以选择最好的硬件、最喜欢的软件，如果我想改变我的视频引擎（engine），可以改变，这就是最好的产品，不需要你每年都改变自己的工具。我们对这个非常激动。可以在不同形式上，互联网、DVD、CD等播放视频，这就是Quicktime所带来的。我们对Quicktime的重视就是因为它有能力接触到更多的人。"Quicktime是我们软件战略中的重要的一点，你播放很多东西的时候，都事实上在用Quicktime，它是多媒体中的主要的软件。我们在今年推出了Quicktime3，Quicktime可以在网页中播放，也就是说你可以在任意http服务器上放入Quicktime文件，不需要安装任何其他插件，就可以播放。另一个要说的是基于http的缓冲无法实时播放，要做到这一点，你需要实时互联网缓冲，包括大家刚刚达成共识的协议——RTP实时传送协议，我们在今年秋天推出的Quicktime中将包括这个。为了展示这一点，我想请Peter Hall来介绍这一点。

Peter：像乔布斯刚刚说的，我们今年推出Quicktime 3的时候，我们非常需要进入互联网缓冲视频的市场。很多公司给了我们很好的基础，不过主要是在基于文件的视频中，而我们想发展的是实时的视频。我们今天想向你们展示一些新的Quicktime的技术。这里是Quicktime缓冲传输。你可能会觉得这很酷，我要把它放到我的程序中或者网页上要做多少工作呢？我们想向你们展示这有多么简单。这很重要，这意味着实时现场视频不仅可以放入网页，也可放入任何程序中。你们还记得我们的程序上有三个按钮吗？（乔布斯按按钮，远程操作程序）当你的CEO站在台上做鬼脸的时候，这种展示很难成功。（观众笑）这对于远程的电话会议和展示非常重要，你不仅可以对话、实时视频，还可以使用presentation。今年秋天Quicktime上市，包括了所有这些功能。谢谢。

谢谢Peter。下面是Java，我们想在Java上达到三点。第一点是统一的JVM、java虚拟机。在苹果电脑上有很多java虚拟机，使用者和开发者都感到疑惑，这简直一团糟，所以我们想统一成一体的，我们与所有的开发者合作，将他们所需要的功能结合起来，我们荣幸地通知大家所有都标准化的统一到一个java虚拟机中，将很快推出。我们觉得这非常重要，将会是最重要的JVM。我们想做的第二件事情是让它做到兼容。我们与两个合作伙伴进行了紧密合作，Sun（太阳公司）和微软，为我们的顾客提供更好的体验。我们很高兴的告诉大家，将推出1.1.6版本的java+swing，如果你不知道这是什么意思，别担心。最后，我们想让java变得很快。这并不简单，我们去你所能买到的最快的G3/300，以及能找到的最快的奔腾2/400上试验，结果是这样，Caffeine Marks，我们今年的测试结果（932）是去年的3倍（272），这很好吗？并不好。因为Navigator的结果是2716，而IE4.0的结果是3898。所以说并不好。我们不能总和自己作比较，我们必须改进。我很高兴的告诉你们，即将推出的java将达到3107，而且我向你们保证我们将会更快，我们的目标是在今年秋天前做到绝不比任何其他的慢。

现在，MacOS，我们拥有的最重要的程序，10个月前，我来到苹果的时候，很多人以为这就是MacOS的未来（垃圾桶）。苹果已经说了好几年了，这是疯狂的，因为MacOS有2200万的顾客，2倍于此的用户，这个地球上仅有的两个大规模的操作系统之一，而且有1.2万个应用程序。很多人以此为生。这绝对不是我们应该抛弃的东西，事实上应该是我们的皇冠。它需要打磨，扩展。这就是我们要做的。这个Rhapsody（操作系统，MacOS的前身）是非常好的技术，它既能操作旧的应用程序，又能操作新的程序，将给我们带来全新的功能。问题是你在这里运行旧的程序的时候，没有新功能；而如果想要新功能，必须重新写程序。没有人想这么做。所以我们得出结论，Rhapsody是好技术，方向正确，但是不是我们想要的。所以我们决定走得更远。人们想要什么？他们想要先进的操作系统，能够运行Mac程序，是吧？那就是你想要的，那就是人们想要的。这意味着受保护的内存，虚拟内存，优先多程序，多线程运用，等等。所以我们想把这些结合到一起，而不是要求人们去重写程序。我们要做的就是不同凡响。或者向别人的口号说的那样，我们要的就是就去做吧（Just Do It.耐克的）。我很荣幸今天向你们介绍MacOS 10，这是苹果系统中重要一步，是一个真正的变革。它将苹果系统带入了全新的领域，是1984年它发明以来最大的改进。但是它仍然可以运行现存程序，将带它们前进。

MacOS 10有两个父母，一个是MacSystem8，而且将会进步，另一个是Rhapsody。苹果系统已经发明了十几年了，有8000多个函数调用语法，我们精密梳理了所有的语法，因为其中有些使得我们不能前进，我们发现有2000个函数调用语法不好用，我们将它们都抛弃了，在MacOS 10中即将实现。我们将6000个干净的函数调用语法重新命名，加入了一些新的。我们将MacOS 10的API应用程序借口命名为carbon（碳），我们的生命将取决于它，不是吗？我们仔细察看了100多个苹果程序，大部分API都可以在carbon中得到支持，但是有几个不行。基本carbon可以支持90%左右的API。这意味着需要程序做微调，而不是重新写。需要做的就是修改那10%。另一个重要消息就是carbon将在OS 8上运行。我们将会用新的API提供OS 8的语料库library，这样当你为carbon修改的时候，可以用完全一样的源编码做两个版本，OS 10和OS 8。下次你做OS 8是，可以为OS 10热身了。那么tune-up（热身）看起来是什么样的呢？目标，而且它们一定会实现的，是1-5天在carbon中生成程序，1-2个月来上市。把这个与我们一年前的进行比较，为了Rhapsody，需要1-2年来重新编写程序。这就是我们要做的，1-2个月的准备。取决于你的准备情况。再次声明，你已有的程序中90%的APIcarbon是支持的。你的程序是什么？我们想知道，你们也是。我们为你们准备了资料，可以拿一分，网站上也有。这就是我们的MacOS 10的战略。所有的G3产品中都会安装OS 10.除此以外，carbon在OS 8中也可以运行。那么MacOS 10具体说来是什么呢？保护内存，程序崩溃时，系统不会崩溃；虚拟内存，我们会用非常有效率的方式管理系统；优先多程序，这意味着真正的多程序；多线程运用；更快的网络，200Mb的以太网；等等。而且即使你不重写程序，它们在OS 10上也可以运行，只是无法达到那些新功能。我们相信我们会有一个很顺利的转化。我们会帮助你们。现在，时间表。首先我们从system8开始，这是我们战略中很重要的一环，第一季度发行8.1，第三季度发行Allegro，9月开始Allegro称为8.5，明年第一季度8.6，第三季度Sonata，如果你发现了，我们每六个月更新一次系统。我们的软件部门的工作非常好，会按时完成这些计划。这看起来真不错。Allegro看起来很棒，你们明天会看到。再看看Rhapsody，DR2第二季度发行，今天就会出来，第三季度1.0，接下来Rhapsody转化为OS 10。我们来看看OS 10，DR今天发行，明年第一季度为试用版，第三季度10.0，苹果系统诞生以来最大的变革。我们很有信心会遵守这个时间表。MacOS 10。现在，所有这些都为向你们展示它们做好了铺垫，我想欢迎我的同事，Apple电脑的软件VP。

我在后台看着这些幻灯片，我们有很多工作要做。但是目前为止，我们做得很好。在我们准备这些的时候，我觉得值得在今天说出来，有些人说你不可能做到这些，这太难了，你不理解MacOS的程序如何运行，不可能。就像乔布斯说的，我们就决定做了，我们本可以不停地分析它，写白皮书。但是我们找了一批软件工程师，检查API，然后写编码，不管还有什么要做的。我们参加了这次大会，然后我就害怕了，天哪，真的是很多工作，让基本的技术工作起来，然后让苹果程序在上面运行。我想邀请Jim，告诉大家我们过去的几个月内都做了哪些。左边的屏幕是什么呢？好吧，我们修改基础library已经很久了，我们把Quicktime修改到Rhapsody的时候就开始了，这是我们的DR2版本运行API。我们在来这个会议之前，修改了几个程序，向大家演示。（演示中：写字板；Quicktime电影，不会死机，无须重启；多程序，同时运转；ClarisWorks；画图软件，人性化的对话框）我们说了我们怎样把8000个API缩减到6000个，这是我们认为的carbon的API，但是我们不能单独做这个决定，所以我们和一些最大的合作伙伴进行了讨论，我现在想请几个人上来谈谈对于我们的战略的看法。第一位是微软的Ben。

Ben：我想对于一个微软人来说，来到苹果开发者大会上，还能得到掌声，真是让人激动。（笑）但是我想当你们终于知道怎么编写好的苹果程序的时候，就会这样。（笑）我在微软工作了9年，第一份工作是在3个项目上做软件工程师，我的工作是为版本编写发行和订阅编码，于是我浪费了我人生中的6个月。所以我对操作系统的战略有些怀疑，我想这是个好事。但是MacOS 10不同，这正是我们和苹果用户一直敦促苹果要做的。苹果推出了一个现代的系统，有受保护的内存，虚拟内存，优先多程序，多线程运用，但是同时保护了我们和苹果客户在苹果系统和API上的投资。我认为，MacOS 10的美在于通过一些小的革命性的变革，我们可以向所有客户提供变革性的好处。我认为这是个很棒的事。我想这是个做苹果程序开发者的好时间。过去的几个月是微软与苹果合作的最愉快的。我想所有人都知道现在这个苹果公司与比如说一年前的非常不一样，因为今天我们可以在苹果看到强大的领导力，远见卓识，非常好的产品，而且有了MacOS 10，正确的操作系统战略。所以我很高兴地说，微软很高兴与苹果合作，为我们的客户带来绝妙的产品，我希望这个大会上的所有人会加入我们，加入这个事业中来。帮助Mac进入21世纪，谢谢。

接下来我想邀请来自Macromedia的Noem，我知道他很激动今天能来到这里。

Noem：我们很高兴今天能来到这里。自从苹果Mac诞生的那一天起，Macromedia就开始与苹果合作，我自从在布朗大学的时候就与苹果合作了。1983年1月，乔布斯展示了Mac，我就知道它会改变计算机的面貌。Macromedia有很多软件，比如Photoshop、Fireworks、Flash、Director 6.5（今天发行），我们有600万条编码。几年前，我们为了操作系统开会，我说我们会很喜欢安全的，现代的操作系统。我们到了那里，苹果说，你们想要一个地基吗？(would you like a foundation)我们说就像上次那样必须把房子推倒，重盖一个？他说，不，房子还是一样，就需要几个星期的时间，换个地基就行了。我们说，当然了，我们当然想要了。这个战略好的地方在于给了所有人，Macromedia，苹果，顾客是想要的东西。一个稳固的地基，意味着苹果和Macromedia都可以迅速地进行更新，因为我们知道我们的地基很稳固。我们对此非常高兴。Macromedia的团队正在十分辛苦地为MacOS 10进行更新。乔布斯是这个产业中少有的真正有视野、远见卓识的人。苹果意识到现在不仅需要有视野，还要倾听，倾听顾客的声音，了解他们需要什么，给他们提供这些。我想为苹果鼓掌。

我很抱歉没有早些通知Noem，但是他们现在正在为MacOS 10更新，希望这周能有结果了。很高兴能看到Macromedia能够这么热心的投入进来。虽然没给Macromedia足够的时间，的确给了Adobe足够的时间。我们与他们两周前开了一次非常好的会议，结束的时候，我开了个玩笑说："你们想在开发者大会上做个展示吗？"下个我想邀请的人是Greg Gilley，他把我的玩笑当真了。他真的实现了它。请Greg来演示photoshop。

Greg：首先我想说些事情。前几年与苹果共存是很有意思的事情。管理层有些变化，产品战略和哲学上有些变化，因此对我们也是个挑战，接下来几个月要与苹果打交道容易多了，也理性多了。我们对这个战略很激动，他们说Rhapsody的时候，我们就愣住了，我们不可能对此热心。但是几周前，会议的前5分钟，我们就意识到这个战略是可行的。所以我们对此很激动。他是开玩笑的，但是我觉得管他呢，试试吧！于是我跑回去了，看了看API的单子，大部分都可以使用，然后完成了所有工作。所以photoshop已经可以发行了，这有点疯狂，是吧！介绍具体修改过程，然后演示photoshop。看上去挺像photoshop是吧！所有这些都在八九天内完成了，而且我还做了很多其他事情，可以再改进一些，我们将会与苹果合作，但是我觉得这些挺好的。谢谢。

谢谢那些辛勤工作的苹果员工，使得我们今天有机会展示这些。你们工作很好，谢谢！更要谢谢Macromedia和Adobe的人们的努力，还有机会向大家展示。我想重复这些资料今天你们就可以拿到。我想重申这是个草稿，如果需要，我们仍将修改，没问题。让我再把乔布斯请回来。

乔布斯：上周，我们出台了我们整个的产品战略，很简单、很干净。我想这些产品的质量也是很棒的。而且我们会执行的很好。这就是我们的皇冠，苹果操作系统MacOS，我们在未来会有两套并行的苹果操作系统，OS 8的最新版，今天发行OS 10的初版，明年第一季度是试用版，10.1明年三季度，一个非常简单、干净的战略将把MacOS带入下个世纪，一个小变革，带来巨大变革。我们正在正确的轨道上。我们很感谢你们的支持，希望你们喜欢它。谢谢！

结束，播放Imagine。

一直以来，我认为广告都极其重要，其重要性仅次于技术。

——乔布斯

随“新”而动

——WWDC2010的主题演讲

早上好，谢谢，非常感谢！

能够站在这里感觉真好。很感谢大家的热情邀请。多谢各位的厚爱。

是的，我们为这次的大会准备了非常精彩的内容。我们为此付出了许多努力。会场的容纳有限，本次参会者共有5200人，分别来自57个不同的国家。大会的门票在一周内销售一空，以前大概要一个月才能够卖完。

我对那些因为没有票而不能来到这里的人表示歉意。这已经是我们能找到的最大的会场了。这周共有超过120场专业演讲，并有超过1000位苹果工程师在现场进行答疑。我们为大家准备好了关于Mac系统以及iPhone、iPad的专题讲座，任何大家关心的问题都有专人进行回答。我为今年的大会感到激动，并对诸位的参与表示感谢。

现在，请允许我先更新几条消息。

iPad是令人心动的设备。它改变了人们惯常的使用体验，比如浏览网页、收发电子邮件、查看地图、与友人视频，等等。它建立了一种全新的社交互动模式，网络、应用软件、媒体咨询都因此而得到改善。我能确信，这部神奇设备的发展前景是非常不错的。我们在59天内售出了超过200万部iPad，平均每三秒钟就售出一部。iPad目前已经在10个国家上市，其中9个是最近两周才上市的。

目前是10个国家，我们预计7月底，将有19个国家都有iPad出售。目前在应用商店中，共有8500个iPad专属应用，这很值得骄傲。8500个应用共被下载了3500万次，这个数字除以200万部iPad，平均每部iPad下载了17个应用，这是个很了不起的数字。

下面，让我来演示几个不错的最新应用软件：

Pulse，这是一款非常不错的RSS新闻阅读器，值得尝试；

Wola，拥有它，你很轻松就能找到离你最近的药房和医院；

eBay，它现在可以在iPad平台上使用了；

另外，还有几款很不错的应用程序，比如这个解剖学的应用程序——gray's anatomy，钢铁侠、阿凡达衍生出的智能游戏，航班查询软件，更多的报纸和杂志客户端，等等。同时，还有很多出版商也向我们递出了橄榄枝。

特别向大家介绍一个非常酷的应用软件，它叫做elements（元素），是我的朋友Theo gray开发的。你可以通过内置的元素周期表来了解构成我们身体组织的各种元素。我希望能从你们这里听到满意的回复。全体苹果工程师已经尽全力生产iPad来满足目前的疯狂需求，开发者也通力与我们合作，努力开发新的应用软件。我认为我们是一个非常梦幻的组合。

现在我想介绍一款苹果自己出品的应用软件，我们将在今天推出最新版本。对，就是它——iPad平台上的iBooks。大家都知道iBooks，很多人告诉我，他们觉得这是世界上最好的电子书阅读器。它有一个简洁的书架界面，可以帮助用户管理电子书，它还拥有内置的网络书店，并且可以在线购买电子书。

我这里有几个数据，iBooks正式开始发售的65天之内，用户共下载了500万本电子书，平均每部iPad下载2.5本，多么令人惊喜的下载量。另外，还有一件有趣的事情，美国最大的6家出版商中，已经有5家出版的图书在iBooks网上书店销售电子书。他们告诉我，通过iPad平台销售出的电子书占到他们电子书销售总额的22%。显然，iBooks在短短8周内为传统出版商提供了22%的销售份额，随着我们下一步销售更多的iPad，这个部分份额也会逐渐扩大，我对此深感自豪。

接下来，我们展示的是对iBooks所做过的一些改进。

首先请看大屏幕，你可以看到这样一个功能：你可以把随便一段文字设置成高亮显示。此外，你可以在上面直接做笔记，做好之后你还可以把笔记内容粘贴到所看的书籍当中。另外一项改进就是我们在iBooks的右上角添加了一个控制键，通过这个控制键，你可以把当前所看的页面加入书签，书签标示会一直显示，不管你的控制键是否被激活，当一回到目录页时，就会自动添加书签页到书签下。

好，下面回到iBooks上，我们根据所收到用户建议，做出了另外一项非常大的改进，那就是增添了iPad对pdf文件的原声支持功能。我们把这项功能内置在iBooks当中，现在，因为有了这项功能，iPad不仅可以阅读电子书，还可以阅读pdf文件了。我们的解决方案是这样的：增加了一个类别筛选按钮，当你使用iPad阅读电子书或者pdf文件时，在选择pdf文件之后，iPad就会自动生成书架页面，这个页面只包含pdf文件，选择其中一个，可以看到非常棒的效果。有了这个功能后，你可以进行翻页浏览、快速浏览等操作，iPad将为你提供惊喜的阅读体验。以上这些就是我们所做出的一些改进，这些功能会在本月正式发布。

下面，我要谈的是苹果应用商店，其中有一些应用我想大家都会感兴趣。但在开始这个话题之前，我想说明一些东西。苹果支持的平台有两个：一个是HTML5平台，另一个就是应用商店平台。HTML5是一个完全开放的、由开发者社区主导的网络标准，它由行业中被广泛接受的标准构成，所有人都可以编写HTML5的应用。苹果对HTML5标准完全支持，在iPhone，iPad，iPod touch，当然还有Mac平台上，HTML5技术都能使用。HTML5其中的一项技术更是来源于苹果，所以苹果浏览器在支持HTML5标准方面一直做得比其他公司要好。不同于HTML5平台，苹果应用商店则是一个内容非常繁复的平台，它是目前全球最活跃的网上社区，拥有超过22.5万个应用。我们可以自豪地说，在地球上任何其他一个地方都找不到一个拥有22.5万个应用的平台，这还不包括其中拥有许多非常精彩的应用平台了。

上面所提到的就是我们支持的两个平台，接下来我想重点谈谈应用商店。你们或许看到过许多有关应用审批的文章，但我现在要列举几个隐藏在背后的例子，这些例子可能是你们所感兴趣的，每周我们都会收到1.5万个应用上传，其中包含新的应用、原有的应用的更新，这些应用大致由30种语言构成。

试想一下，每周1.5万千个应用，还有30种语言，其结果会是怎样？答案就是：其中有95%的应用在7天内通过审核。那么有人会问，95%的应用通过审核，那么剩下的5%呢？为什么这些应用没能通过呢？我有三个最常见的理由，当然，其中的原因还有很多，但这三个是最常见的。第一个原因，应用的功能与内容的表述不符，实际功能和开发者所表述的内容不符，因此我们不得不拒绝。我们曾经告诉过开发者，他们的描述是一个样，而实际功能却是另一个样，所以他们要么修改自己的描述，要么改变应用，因为开发者所提交的应用与其所说的功能不一致。第二个原因，使用了第三方程序接口。我们早就声明过，禁止使用第三方程序接口。为什么要这样做呢？因为在系统升级后，有些第三方应用不能保证会随之更新，这样一来就会造成系统死机，我们的用户也会因此感到不满。一旦升级，却有半数应用崩溃，使用者的心情怎么会好呢，因此我们强调得很清楚，禁止使用第三方程序接口。当然，那些使用第三方程序接口的开发者都清楚自己将会面对的事情。那么我们拒绝通过的第三个原因就是应用崩溃问题。假设你处于我们的位置，我想你一定会和我们一样，拒绝这些应用。当然，尽管如此，还是有95%的应用在7天之内通过了。在这里给出的这些事实，希望你在看到相关文章时，不会产生不好的联想。

现在，我想强调其中一个应用——eBay。eBay是去年在iPhone平台上推出的一项很不错的应用。上周，eBay的执行官John Donahoe在D8会议上说了这样一段话：去年，我们在iPhone平台上发布了eBay应用，出现了1000万次下载，第一年的销售额高达6亿。今年的销售额预计会达到15~20亿。哇！谁不想获得如此大的成功呢！真是太棒了。

现在，我很荣幸地为大家演示将要在应用商店接受用户检验的三款应用。这三款都是娱乐应用，我希望它们能取得和eBay一样的好业绩。

他们刚才介绍的产品就是我们非常棒的三款娱乐应用，它们将会成为已经拥有22.5万款应用的应用商店的成员。在这里，我还要告诉大家几个好消息。第一，我们应用商店的下载量达到了50亿次，这几乎是前所未有的好成绩。接下来，我要说出的数据，大家一定更喜欢。按照之前的约定，应用商店70%的收入是属于应用开发者的，那么开发者到底能得到多少钱呢？就在几天前，这个数字是10亿美元！10亿美元！这是我们取得的最好成绩之一！让我们再次创造新的奇迹吧！因此，可以说，应用商店是全球最具活力的开发社区，50亿的下载量，对于用户和开发者来说，都是非常良好的生态系统。能得到用户的拥护，我们很自豪。

下面，我谈一下iPhone。现在，各种统计数据和市场分析报告充斥着媒体的版面和栏目。有些是可靠的，有些则难以让人相信。我给大家出示两组数据，大家自己做出判断。第一组数据来自尼尔森公司的最新发布的2010年第一季度的报告，大家都知道尼尔森公司的公信力，是关于美国智能手机的市场份额，第一名是RIM，占35%；第二名就是iPhone，占28%；第三名是Windows Mobile，占19%；Android和其他系统并列第四，都占9%。根据这份报告，Android的市场份额只是iPhone的三分之一。我们再来看下一组数据，来自最近发表的今年5月的美国移动浏览器使用统计，第一名是iPhone，占58.2%，是第二名Android市场份额22.7%的两倍半。相信，这两组数据可以帮助大家得出正确的结论。

让我们继续谈论我们的iPhone。2007年，iPhone给手机赋予了新的定义。现在，我们很难想象没有iPhone的日子了，运营商负责所有内容，只有少数的应用，完全不能和现在相提并论，可以说根本没有形成应用市场，没有应用商店。革命性的改变发生在2007年，改变的主角就是iPhone。2008年，我们增加了3G支持和应用商店；2009年，iPhone的3G速度是原来的两倍，我们还增添了许多很酷的功能，如视频录制；2010年，我们将要做出最大的一次跨越。今天，我们将隆重介绍——iPhone 4！第四代iPhone。

它是性感的，拥有超过百项的新功能，但是我们没有时间来一一详述，所以我将与大家分享其中的八项新功能，属于iPhone的。

第一项，某一全新的设计。现在，阻止我吧，倘若你们认为已见过它了。相信我，你们并未见到过它。只有见过它的时候。你们才能发现，这是你闻所未闻的，所见过的最精美的设计品之一。毋庸置疑，这是我们所做过的最美丽、最精致的设计之一。前后两面都有玻璃覆盖，侧面用不锈钢带环绕着，而且其精致程度超乎我们的想象，我们之前所见过的消费产品绝对无法与之媲美，它严丝合缝的组装就像某台优美的老式莱卡相机，这在当前的消费品领域是闻所未闻的，无比华丽，而且它真的太薄了，这便是最新的iPhone 4。

它的厚度，仅仅才9.3毫米厚，相比iPhone 3GS还要薄上24%，我再重复一次，整整薄了四分之一，在某个你们绝对 无法想象的甚至是认为几乎不可能再薄的产品上，实际上，它是我们这个星球最薄的智能手机。现在，让我来对一些它的外部配置进行介绍，这儿是音量控制，增大、减小以及静音，在它的前面，我们有设置了一个前置摄像头、听筒，还有home键；侧面，是微型sim卡槽，它的背面，我们还配置了摄像头还有LED闪光灯；在它的底部，你会看到麦克风，扬声器还有30针接口；在顶部，我们设置了耳机插口，辅助麦克风——用来消除背景噪音，还有某个甜蜜的“睡眠/唤醒”按键。

好了，由于以前已有过一些它的照片，大家不由得会问：这是什么？有的人甚至说，这完全不是苹果的风格，这样的一些细线，镶嵌在这美丽的不锈钢带里面，是起什么作用的？好吧，事实上不单单一处地方，一共三个地方都存在，而且，它们是这款手机整体结构的组成部分之一。那个环绕在整部手机四周的不锈钢带，是手机的主要结构元素，在其上面存在着三个缺口，它绝对是某一近似天才的工业设计，实际上，它将不锈钢带用于手机的天线系统。所以，其中的一些用于蓝牙，Wi-Fi，GPS；另外的一些就用于负责手机信号，因而它在机体结构上就可以得到更强的信号，曾经从没有人做到过这点，这样的工业设计的确是很酷。

因而，我们便有了某个全新的设计，当今世界最薄的智能手机，它用的不锈钢材质，异常坚固，前后都由玻璃覆盖，因而手机更加通透，并且更为耐刮擦，有着增强信号天线，不一般的制造品质。再一次，我不觉得还有其他消费品可以与之匹敌，当你把它握在手中的时候，你一定会觉得难以置信。这便是我们为iPhone 4所进行的全新的设计。

第二项，这是十分重要的一项。我们称做为“视网膜显示屏”的某一项技术。这是什么？呃，在全部的（数字）图像中都有像素，这是当中的四个，我们的“视网膜显示屏”于显著地提高像素的密度起始，在相同大小的空间中接纳四倍的像素数量。为何这非常重要呢？让我用更多像素来加以说明，假如，我们想显示出小写的字母“a”，即“a”其中的一划所占的空间，你们能看到，我们将那一划内部的像素点亮了，倘若有更多像素，我们的图案可以变得更为精准。

并且，我们运用诸多小技巧，比方说在那一划的边界上显示不同程度的灰色，使得人眼无法分辨，可是当我们把视野放大的时候，你就会发现，由于有着四倍的像素，我们便获得了十分锐利的文字，远远好过在一般分辨率低下的效果。视网膜显示屏在一英寸中涵盖了326个像素，这样级别的显示屏在之前是完全没有在手机上出现过的，甚至人们从没有设想过手机上能存在这样的显示屏。

不仅这样，研究还发现，存在某一“神奇数字”，在每英寸300像素左右，假设你手上拿着某个东西，离眼睛约莫10~12英寸的时候，会达到人的视网膜可以分辨出的像素数量的最高限度，这些像素是多么接近——在达到每英寸300像素的时候——它们看着就仿佛是不间断的弧线，那些文字看着就如同你在某本印刷精良的书本上看到的一般，和以往你在其他任何电子显示屏上所看到的效果有所不同，运用每英寸326个像素，我们十分平滑地将这一上限越过了，这让人印象非常深刻。

让我来给大家做个示范，左边是普通的显示屏，右边则是视网膜显示屏，看看它们有什么差别，看得出来吗？这里还有些大小、粗细不同的文字，你可以清晰地看到它们之间的区别，一旦你尝试用过视网膜显示屏，你就再也不愿意用普通显示屏了。即使是使用以单字符作为单位的语言——比方说日语，它的效果依然非常棒。更重要的，不仅仅是文字，在图片和视频上效果也更好，同样一幅图片，看看它在视网膜显示屏和普通显示屏上的差异，难以置信，不是吗？

现在我要做的，就是让你们在现场亲眼见证，我这儿有一部iPhone 3GS，它的显示效果早已大受好评，而在这里则是最新的

iPhone 4。我把它们同时打开，好了，现在让我们的工作人员把图像投影上去，看看它们有什么区别吧。这边一一对应着它们的像素——为了这个演示，我们不得不弄一台特殊的投影仪，因为大多数的投影仪所能显示的像素数远远比不上视网膜显示屏。好了，这就是一一对应的像素从两个显示屏里传出来的画面，差别是显而易见的，看那里的文件夹，我现在打开它们，比较两个文件夹里的图标，看那些指南针的图标、时钟的图标，再看看那些文字，真是让人不敢相信，是不是？

接下来，我将继续，登录几个网站。看看今天的《纽约时报》，只需要对比一下这几个网站（这儿的网络总是莫名其妙，所以呢，我有点儿……不知道我们将会遇到什么情况，今天的网络有点儿慢，你明白，要是这时候你正在使用Wi-Fi的话，只要下线就是帮了我的忙了，我将感激不尽。我们碰到了点儿小麻烦，我不知道今天的网络是怎么了，我担心出了点儿小问题，恐怕我今天没办法给大家展示太多了），我能让你们看一些相册里的图片，看看这些照片吧，同一张照片，显示出来的效果却是完全不同的，还有其他的例子，同样的照片，看出效果不一样了吗？这是显而易见的，就在眼睛周围、牙齿周围。虽然照片很好看，不过我们可不能一整天就这样一直看下去。

没错，这就是视网膜显示屏，3.5英寸，大小和iPhone 3GS一样，却拥有960×640个像素，是iPhone 3GS的四倍，每英寸多达326个像素，而且还拥有800：1的对比度，同样也是iPhone 3GS的差不多4倍，我们还在上面使用了一种非常先进的LCD技术——IPS技术，对于这种设备来说，我们认为IPS技术比OLED要好太多了，它能提供更精确的颜色和更高的分辨率，而这对于OLED显示屏来说，是它在当前远远无法达到的显示效果，因此我们有足够理由相信，在目前来说，IPS技术是相当优秀的。

当然，这样做的结果就是，我们的文字显示无比清晰，图像和视频格外生动鲜活。另外，这块视网膜显示屏的像素数达到了iPad的78%——就掌握在你的手中。iPhone OS4也经过了特殊设计，来保证你的程序能够在视网膜显示屏下顺畅运行——全屏显示，而且效果看起来甚至比以前更好，我们所做的一切，使得iPhone OS能够自动在更高的分辨率下渲染程序中的文字和控件，因此你获得这些效果是理所当然的，你的程序不用做任何更改，便能得到更炫、更酷的显示效果，不过如果你愿意做一点儿小小的加工——打开你程序里的素材库，置入分辨率更高的素材——那么，它们将会变得更加炫目多彩，所以我们建议你这样去做。

这就是视网膜显示屏的效果，非凡的文字、非凡的图片、非凡的视频。我们相信这将成为将来几年内的图像显示方面的一个标杆，我们认为目前还没有谁能够与它相提并论。并且，你知道，显示屏是你的窗口，通向网络、通向你的程序、通向你的媒体、通向你的软件，我们认为它应该是所有硬件中最为重要的单个元件了。现在，我们在这个重要的元件上取得了一点儿突破，它就成为这个世界上最好的窗口了，这就是视网膜显示屏。

第三项，iPhone 4 的驱动是A4芯片。这种芯片，是由我们团队独立研发出来的。队员们在这片小小的芯片上倾注了自己的心血，当它被安装在iPhone 4里，两者之间的操作配合度真是无与伦比。现在，请允许我为大家进行展示。诸位看到的正是iPhone 4的背部，打开外壳以后，里面的构造可谓巧夺天工，众多体积微小的机械完美地执行各自的功能。在眼花缭乱的组件中，你必须要细细搜索，才能在一个毫不起眼的角落里发现这块A4芯片。

接下来，我将展示其他的元件。这里是小型sim卡槽。为什么要选择介绍这个微型部件呢？这是因为它的体积非常小，能够给其他部件腾出更大的空间。此外，这里还有通信模块、接口。诸位请看，电池是整个iPhone内壳里体积最大的单元部件。为了提高电池的使用时间，我们想尽办法增加了电池的体积。值得一提的是，A4芯片也在其中起到不可忽视的作用，它的电力管理功能是非常出色的！

通过这两种方法，在3G通话中，iPhone 4增加了近40%的通话时间。如果从前它能保持5个小时的通话时间，而现在竟能达到7个小时！如果你想用iPhone 4上网的话，下面的消息无疑更让你喜出望外：它的3G上网时间可以达到6个小时，Wi-Fi上网时间是10个小时。此外，它还能连续10个小时播放视频，至于音频的播放，则高达10个小时。

以上就是iPhone 4所有的内部构造。与此同时，有关iPhone 4的环境监测报告也足以让大家满意。让世人谈之色变的砷、溴化阻燃剂、汞、聚氯乙烯等有害物质，它都没有采用。并且，iPhone 4所用的不锈钢及玻璃材料，都是可以回收再利用的绿色物质。由此可见，它非常具有环保的特性。至于前面我们提过的A4芯片，它的内储能力高达32GB，支持四频的HSDPA和HSUPA，下载速度为7.2MB，而且能以每秒5.8MB的速度上传。当然，以上都是理论上的数字，因为运营方面的问题，可能上述的速度会稍有减缓。

但是，一旦运营的环境达到成熟时，各位将会看到以上的数值得到完美的展现。为了更好地消除背景杂音，iPhone 4还置有双麦克风；它采用802.11n的无线网络协议；另外，它还拥有GPS、方位指示器及指南针。为了使iPhone 4满足更多人的需求，我们还在其中配置了高质量的硬件。这些硬件，都藏在那张小小的A4芯片中。

第四项，别以为iPhone 4的功能仅此而已。我们在前面已经提过方位指示器以及它可以开启新游戏的独特功能。现在，我们已远远不满足于此。我们在里面新安装了一个非常棒的陀螺仪！这是一个三轴的陀螺仪，它的效果美轮美奂。它不仅能感应到不同角度的旋转，如俯仰、横滚、侧转以及反重力的旋转，而且，我们整合了陀螺仪、方位指示器、指南针的功能，利用六轴动作作为感应，将其做成了一个前所未有的CoreMotion APIs！当你使用这个功能时，你就能得到精准无比的卫星定位信息。除此之外，它在游戏方面的功能也堪称完美！要知道，这不过是每一台iPhone 4的基本配置！

我很高兴可以在现场做一个演示。这个小程序是我们制作的，它使用的是方向感应器，正如你们所见到的，它可以向前后左右的任意方向倾倒，可是如果我沿着重力线旋转的话，它就毫无反应了，位置感应确实很好，但是离超级精准还有一定的距离，现在，如果按下“accelerometer”键，它就会开始使用陀螺仪，大家可以看到，它对动作的感应明显清晰多了，而且可以感应到我沿着重力线的旋转。

现在让我继续来演示这个游戏（游戏演示），好了，你们一定明白我的意思了。我们的团队中那些优秀的工程师已经把我所演示的特性结合在一起了，也就是你们现在看到的陀螺仪。现在，我最想知道的是你们将会采取哪些行动。我知道它一定是非常令人惊异的。所以，我们把陀螺仪加入到另外四个传感器当中，然后再配置给每一部手机。我们现在的手机拥有了陀螺仪、方向感应器、数字指南针、距离感应器和环境光线感应器，它将变得更为智能，更能感应周围的环境，这太令人激动了，我急切地想知道你们将如何利用这个陀螺仪使iPhone变得更加精彩。

这就是第四项。

第五项．这是非常令人赞叹的一项，一个完全不同以往的相机系统。现在的厂商，往往喜欢谈论一些很表面的指标参数，一旦论及摄像，就会用“多少百万像素”这样的语言来回应，不过我们更加喜欢这样的问题：如何让照片的质量更好。

这是两个问题，高像素当然很好，但是对于手机摄像来说，最重要的却是如何获得更多的光线。因为手机的摄像头非常小，传感器、镜片同样很小，所以，如何捕获更多的光线以及如何在光线不够的情况下拍出好照片才是重中之重。所以，我们的任务是在将手机像素由300万提升到500万的同时，应用背面照明感应器——这项技术在一部分高端相机中已经尝试了一段时间了，不过在手机领域却还是第一次。

而且，当其他手机厂商不断增加像素的同时，他们把单个像素压缩到更小了，而这样做的后果就是手机摄像头所能捕获的光线也就更少了。而我们的成就就是，在提高了200万像素之后，单个像素感应头却仍保持不变，还是原来的1.75微米。

所以，独立的像素感应头所拥有的光线并没有减少，与此同时，我们还获得了更多的像素。

在我们的相机程序里面，设置有5倍的数码变焦，当然，其中还运用了我们出色的轻点对焦技术，现在，我们又内置了一个LED闪光灯。这样做的成效是，通过它拍摄出来的照片让人印象十分深刻，你不仅可以纵向拍摄，还可以横向拍摄，你可以清晰地看到数码变焦在哪里。

在这里有一些通过iPhone 4拍摄的照片，大家可以看一下，它们没有经过任何的修饰，完全展示了iPhone 4所能达到的质量。我再次强调，它们没有经过任何修饰，都是我们员工自己拍摄的，我只不过挑选了几张最好的。这张可以当做一个范例，在这种光线较弱的环境下，任何相机都很难拍摄出精彩的效果，对于一部手机来说，就更困难了，所以，我们对iPhone 4此刻所能达到的效果，非常满意。

我认为，我们的iPhone 4拥有一个相当完美的照相系统，但这还不是全部。因为这部相机同时还拥有拍摄高清视频的功能，而且是720p的画质，每秒30帧的帧率，可以说，这是货真价实的高清视频。

作为静态图像轻点对焦的第一人，我们此刻可以更上一层楼，在视频拍摄上应用轻点对焦技术。我们还在内部做了视频编辑程序，让用户可以直接在手机上随意剪辑想要的视频、一键分享照片。LED闪光灯也可以保持开启，帮助你看清所有要拍摄的景物，也就是说，此刻，你可以直接通过手机来录制高清视频，并直接在手机上进行编辑，再轻松地通过几次按键，便可以将它发送出去，可以用邮件，也可以用彩信，上传到MobileMe，或是YouTube都没有问题，这个应用给大家留下了深刻的印象。

为此，我们走了很多路，比想象的还要远，因为我们做的，是设计了一个新的软件，名字叫做“iMoive for iPhone”，与其用言语在这里描述，不如在这里直接展示给你们。我十分荣幸地邀请Randy U比尔os上台来为大家展示。他是我们最杰出的工程师之一，是我们所有视频软件的首席架构师，请允许我高兴地邀请Randy上台来，亲自为大家做这个演示。

（乔布斯重新回到台上）而接下来我要介绍的第五项是全新的照相系统。事实上，对于照相系统，大部分人更为关心的是像素问题，担心能否拍摄出清晰高质量的照片。然而像素固然是重要的一方面，但是拍摄和夜间摄像功能其实更为重要。所以，我们将300万的摄像头升级，使其达到了500万像素。与此同时，我们还为其添加了闪光灯，使夜间摄像质量更高。

我们可以看到，这些照片的质量的确让人赞叹。我们并没有进行任何修饰，它们都来自于我们员工的拍摄。也许大家已经对此感到满足，但我要告诉大家的是，我们还为iPhone高清晰的视频拍摄功能，清晰度垂直方向720像素，并达到每秒30幅画面。更值得骄傲的是，我们率先发明了对焦功能，它同样适用于视频拍摄。同时，你可以将你拍摄的照片或视频编辑处理并通过邮件发送，以实现分享功能。

现在该说说第六项功能了，它就是iPhone OS4.。这是世界上最先进的手机拍摄系统，而我们将其命名为IO4。当然，它同样拥有很多新特性。首先，它可以进行多任务操作。也许你会觉得这并不是一项新的特性，但是我要说的是，如果我们不能实现良好的多任务操作，那么电池的使用时间将变得非常的短。其次，我们还为其添加了文件夹功能。由于时间的关系，我不能在此为大家一一演示这些新功能了。但是我们可以通过大屏幕看到，这款操作系统的确值得我们赞叹。我们改进了相关的企业功能，优化了数据保护、设备管理等项目，并添加了用户交换功能……在此，我还要和大家分享一组具有非凡意义的数据。就在这个月，我们卖出了第1000万台iOS系统设备，当然这其中包括iPhone、iPad和Touch。这真的是一个十分广阔的市场。

第七点，我们成功地将iBooks引入了iPhone中。它不仅仅支持图书封面显示，更能支持PDF阅读模式，同时还能进行书目存储。非常酷！我们将iPhone、iPad、Touch上的iBooks同步，你可以在任何一个产品上购买图书，然后可以通过无线网络进行相互传递。

我要谈到的第八项新功能就是iAd。那么它究竟有什么用处呢？事实上，它能为我们的公司增加更多的收益。在2010年的下半年，iAd将成功占据移动广告市场48%的市场份额，并达到6000万美元的收益规模。

以上就是我要和大家分享的iPhone的新功能。哦，似乎我还有一点没有提到，iPhone将支持视频通话，而其视频和音频的质量将趋于完美。不过，目前这项功能仅支持Wi-Fi网络，我想不久的将来它会支持其他网络模式，如电话网络。

至于价格，iPhone 4有2种颜色可供选择——黑色和白色，而其价格根据内存大小将有所不同，16GB售价为199美元，32GB为299美元。与此同时，8GB内存的3GS的价格将调整到99美元，我们将于6月24日起执行新的价格标准。

好的，以上是我今天要介绍的全部内容了。在这里，我要感谢为苹果发展付出努力和心血的全体团队工作人员。这是一项巨大的工程，而我更希望广大用户能真心喜欢我们的孩子——iPhone 4。谢谢大家。

最后的演讲

主持人：如今，苹果炙手可热，库比蒂诺也从中沾光，今晚我们非常荣幸，邀请到乔布斯为我们做演讲。史蒂夫，请！

乔布斯：非常感谢大家。苹果发展的速度的确非常快，可这与库比蒂诺的作用是分不开的，因为它是我们发展的土壤。最开始只是工业园，如今办公大楼已经发展到280号公路尽头，可办公楼只能容纳2600~2800名员工，我们的员工数量已经超过12000名。在无奈之下，只好租些条件不太好的写字楼提供给员工办公。现在我打算将大家转移到离园区不远地方去，在那里我们将开辟更大的办公区。当然，现在的这个园区会被保留下来。这就是说，新园区依然在库比蒂诺，因为这里对我的意义非同寻常。

我从小就崇拜惠普创始人休利特和帕卡德。13岁时我给休利特打了个电话，他居住在帕洛阿尔托。尽管后来很尴尬地暴露了年龄，我还是请求他送我些零件，用来做频率计数器。令人惊奇的是，他不但满足了我的请求，还让我拥有了一份工作。暑假时，我来到惠普计频器部门实习，就在圣克拉拉280号公路旁，这对当时的我来说简直妙极了。

恰好在那个时候，惠普买了块新地皮，并在那儿建立起计算机系统部。现在惠普经济状况不好，打算出售它，我们就把地皮买了下来，还附带上旁边的一片杏园，共有150英亩。我准备在那里建个新园区，这样就不用离开库比蒂诺了。

我们将把它交给最优秀的设计师，希望能建起一座可以容纳1.2万人的大楼。容纳1.2万人，这可能会让你想起中国的学生宿舍，简直无法想象吧！有些工业园区被设计得拥挤、乏味，我们打算改变这一切。看，这就是园区未来发展的蓝图，能看见这里吗？在280号公路十字路口的交汇处，这里就是未来的苹果总部。

当初买下这块地的时候，我们很想连这个拐角一起买下来，结果没谈成，只能放弃。一栋能容纳1.2万人的大楼——这个想法很有创意吧！看看它，有没有太空飞船的感觉？这里还有个大院子，别急，还有更酷的，请走近一些看——办公室从外面看起来是圆环状的。这样的外形优美、昂贵，因为所有的玻璃都必须是弧形的。别担心，我们有建造苹果零售店的经验。巨大的弧形玻璃对我们来说，不是什么难题。整整一圈全都是玻璃墙，令人炫目吧？

现在，整个园区的绿化面积只有20%，很多地方被浪费了。那么，我们就来个大手笔的——把停车场全都挪到地下，扩大绿化面积，最好能达到80%。原因大家都明白，谁也不愿自己的园区被人指指点点。园区里现有树木3800棵，将来会成倍增加的。我们将要请来斯坦福的园林设计师，让他们参与我们的园区设计。杏树将要保留，其他植物也会陆续种植起来。

看！我们的园区建成后就是这样。这里是主楼，地下就是停车场。由于地下停车场还不够宽敞，所以我们又专门设立了一个停车点。这座四层的圆形建筑就是新办公楼，中间是个开阔的庭院。我不喜欢摩天大楼，特别钟爱矮些的建筑，基本上和现在库比蒂诺的建筑高度保持一致就可以了。

电源是必不可少的，因为我们的工作就是不停地在电脑上写程序。如果没电了，大家都得回家睡大觉。这就显出后备电源的重要性，我们将设立能源中心，在那里用天然气等绿色能源发电。将来我们还准备把它当做主要的电力来源，国家电网只用来做后备。

看！这里将是一个大礼堂，我们可以很方便地在里面开会，而不用像昨天那样，还得去旧金山。还有这儿，将来会成为我们的健身中心和研发大楼，会有专门用来做测试的地方，而不会打扰到员工。

这些就是我们对未来的设想。

现在，苹果员工有1.2万人，将来有可能增加到1.3万人。不过没关系，新的园区建成后，可以多容纳40%的员工，使用面积也会增加20%，达到310万平方英尺。最令人振奋的是，绿化面积将增长35%，这个数字绝对惊人。那样一来，树木会增加60%，地上停车面积将会减少90%。到时候你肯定会被这片土地迷住的，因为那比满地沥青更令人赏心悦目。

另外，建筑占地面积也会减少30%，这样将会把更多的空间留给建筑师去发挥。看！这里将会建起咖啡厅，它可以满足3000人同时就餐。1.2万名员工在这里工作，这样大容量的餐厅是非常有必要的。

好，我就介绍到这里，还有什么问题吗？

主持人：谢谢您精彩的演讲，苹果能在库比蒂诺安家，这让我们感到非常高兴。现在，印有“苹果飞船”的T恤都上市了，印花上的飞船就是在库比蒂诺登陆的。各位参议员还有问题吗？王议员？

王议员：史蒂夫，您好！

乔布斯：您好！

王议员：现在看来，大家都非常关心的一点，新园区会给民众带来什么好处，您能说说吗？

乔布斯：对库比蒂诺来说，我们可是纳税大户，而我们很乐意在这里继续缴税，这一点非常重要。你肯定有同感。而新园区项目如果失败了，我们只有卖掉地皮，带着员工寻找其他地方。库比蒂诺肯定不会希望纳税大户离开的。

王议员：是的，当然不会的。

乔布斯：我们和你想的一样，所以，这是我要回答你的第一点。另外，只要是杰出的人才，不论年龄大小，我们都会雇用。比如，有很多优秀的大学毕业生来到了我这里，包括斯坦福大学的，另外还有像我这样的，五六十岁的员工。他们会非常乐意把家也安在这里的。我们还有自己的公共交通，20辆烧生物燃料的环保班车，正运行在旧金山和圣克鲁兹之间，还有很多员工为了环保和健康更愿意骑自行车去上班。对库比蒂诺来说，这些都不无益处。稳定的税收、优秀的人才、更环保的出行方式，这已经很诱人了，除此以外，这些高收入的人才，大部分都会选择在这里定居，对库比蒂诺消费水平的提高肯定会起到推动作用。当然，还有大片树木环绕下的优美环境，这些就是我们即将带给库比蒂诺民众的好处。

王议员：非常感谢，这的确非常诱人。接下来我想了解的是，苹果能否提供些免费服务，像无线宽带这样的？

乔布斯：请原谅我说话的直接，我认为，既然我们按时交纳了税款，政府就应该提供类似的服务。不过，如果我们可以免税，当然很乐意免费为大家服务了。

王议员：那么就给你免掉些销售税，给市民提供免费的iPad和无线宽带吧！

乔布斯：我相信，我们创造的价值与免费的无线宽带相比，肯定要多得多。

王议员：非常感谢，我很赞同您说的这些。

乔布斯：不客气。

主持人：马奥尼议员有什么要问的吗？

马奥尼议员：在你回顾惠普那些往事时，我感慨颇深。我曾经在惠普工作了35年，期间一直没有离开过库比蒂诺的惠普园区。所以，当惠普离开库比蒂诺的时候，我心里很难受。今天看到你的规划蓝图，我再次充满期待。我们都觉得这里如同美丽的潘多拉星球，属于美国的潘多拉。你们选择库比蒂诺，使我们感到很荣幸，今后一定会努力助你们一臂之力的。

乔布斯：非常感谢，或许我们的办公楼真的会成为全球第一。那时，各大院校建筑专业的学生一定会蜂拥而至，前来“瞻仰”，我对此充满了信心。

马奥尼议员：那真是太好了。

主持人：非常感谢。张议员您有问题吗？

张议员：您好！我与同事一起去你们的园区参观过。亲眼看到了你们的规划蓝图，的确很了不起。不过，听说现有的大楼会在新园区建成后保留下来，也会有员工留在那儿吗？

乔布斯：对，两个都属于我们。

张议员：那么旧有的办公楼里，将安排8000~9000名员工吗？

乔布斯：不，只有2600人。

张议员：这么说，新的园区大楼将会容纳1.3万人？

张议员：这么多人的安全是个大问题，我对这点很关注。万一发生火灾等突发事件，你如何保障他们的安全呢？

乔布斯：这个问题我们也很重视，所以找来的都是技术经验一流的建筑团队，务必保证每个人的安全。整个设计、建造的过程，都必须严格把关，保证质量。

张议员：很好。我的第二个问题是，员工越来越多，肯定会造成交通拥堵，这点你们打算怎样解决呢？

乔布斯：我们没打算再招聘更多的人。

张议员：没有打算吗？

乔布斯：是的，没有。

张议员：好的。

乔布斯：我的员工顶多再增加20%，那是不会带来交通威胁的。

张议员：我知道你非常重视空气质量，所以，办公楼内是禁烟的对吗？

乔布斯：没错，我的父母都因肺癌去世，香烟就是罪魁祸首，所以你肯定理解我对吸烟有多反感。

张议员：这附近有一家水泥厂，你知道吗？空气会被这个工厂污染的，这一点你意识到了吗？

乔布斯：什么？

张议员：水泥厂会造成污染环境。

乔布斯： 凯瑟？你说的是它吗？

张议员：对，是史蒂文斯路24001号。

乔布斯：我就是在这里长大的，所以很清楚这个厂子的情况。我不喜欢它，可它的存在就是事实，不会以你的意志为转移，我能做的只是忍耐。

张议员：非常感谢您。

主持人：感谢张议员。王委员呢？

王委员：你能具体说说工期吗？开工完工都定在什么时候？

乔布斯：这个问题也是我正在思考的。我当然希望越早越好，最好明年就开工，2015年就可以搬进去了。

王委员：非常感谢您，您的到来让我们感到很荣幸。你高超的技术让所有人都感到骄傲，而把库比蒂诺与苹果放在一起，又让我们心底油然而生出一种自豪。

乔布斯：谢谢，库比蒂诺也是我们的骄傲。

主持人：非常感谢王委员。她这么关心开工时间，一定是着急明年征你们的税呢！其实乔总和我是老乡，和我女儿又是校友。库比蒂诺对你来说是再熟悉不过了，所以你愿意让苹果在这里扎根。其实，你完全可以把苹果种在别处，而且可以肯定的是，别的城市也会有拐走你的企图，可最终，你还是决定留下，这应该与库比蒂诺的创新和多元化有很大关系，加上这里有很优秀的学校，人才济济，这肯定更坚定了你留下的决心。

我只是希望，你们能为这个地区多做些什么，我们会非常感激的。

不过，遗憾的是，库比蒂诺竟然没有一个苹果专卖店，我和同事们买苹果，只能跑到别处去。真希望你们在库比蒂诺开个苹果专卖店，只要你开，我们就去买，瞧我的iPad2，这简直是我爱不释手的宝贝，我11岁的女儿都被它迷住了。

乔布斯：把苹果店开在库比蒂诺，估计是行不通的。尽管这样会省去很多周折，可销售状况不会太好，不然我们一定会开一家的。

主持人：别担心，你会成功的，有我们支持你！再次向乔总表示感谢！在座的各位，你们是幸运的，因为你们见证了这历史性的一刻。5年前，这块155英亩的土地被乔总买下，5年后这块土地将会成为“苹果之园”！这是多么令人激动的时刻。苹果的技术无人可比，所以在库比蒂诺，我们会努力帮你们取得更大的成功！

乔布斯：非常感谢。

主持人：再次把掌声送给乔总，非常感谢！

预见，未来

——《花花公子》对乔布斯的专访

花花公子：我们都迈过了1984年，但这个世界并没有被电脑统治，可能一些人会对此感到吃惊。若是因为电脑疯狂增长，人们要去赞扬或者批判谁的话，毫无疑问，你这位29岁的电脑革命之父将首当其冲。这场革命让你实现了梦想，获得了财富，你的那些股票曾经一度值5亿美元之多，对不对？

乔布斯：这一年股票下跌给我带来了2.5亿美元的损失。

花花公子：可是你居然还能笑得出来？

乔布斯：我不能让我的生活毁在它手里。你不觉得好笑吗？这些钱在我的眼中带来最大的感觉就是滑稽。在过去10年间，在我的所作所为中最深刻、最有意义的事情并不是一直盯着钱看。我甚至觉得这让我变得苍老，在大学演讲的时候我发现，很多大学生对我的了解最多的就是我是一个百万富翁。

我的学生时期60年代刚刚结束，当时还没有变得像现在这样功利。再看看现在的学生，他们不再去想那些充满理想的事情，或者说有但是已经变得很少。如果他们的专业是商业，那么就不会拿出太多时间去想哲学问题。但是我的学生时代60年代刚刚结束，还能感觉到那时的那种理想主义思潮，我认识的同龄人中，多数都受那种思想的影响，并且影响深远。

花花公子：很有意思，电脑行业里的亿万富翁竟然是……

乔布斯：我知道你想说什么，年轻的狂热分子。

花花公子：我们想问的是，你和史蒂夫·沃兹尼亚克是十年前从车库里走出来的成功者，你们所开创的又算是什么革命？

乔布斯：100年前的石油化工革命为我们带来了自由的能量，这场革命改变了我们的生活、改变了我们的社会结构。不过石油化工革命带来的能量是机械能，而现在我们经历的信息革命所带来的是另外一种能量，即智能。可能这种对比现在还不是很明显，不过我们制造的一台Mac的耗电量比一盏100瓦的灯泡还要低，每天能为你省下几个小时的时间。10年之后呢？20年、50年之后呢？那时会是什么样子？我相信我们的成就将会是最先进的，远远超过石油化工革命。

花花公子：我想我们可以暂停一下，先来了解一下你是怎样定义电脑的？它们怎么工作？

乔布斯：电脑的原理很简单。比如现在我们坐在咖啡馆的长椅上，你想去卫生间，但是只知道大体方向，不知道具体怎么走，需要我详细地指示给你。可能我会说："侧身沿长椅移动2米，起立，抬起左脚，弯曲左膝盖，至水平位置后，左脚向前移动300厘米……"之类的。假设，你能以高于其他人100倍的速度掌握所有指示，你就会像是拥有了魔法：你可以用飞一般的速度去拿一杯奶昔过来放到桌子上，然后打个响指。而对于我而言，你的速度太快了，以至于我以为这杯奶昔是你用魔法变出来的，电脑就是用来处理这些指令。电脑会处理一些非常简单的指令，比如"把这个数字与那个数字相加，结果显示在这个地方，同时把这个结果与另外一个数字比较大小。"尽管简单，但是它的速度非常快，可能是每秒100万次。若是以这个速度来计算数据，结果就像是有人在施魔法。

这样来解释电脑的工作显得很简单，其实你不需要去明白电脑是如何工作的。就像是大多数人都不知道自动换挡器如何工作，但这并不影响他们开车。物理知识、运动定律，要学习开车不一定非要懂得这些原理。同样，要想使用Mac，也不一定要理解它的原理，但是既然你问了，我就告诉你。

花花公子：看得出，你对电脑改变我们的生活非常自信，但对于那些质疑的人呢？决不妥协吗？

乔布斯：我见过的最神奇的工具便是电脑了。电脑可以用来写作、通信、计算、规划、管理档案，以及艺术创作，集万千功能于一身。这一切只需要输入指令，或者运用软件便可实现。就工作能力和用途之广泛而言，没有什么可以与电脑相提并论。至于未来它会发展成什么样子，我不敢说。但就现在而言，它把我们的生活变得更简单，原本需要几个小时的工作，现在用电脑只需要1秒钟。它让我们的生活质量有所提升，不仅帮我们完成了一些简单枯燥的重复性工作，还扩展了我们的思维。相信在将来它的能力会越来越强，能做的工作越来越多。

花花公子：现在你能不能给出一个理由，说服我们掏钱买一台电脑？有一位你们这一行的高层最近说："我们已经提供了电脑，但是并未告诉他们电脑能用来做什么。电脑处理支票的速度还没有我用手处理得快。"那么，我们为什么要买一台电脑？

乔布斯：电脑的用途对于不同的人来说，答案也不同。若是商业从业者，答案很简单，首先，它能帮你准备文件，速度更快、质量更高，这样就可以提升你的办公效率。电脑可以处理很多琐碎的杂事，让你得到解脱。其次，电脑可以用来作为一个鼓励员工创新的工具。千万记住电脑的性质，它是一个工具，帮助我们更好地完成工作的工具。

在教育领域中，书本之后最伟大的发明便是电脑了，你可以与它互动，而且它永远不知疲倦，毫无怨言。像苏格拉底那样的教育方式恐怕再也不会有了，一名教师若是足够优秀，加以电脑的辅助，教育方式将会有质的飞跃。现在很多电脑已经被我们投入到校园中。

花花公子：你所说的都是电脑在商业和教育领域的应用，那家用市场呢？

乔布斯：就现在而言，家用市场更多的还只是一种理论可能，不怎么实际。现在购买家用电脑的人，要么是想在家里办公，要么是想用电脑运行一些教育软件，为了自己或者为了孩子的学习。如果不是为了工作，也不是为了学习，就只能说你买电脑是为了了解它，熟练掌握它。你对它感兴趣，又不知道它是什么，于是便买回来学习。不过，形势以后会越来越好，电脑将走进大多数家庭。

花花公子：为什么说会越来越好？

乔布斯：最主要的原因是，人们将电脑买回家，可以接入通信网络，与全国其他电脑实现通信。就像电话一样，这将是一个伟大的突破，我们的这项研究刚刚起步。

花花公子：能不能说的具体一点，这种突破是什么突破？

乔布斯：我现在只是猜测。这一行就是这样，你不知道自己的努力最后究竟会有什么结果，但是你知道它一定是伟大的。

花花公子：难道说，一个人花3000美元买回家一台家用电脑，就是为了那么一个信仰吗？

乔布斯：这个信仰在将来一定会实现。但真正让我们感到困难的地方是，有的人一定要问你一些细节问题，而我们真的无法回答。如果有人在100年前问亚历山大·格雷厄姆·贝尔："电话有什么用？"我想，他也不能回答你电话究竟将如何改变世界。人们通过电话来了解当晚上映的电影，向商店预定百货，与地球另一端的亲人通话，我想这些他都不知道。不过，请牢牢记住，1844年下午第一封公开电报发送成功。这是通信史上的伟大突破。从纽约把信息发送到旧金山，只需要一个下午时间。

当时人们说要把美国每张桌子上都放上一个电报机，这样就能提高效率。结果呢，这个设想没有实现。为什么？因为要想发电报，就需要学会使用摩尔斯电码，那种"滴"和"答"的声音就像是一套古怪的咒语。学会这套电码需要40个小时，但多数人一辈子都不会使用。幸运的是，1870年贝尔申请了电话专利。电话的工作原理同电报一样，但人们很容易就能学会如何使用，更棒的是，使用电话不仅可以用文字来交流，你甚至可以唱歌。

花花公子：这说明什么？

乔布斯：不仅仅是文字，你还可以把语调传输过去。我们现在的处境与此类似。有人认为，要在每张美国桌子上摆上IBM PC，这样便可以提高效率。这样做不会有效。因为你必须要学习一些咒语才能使用它，比如“/q-z”之类的。现在最流行的文字处理程序是WordStar，这个程序光是使用说明就有400页厚。你想写一本小说，就得先读完一本小说，而且对于大多数人来说，它简直就是一本天书。没有人会去学习/q-z，就像他们当初不会去学摩尔斯电码一样。而Mac所起的作用就在这里，它就是这个行业里的最早的一部“电话”。不仅如此，我觉得Mac最厉害之处在于，它会给你对着电话唱歌的感觉。你既可以用文字来通信，也可以通过特殊的打印样式，以及绘制的图片来传递信息。

花花公子：这真的有那么重要吗？是否可以说这不过是一种新奇的玩意儿？我至少听到有一个人批评说：“Mac是世界上最昂贵的神奇画板”。

乔布斯：这种差别非常重要，就好比电话与电报之间的差别。你设想一下，若是在你的成长过程中能够拥有这样一款“神奇画板”，你可以用来做什么。这不过只是它的一项功能而已。它可以帮助你提高工作效率，提升创造力，还可以用图片、图形、文字、数字等多样高效的方式帮助你实现通信。

花花公子：多数电脑的指令都靠键盘输入，但是在Mac上面，很多指令被鼠标代替。这改变了很多习惯用键盘的人的习惯，为什么要用鼠标？

乔布斯：如果我想告诉你你衬衫上污点的位置，我不会说：“在你衬衫领子下方14厘米，扣子左面3厘米处，有一个污点。”我会直接指着那个污点对你说：“那儿”。直接指出来是每个人都知道的一种方式。我们做了深入的研究和多次测试，结果是每个指令用鼠标都明显要更快，复制和粘贴就是一个例子。用鼠标不仅仅是更简单，速度也会提升。

花花公子：你们用了多长时间开发Mac？

乔布斯：电脑用了两年多时间，但是其中的一些技术几年前就开始研究了。研究Mac的这段时间是我一生中最棒的时间，我之前从来没有在什么事情上下如此大的工夫。所有参与研发的人都这样表示。甚至后来我都不想把它公布于众，觉得若是公布了，它就不再属于我们。我们最终在股东大会上展示了这款电脑，观众席上所有人都起立鼓掌，掌声长达5分钟。这让我非常吃惊，我当时看到前几排坐着的都是Mac的研发人员，他们也都非常吃惊，不敢相信眼前的一切都是真的，所有人都流下了眼泪。

花花公子：我们曾经告诉过你：有人说，我们会在赞扬中迷失方向。

乔布斯：我们只是对从事的工作充满热情而已。

花花公子：你说你们对工作充满热情，同时你们还有百万美元的广告费，加上你对媒体的吸引力，消费者该如何透过这些表象看到你们背后的实质？

乔布斯：从竞争的角度来说，广告是不可少的。IBM的广告到处都是。优秀的公关能力会教育人，就是这样。在我们这一行你不可能欺骗别人，产品自己便会说话。

花花公子：除了像鼠标效率低、只有黑白屏幕之类的常见的指责，大家最不能接受的应该还是苹果产品过高的定价。你是否可以对此做出回应，部分或全部？

乔布斯：这些问题我们都研究过，鼠标在处理数据或者应用中移动时，效率会比传统方式要快。以后的某一天，你会花满意的价钱买到彩色屏幕的。至于产品定价，最初创业的公司产品成本都很高，所以价格也会高，以后产量越大，价格便会越低。

花花公子：这也是为什么一些人对你不满的原因，他们说你先是用高价赚有热情的人的钱，然后用低价赚其他人的钱。

乔布斯：事情绝不是这样的。但凡是能降价，我们就会降价。现在与几年前相比，电脑的价格确实是便宜了，就算是与去年比，价格也降了。IBM PC不也是如此吗？我们最终的目标是让所有人都用上电脑，因此价格越低，这一目标就越容易实现。如果说只需1000美元就能买到Mac，我也会很高兴。

花花公子：那些在Mac发布之前购买了Lisa和苹果Ⅲ的用户怎么办？他们买到手的产品无法与新产品兼容，变成了被淘汰的过时产品。

乔布斯：要是这样说的话，那购买IBM PC或PC jrs的用户也都面临这个问题。

Lisa上面的一些技术同样被用到了Mac上面，所以这部分用户可以使用Mac上面的软件，Lisa可以说是Mac的前辈；尽管Lisa一开始并不是很成功，但现在它的销量上升迅速。苹果Ⅲ的销量每个月也超过了2000台，其中一半多都是老客户。从大方面来看，新技术不一定就会取代旧技术，但是它可以让旧技术变得过时。而结局最终还是新技术取代旧技术。彩色电视机刚刚上市时，黑白电视机的用户便是这种体会，最后他们衡量一番，决定是否要在新技术上面投资。

花花公子：你是否担心在现在的发展速度下，Mac会在未来几年内变得过时？

乔布斯：在Mac推出之前，苹果Ⅱ和IBM PC可以说是这个行业里面的两个标准，它们像是两条冲击岩石河床的激流，坚持多年才会变得成熟，苹果Ⅱ坚持了7年，IBM也坚持了4年。

但是，我们用了不到1年的时间便又推出了Mac，这款新产品的完成依靠的是开创性的功能为动力，同时背后还展现了我们公司的营销实力。我们革命性地找到了冲击岩石河床的第三条激流，也可以说是第三条标准。能够具备这个实力的，这一行业中只有两家公司，一个是苹果，另一个是IBM。我认为未来三四年内，无论是苹果还是IBM，都很难再做出突破。可能等到了80年代末期，我们才会再见到一些创新。

花花公子：那这段时间之内呢？

乔布斯：让产品变得更简易，方便携带，让它们相互连接，还有推出激光打印机，共享数据库，以及更强大的通信能力，可能会将电话与电脑连接。这将是我们这一行业的发展方向。

花花公子：你在这上面付出了巨大的心血。对于Mac，有人说它对苹果有益，也有人说它会毁了苹果。当初Lisa和苹果Ⅲ上市时，苹果股价大幅下跌，业内人士甚至想这下子苹果可能要完了。

乔布斯：没错，我们感受到了这种压力。我们很清楚，必须要让Mac展示出令人信服的东西，只有这样，我们才能实现产品和公司的突破。

花花公子：当时到底严重到了什么程度？濒临破产吗？

乔布斯：不，不，不。其实我们1983年的营业状况良好，尽管外面流言满天飞。1983年苹果公司生产规模增加一倍，销售额也从1982年的5.83亿美元增长到1983年的9.8亿美元。这都是因为苹果Ⅱ。只是当初的业绩没有我们预料中的那样好而已。就算是没有Mac上市，我们依靠出售苹果Ⅱ，以及它的其他产品，年收入依然可以保持在10亿美元的水平上。

花花公子：那么苹果去年究竟遇到了什么样的困难？

乔布斯：IBM势头非常猛，无论是软件开发者，还是产品经销商，都在转向IBM一方。当时Mac的研发团队成员都明白，这款新产品足以让整个行业震惊，并且把这个行业重新定位。这种事情我们之前就做过。若是Mac没有取得成功，那我就直接认输，因为它表示我没有认清楚这个行业，做出了错误的判断。

花花公子：原本大家认为苹果Ⅲ会像苹果Ⅱ一样，风光无限，但4年前它的发布是失败的。最终你们召回了一开始的1.4万台，之后也进行过重新设计，但结果无效。苹果Ⅲ到底给苹果公司带来多少损失？

乔布斯：损失巨大，无法计算。若是苹果Ⅲ能够取得成功，将会给IBM的挺进造成很大的障碍，但这就是生活。我觉得我们已经吸取了其中的教训，我们现在变得更加强大。

花花公子：Lisa上市之后，表现也非常失败，这又是什么问题？

乔布斯：第一，1万美元的定价太高了。我们总想依赖财富500强企业来消化我们的产品，但是苹果公司是建立在大众消费的基础之上的。另外两个问题是发货太迟和软件融合性能差，导致士气大跌。当时IBM来势汹汹，我们发货迟了6个月，同时定价又高。还有就是我们有150家产品经销商，现在看来这是非常愚蠢的，它大大增加了我们的成本。最终我们决定让营销和管理方面的专业人士来帮忙，但是他们都担心这家新公司的失败会给他们的成功抹黑。

花花公子：这是你们当时的真实写照吗？就是苹果已经是一个大

企业，要真枪真刀地干了，最好还是请一些专业的人来管理。

乔布斯：要知道，我们当时不过23、24、25岁而已。这些事情我们之前没有接触过，这样做看上去不错。

花花公子：或好或坏，公司的多数决策都是你做出的吗？

乔布斯：我们不希望出现一个人独掌公司的局面。当时管理公司的有三个人，麦克·斯科特、麦克·马库拉和我。最开始，若是出现争议，我往往会遵从那些经验丰富于我的人。他们基本上不会出错。不过，在一些关键时候，我想我的意见可能效果更好。

花花公子：你想负责Lisa部门，但是遭到了马库拉和斯科特的反对，他们觉得你不能胜任这一职位。尽管他们两人都是你招进公司的，是这么回事儿吗？

乔布斯：当时我们确定了概念框架，找来了关键人选，技术方向也确定了，但是斯科特觉得我没有运营经验。很明显，我受到了很大的打击。

花花公子：你有没有觉得正在失去公司？

乔布斯：可能有吧，但这不是最糟糕的，真正的困难在于新招聘的Lisa团队中，很多人并不认同我一开始的设计初衷。整个团队中出现了很大的分歧，变成了两支队伍，其中一支的理想产品是类似于Mac这样的，另一支主要来自惠普等公司，他们想开发出更大的、面向企业的产品。最终我只好自己带了一支小队伍出来做，就像是回到了当年的车库一样。没有人说什么，我想斯科特是在迁就我。

花花公子：苹果公司可是你一手打造的，你怨恨过吗？

乔布斯：你永远不会怨恨自己的孩子。

花花公子：哪怕是你的孩子要将你扫地出门？

乔布斯：我没有怨恨，有的只是伤心和沮丧。但是，我因此为苹果得到了最优秀的一群人，我觉得当时若不这样做，麻烦会更大。看看现在的Mac，就是这群人想出来的。

花花公子：现在这样说是不是有些过早？要知道现在很多关于Mac的宣传当初也用在了Lisa上，但结果是失败了。

乔布斯：你说得没错，我们在Lisa身上倾注了太多希望，但结果证明是错误的。我们现在对Mac非常清楚，知道它能解决所有Lisa身上的问题。我们会让苹果公司回归本源，面向大众出售电脑，而非企业。我们将研发世界上最疯狂、最好的电脑。

花花公子：最疯狂、最好的电脑，那是不是需要一个最疯狂的人来完成？

乔布斯：其实想做出一款疯狂、优秀的产品，有很多工作需要做，比如学习并采用新的理念，抛弃一些旧的理念。是的，Mac的研发团队就是这样一群人。

花花公子：关于疯狂的、优秀的创意，拥有它的人，与实现它的人之间有什么区别？

乔布斯：就拿IBM来举例子。研发Mac的团队与IBM研发PCjr的团队有什么不同？我觉得Mac是一款可以售出无数台的产品，但即便如此，我们也不是为了谁而去研发它，我们之所以去制造它，纯粹是为了我们自己。这样一来，这款产品是好还是坏，完全由我们最专业的人士来做出判断，我们不出去做市场调查。我们的目标只有一个，那就是尽自己的所能，做出最好的东西。如果你是一个优秀的木匠，你要打一个漂亮的五斗柜，即便是没有人能看到，你也不会在后面用胶合板，你依旧会用漂亮的木板。可能仅仅是为了晚上能无牵无挂地入睡，外在的美和内在的质，必须优秀、统一。

花花公子：你的意思是说PCjr的开发人员不会为自己的产品感到骄傲？

乔布斯：如果真是那样的话，他们就不会放弃PCjr了。在我看来，他们为了开发这款产品做了充分的市场和用户调研。他们的目的是能做出一款产品，并且吸引很多用户，然后赚很多的钱。我们的动机完全不同，Mac的研发团队只有一个目的，那就是做出一款划时代的伟大产品。

花花公子：电脑领域现在成了年轻人的天下，像苹果的员工平均年龄只有29岁，这是为什么？

乔布斯：新事物、革命性的事物基本上都是如此。年龄越大，思维便越僵硬。我们的思维与你们不同，你们的就像是脑子里搭起了脚手架一样，越来越定式。基本上，所有人的思维都会出现定式，很难摆脱。一旦思维僵硬、定式，看待问题的方法和眼光便会固定，很难做出改变。这也是为什么艺术家到了三四十岁之后就很难再做出惊世骇俗的作品。不过，也有人例外，有人会一辈子像小孩一样充满好奇心，这种人非常少。

花花公子：我们谈谈其他话题吧，人们说起苹果的时候，一般指的都是苹果公司，而不是苹果电脑。你在苹果公司中发挥的作用是不是也是如此？

乔布斯：是的，这一点我也感觉到了，我们不仅可以用电脑，还可以通过其他方式影响社会。我觉得到了80年代末或者90年代初，苹果公司会成为财富500强公司的楷模。10~15年前，若是让美国人列出最让他们振奋的5家美国企业，宝丽来和施乐肯定上榜，但是现在呢？它们去哪里了？人们不再像以前那样让它们上榜。什么原因？当一家企业的规模达到年收入几十亿美元，它便会或多或少失掉一些信念。到那时，一些中层管理人员便会被安插到运营者和一线做事的人中间，这些中层管理者不会对产品产生强烈的感情；而那些一线做事的人虽然有激情，但他们若想按照自己的想法去做事情，必须花大力气去说服那些中层管理者。大多数企业都面临一个情况：企业内的工作环境是打压个人式的，而非鼓励式的，这样的环境中人才大量流失。人才一旦流失，企业也就将陷入平庸。我为什么知道这些，因为这就是苹果为什么会发展壮大的原因。苹果是一家“埃利斯岛”式的公司。苹果的发展壮大，依靠的便是其他企业流失过来的“难民”。这些优秀的人才为苹果的发展做出了巨大贡献，但同样是他们，在其他企业则是惹是生非的人。

你知道，埃德温·兰德博士就是一个惹是生非的人。他从哈佛大学退学，之后创办了宝丽来。他是这个时代最伟大的发明家，除此之外，他还发现了艺术、科学与商业三者的交叉点，并成功将其实现为一个企业。这么多年来，宝丽来一直遵从这一理念，但是结果呢？作为企业的创立者，惹是生非的埃德温·兰德博士竟然被赶出了公司，我见过的最离奇的事情恐怕也就是如此了。之后的兰德以75岁的高龄开始搞科学研究，尝试揭开色觉的奥秘。这个人可以说是国宝，但我不明白为什么人们不把他作为偶像，还有比这更荒谬的事情吗？所谓的偶像就应该是这样的人，而不是那些什么宇航员和橄榄球选手。

不管怎样，我们面临着很多挑战，其中最大的挑战便是将苹果发展成到上百亿甚至二百亿美元的企业。能否完成这一目标，也将是判断斯卡利和我在这5年或者10年是否称职的标准。到那时苹果还会坚持今天的理念吗？为此，我们正在建立起一种新的理念。无论是飞速发展，还是全新的管理理念，都没有一家企业能让苹果借鉴，我们只能摸着石头过河。

花花公子：按照你的理念，苹果为什么一定要发展为目前20倍的规模？为什么不保持现在的规模？

乔布斯：在这一行业中，如果你想不停地做出贡献，就必须发展壮大，苹果就必须成为上百亿的大企业。高速的发展要求我们必须跟上这种速度，我们现在真正担心的是这个问题，而不是挣多少钱，这个问题毫无意义。

苹果的员工经常会每天工作18个小时。我们有这样一群人，他们不愿意用5年或者10年的时间去等待，他们愿意接受具有挑战性的工作，为自己赢得广泛的关注。我已经认识到，我们现在所从事的工作的重要性。现在，我们处于一个起点，我们希望能制定好未来发展的方向。这里的每个人都意识到，现在是决定未来的关键时刻。这么多年来，我们一直在享用别人的发明。我们穿的衣服不是你我发明的；我们吃的食物不是你我发明的；我们交流使用的语言不是你我发明的，数学更不是，它来自外界。我们基本上没有机会发明什么，但现在我们有了这样的机会。我们还不知道未来将会走向哪里，但是我们知道，有些东西比所有人想象的还要恢弘。

花花公子：你曾说过要借助Mac来拿下企业市场，那你能否保证在市场上凭借Mac击败IBM？

乔布斯：是的，我们能。企业市场是由众多企业组成的，不仅仅包括财富500强企业，在这500强中IBM保持绝对领先，我把目光放在

500万强或1400万强上面。美国的小企业有1400万家，我觉得其中很大一部分都需要实现电脑化办公。1985年的时候，我们就曾经给这些企业提供过一些有效的问题解决方案。

花花公子：你们是如何做到的？

乔布斯：我们不希望将它们当做企业来看待，而是作为一群人的集合。我们也不希望仅仅是提他们处理文字和数据的速度，而是希望从本质上对传统的工作方式有所改变，比如改进人们之间的通信方式。在我们看来，5页的备忘录完全可以压缩成1页，同时一些重要的事项可以借助图片来表达。这样的通信方式将大大减少用纸，同时提高了通信质量，而且变得更加有趣。工作中往往是这样：一个原本非常风趣的人，一踏进办公室就变得无精打采。事情原本没有这么糟糕。如果我们能在看似严肃的商业领域引进一些自由主义精神的艺术元素，我觉得这将是一种贡献，潜力无法估量。

花花公子：但是在企业市场中，与IBM的竞争才是最重要的。IBM稳重和高效的形象已经深入人心，就连刚刚踏入电脑行业的AT&T也在你们之上。与它们相比较，苹果还是一家年轻的、没有经历过风浪的企业，尤其是在那些潜在的企业用户眼中。

乔布斯：Mac的作用便是逐渐打进企业市场。IBM的策略是自上而下，在企业市场中，以使用大型机的企业为发展的重点客户。苹果若想成功的话，就要走平民路线。拿网络来说吧，IBM的做法是连接整个公司，而我们则会将重点放在小型工作组上。

花花公子：行业里面的一位专家说，若想让这一行业得到发展，并且服务消费者，就必须建立起一个通用的标准。

乔布斯：这是完全错误的。如果说现在应该建立一个标准，那是不是也应该给1920年的行业建立一个标准？若真是那样的话，恐怕像自动换挡器、转向动力装置和独立悬挂这样的东西也不会被发明出来。技术封锁是我们最不愿意做的。Mac在电脑行业中是革命性的发明，它的技术绝对领先于IBM。我们应该提供一种IBM之外的选择。

花花公子：你们的电脑与IBM不兼容，之所以这样做是不是因为不想受制于IBM？有批评家说Mac不兼容IBM是傲慢的体现，就好比史蒂夫·乔布斯对IBM说：滚开。

乔布斯：不是这样，我们不一定要怎样做才能表现自己的气度。

花花公子：那是为了什么？

乔布斯：原因很简单，最主要的还是技术，我们的技术更先进，要是和IBM兼容，这款产品就不会像现在这样好。我们不希望这个行业被IBM主导。有人会说不与IBM兼容，得不到IBM的保护，这样做肯定是疯了。我们敢于这样做原因有二：一是，我们坚信自己的产品能经得起历史的考验，我们的选择最终也会被证明是正确的。到那时，IBM将不再是什么保护伞，而那些原本生产兼容机的厂商也将会被打败。

第二个原因比第一个原因重要，就是我们想推动电脑进入更多家庭。在我们看来，电脑是迄今为止人类遇到的最重要的工具。本质上人是工具的使用者，若是电脑能被更多人使用，这个世界就会或多或少因此得到一些本质上的改变。苹果的理念便是让电脑进入所有家庭，让它真正成为一种工具。但是当前IBM的技术无法做到这一点，我们必须要做一个不同于IBM的产品出来，这也是为什么会产生Mac的原因。

花花公子：在个人电脑销量方面，从1981~1983年，你们的份额从29%下滑至23%。而同一时间里，IBM的份额却从3%上升至28%。你们怎样看待这个数据。

乔布斯：我们从不为数据担心。苹果将更多的精力放到产品上，差异归根结底都是来自产品。而IBM则将更多的精力放在服务、支持、安全、大型机和主板上。三年前苹果曾经做过观察，如果一年售出1000万台电脑，就算是IBM这样大的企业，也不具备足够的能力来做售后的呵护工作。因此，我们将这种呵护输入到每台电脑之内，这也是Mac的一大特点。无论如何，电脑市场都是苹果和IBM之间的竞争。如果我们因为某些原因失败，IBM获得了胜利，在我看来，电脑时代将陷入黑暗时期，这一时期将长达20年左右。之所以这样想，是因为IBM垄断之后便会不再创新。

花花公子：为什么这样说？

乔布斯：举个例子说：菲多利这家公司就十分有意思。每周他们需要接待将近50万名顾客。菲多利的架子在任何一家店里都能看到，一些大一点的店里面甚至会见到好几个，里面放着炸好的薯条。在菲多利看来，最大的问题是如何应对变味的产品，也就是炸坏的薯条。菲多利解决这个问题的办法是调用1万名员工，不间歇地将变质的产品下架，同时替换上好的产品。这种工作在与部门经理沟通好的前提下井井有条，不会出乱。这样的服务模式使得菲多利在炸薯条市场上的占有率超过80%。他们可以将这个数据一直保持下去，如果他们不改变服务模式的话。而其他企业则永远不可能击败他们，因为那些企业招不到足够的员工，而招不到足够员工的原因是他们市场占有率太低，公司没有能力招更多人，招不到更多人就没法发展，没法提高市场占有率。这便形成了一个死循环，没有人能超越这道障碍，没有人能打破垄断者的特权。

菲多利自己本身创新很少，他们一旦发现一些小的薯条店推出了新品，便花一年半载的时间学习过来，然后推出同样的产品，并依靠自己的实力将那些小店逼到破产。这样，一段时间之后，他们的市场占有份额依旧会是80%。

IBM也是在用这一招。你可以看看市场上的大型机，自从15年前IBM霸占了大型机市场之后，他们几乎没有任何创新之举。若是其他的电脑市场也被它们占领，就会面临着同样的结局。从本质上来讲，IBM PC对于电脑行业来说，技术上的贡献为零。它们只做一些重新组装，以及将苹果Ⅱ的技术做了细微的伸展。他们就是这样，想要霸占一切，很明显。

不管我们是否接受，苹果和IBM将是这个市场上最终仅存的两家。我不喜欢这个结局，但事情就是这样。

花花公子：这个行业发展很快，你为什么会做出这样的判断？虽然Mac现在刚上市，是新鲜事物，但你能保证两年之后会怎样？你们不会与自己的理念竞争？难道不会有其他中小型企业挑战你们，正如你们挑战IBM？

乔布斯：现在的电脑市场主要是苹果在与IBM竞争，至于你说的第三或者第四的企业基本上不会存在，第六第七那种就更不用说了。多数创新企业现在都将眼光盯在软件市场上，我觉得软件方面会有很多发展，但硬件不会。

花花公子：对于硬件市场IBM或许持有与你们同样的观点，不过你们是不会放弃市场的。你怎么看？

乔布斯：我觉得电脑市场的规模现在已经非常大，无论是谁，想通过研发新产品来取得成功，几乎是不可能的。

花花公子：车库里走不出十亿美元规模的公司了吗？

乔布斯：不是的，不过电脑这一行恐怕很难了。苹果现在肩负着重要使命，就是行业创新，而这种创新只可能来自苹果。这也是我们在竞争中唯一的获胜方法，只要我们足够快，他们便追不上。

花花公子：像你刚才所说的那样，你觉得什么时候IBM会不再为自己的兼容机提供庇护？

乔布斯：现在有一些企业，年收入在1亿~2亿美元，他们勉强维持运营，却又没有条件创新。在我看来，IBM一方面会出新的软件来打击模仿者，那些模仿者无法提供这些软件；另一方面，他们一定会推出最新的标准，让现有的产品无法兼容。他们一直都想掌控市场。

花花公子：苹果呢？在最新的Mac上也无法运行苹果Ⅱ的软件。

乔布斯：是的。Mac运用的是最新的技术。我们很清楚，苹果Ⅱ、IBM PC这些电脑的技术会帮我们吸引忠实用户，他们为了研究电脑甚至会彻夜不眠。但这样的技术肯定无法得到普及，不能服务于大众。

而我们若想将电脑技术普及给更多人，就需要新技术，它不仅大幅度提高电脑使用的方便程度，还要提供更强大的功能。鉴于此，我们必须推出新产品，与旧产品划清界限，这也是无奈之举。我们竭尽所能使Mac看上去更优秀，因为这是一次非常彻底的与之前电脑的断代。至少在未来10年，Mac都将会稳定占据市场。

花花公子：我们谈谈Lisa和Mac之前的事情吧，从最开始谈起。关于对电脑的热爱，你有没有受父母的影响？

乔布斯：他们对我的选择非常支持。我的父亲是个机械工，他的手非常巧，能修好任何东西，常常会把一些机械部件拆开，然后组装起来。他在我眼中最初的印象便是这样。后来我迷上了电子产品，他鼓励我将它们拆开，然后再组装回去。5岁那年，他决定搬家到帕洛阿尔托，我因此与硅谷结缘。

花花公子：你是被收养的对吗？这对你的生活有何影响？

乔布斯：我不是很清楚，你清楚吗？

花花公子：你有过想要找到亲生父母的想法吗？

乔布斯：对于一个被收养的人来说，肯定好奇自己身上的某些特质的来处，这是非常自然的。不过，我相信后天的环境对一个人影响更大。你的成长方式、价值观、世界观，多数产生于后天的经历。但也有一些例外的事情，我对此曾经怀有好奇心，我想这是很自然的。我确实寻找过他们。

花花公子：找到没有？

乔布斯：我不想谈这件事。

花花公子：你父母搬到的新住址后来成为了硅谷。你是在那里长大的，对那里你有什么感觉？

乔布斯：在当时那里还是郊区，像美国其他郊区一样：我住的那个街区有许多小孩。入学前我父母就教我读书，因此学校生活让我感觉无聊，甚至是畏惧。3年级的我还很调皮，整日给老师找麻烦，把蛇拿到教室里去，还去找炸弹玩。但是这种情况到4年级发生了改变，我认识了伊莫金·希尔女士，她是我生命中至关重要的人。她是我在4年级的老师，不出一个月她就对我非常了解，鼓励和激发我读书的热情。这使我4年级学到的东西比任何一个学年学到的都多。4年级之后，他们想让我跳级去读高中，但被我的父母拒绝了，这是一个明智的决定。

花花公子：那个地方应该也对你有影响，对不对？硅谷对你的影响是什么？

乔布斯：硅谷这个地方位置非常考究，位于非常著名的两所大学之间，一所是伯克利，一所是斯坦福。这两所名校吸引了众多的学生，并且是成绩优秀的学生。他们从美国各地来到这里，后来他们都喜欢上了这里，便留了下来。新的优秀人才又源源不断地汇集于此。

“二战”之前，斯坦福的毕业生比尔·休利特和戴夫·帕卡德二人一起创立了一家创新力十足的电子公司，就是惠普。之后的1948年，贝尔实验室发明了晶体管，威廉·肖克利是三名发明者之一，他回到了位于帕罗奥尔托的家，创办了一家小公司，名字好像叫肖克利实验室。他在世之际，将十几名一流的物理学家和化学家集中于此。后来，人们之间慢慢地开始竞争，相继创立自己的公司，就像是撒了一把花种子一样。就这样，逐渐有了硅谷。

花花公子：谈谈你是如何接触到电脑的。

乔布斯：我家所在地隔壁的街区住着一个惠普工程师，名叫拉里·郎。我俩经常在一块，他教了我不少东西。最早见到电脑是在惠普，当时惠普每周二晚上都会邀请10个儿童去听演讲，并允许我们操作电脑。第一次见到电脑时大约是12岁吧，我还记得那天晚上他们展示了最新的台式机，还允许我们玩，我当时就非常想有一台属于自己的电脑。

花花公子：那时你喜欢电脑什么？当时你就意识到它日后的潜力了吗？

乔布斯：没有。当时就是觉得这家伙很棒，想自己有一台。

花花公子：后来你去了惠普上班，这又是怎么回事儿？

乔布斯：12岁还是13岁那年，我需要找到一些零件做个东西，便翻黄页找到比尔·休伊特，并给他打了电话。他亲自接了电话，他是个好人，尽管不认识，他还是和我聊了有20分钟。最后他给了我一些零件，并给了我一份惠普的暑假工作。我还记得工作是组装频率计数器，这份工作并不轻松，我还记得我负责拧螺丝。当时干什么已经不重要了，我觉得自己幸福极了，简直就像进了天堂。

我还记得去惠普上班的第一天，我向自己的主管，他名叫克里斯，表达自己对惠普和这份工作的热爱。我说自己最喜欢的便是电子产品。我又问他最喜欢的是什么，结果他说是上床。那年夏天，我收获颇丰。

花花公子：那史蒂夫·沃兹尼亚克呢，你们是什么时候认识的？

乔布斯：当时我13岁，他18岁，是在一个朋友的车库里认识的。他应该是我遇到的人中唯一比我更精通电子产品的。我们都喜欢电脑，而且都很幽默，所以就成了朋友。俩人在一起还做了不少恶作剧。

花花公子：比如说？

乔布斯：也没什么。一次我们做了一面大旗，特别大，并计划在学校的毕业典礼上把它展开。还有一次，沃兹尼亚克做了一个看上去和听上去都挺像炸弹的东西，并把它扔到学校食堂里。我们还一起做过“蓝盒”。

花花公子：是不是那种可以用来打长途电话的东西？那可是违法的。

乔布斯：是的。关于蓝盒子最有趣的一次是，沃兹尼亚克打给了罗马教廷，并在电话里说自己是亨利·基辛格。罗马那边半夜急匆匆地把教皇喊醒，结果却发现打电话的并非是基辛格。

花花公子：你们做这些事的时候难道就从来没有碰到过麻烦？

乔布斯：有好几次，学校都把我们给赶了出来。

花花公子：后来怎么样了？你有没有一度对电脑非常痴迷？

乔布斯：当时，我并没有在任何一件事上，投入过太长的时间。那个时期，我还经历了很多其他的事情。高一到高二的时候，我第一次体验抽大麻的感觉；还曾对莎士比亚、迪兰·托马斯及所有的经典人物做过深入的研究。后来，我读了《白鲸记》，于是重新回到高一的创意写作课去学习。高三时，我得到特别批准，可以分出一半的时间到斯坦福去听课。

花花公子：那时的沃兹尼亚克是怎样的，有什么事情让他痴迷吗？

乔布斯：当然，在他的生活中不只有电脑。不过，在我看来，沃兹生活的世界非常与众不同，别人都无法理解。他的喜好有点儿超越于当时的时代，以至于找不到和他兴趣相投的人。可想而知，这个时候的他是很孤独的。他不在乎别人对自己的期待，总能按照自己的意愿行事，可以活得很洒脱。对我而言，沃兹在许多方面是不同的，但也有些共同的东西存在于我们之间，这些东西让我们彼此亲近。我们就像两颗行星，虽然都有各自运行的轨道，却有很多重合的地方。这些地方不仅限于电脑，比如，鲍勃·迪伦的诗集是我们共同的爱好，我们都愿意花时间去思考相关的问题。加利福尼亚是一个充满无限可能，并且有足够自由的地方，在这里，斯坦福大学刚研制出一种兴奋剂，你就可以拥有它；你可以和你的女友在海滩上共度良宵。

另外，东方那些充满神秘感的东西也很吸引我。在俄勒冈州，我就读于里德学院的时候，拜读了蒂莫西·里瑞、理查德·阿尔伯特和盖瑞·施奈德等人的大作。当时，学生中间流行的是《全体集合》

和《一个小行星的饮食》等书，基本上大家都读这些书。在现在的大学校园里，很难再看到这些书了。不能简单地用好或者坏来评判这一改变，毕竟环境已经完全不同了。人们已经不再读《一个小行星的饮食》，取而代之的是《追寻卓越》这一类的商业书籍。

花花公子：想起过往的种种，你觉得大学生活对于今天的你有怎样的影响？

乔布斯：可以说影响深远。60后叱咤风云的年代已经成为历史。在他们当中，有许多人放弃了自我节制，丧失了原则，以致一生没能实现自己的梦想。我的许多朋友，既继承了那个时代中理想至上的思想，又不会耽于理想不切实际。当他看到有些人已到中年，还是在食品店里工作时，就给自己敲响了警钟。我并不是说食品店的工作不好，问题是，你的理想并不是在食品店上班，那就真的很糟糕了。

花花公子：后来，你离开了里德学院，来到硅谷，看到一份写着“享受快乐，拥有金钱”的招聘启事？现在这可是一份众所周知的招聘启事。

乔布斯：是啊！我是想去，可是我没有必要的资金。为此，我开始找工作。一天，当我翻阅报纸时，就看到了那条招聘启事，它写着“享受快乐，拥有金钱”，于是我就按照上面的联系方式打了个电话。那是一家名叫雅达利的公司。我运气很好，他们第二天就给我打来电话，说我被录取了。

花花公子：那时的雅达利公司肯定刚刚起步。

乔布斯：公司规模很小，我差不多是他们雇用的第40名员工。那时，Pong和另外两款游戏是他们已经开发了的。Pong是个非常成功的案例，他们打算其他所有的游戏都采用田径游戏的开发方式。我开始工作的第一个任务是开发一款篮球游戏，当时的搭档是一个叫唐的家伙，那简直太糟糕了。同时，公司还在进行一个冰球游戏的项目。

花花公子：这份工作让你很难忘吧？你达到了挣钱旅游的目的。

乔布斯：雅达利开发了一系列游戏，它们出口到欧洲，但是后来，在设计上出现了一些漏洞。我针对这些问题提出了解决方案，但修复的工作就要派人到欧洲去完成。我主动提出愿意前往，到了那里后，我向他们请假，他们准了我的假。这趟旅行的最后一站是瑞士，到了苏黎世后，我又从那里去了印度的新德里待了一段时间。

花花公子：在那里，你还剃了头？

乔布斯：当时，我来到喜马拉雅山脉观光，正赶上那里在庆祝一个宗教节日。很多人对一个被称为“巴巴”的人无限崇拜，他是那个节日的圣人。当时，我有很长一段时间没吃过美味可口的东西了，闻到一阵很好闻的味道，就被吸引过去了。我恭恭敬敬地走到跟前，向他表示了敬意，接着就去吃午餐。

我一坐下来要吃东西，也不知为什么，这个“巴巴”就走到我那里坐下，突然大笑起来。他的英语不好，我也不太懂印度语，不过他尽力地想跟我说些什么，然后拉起我的胳膊来到一条山道上。说起来好笑，成千上百的印度人为了和他共度10秒钟，不惜千里迢迢而来，可是我不过是想吃些好吃的，他却拉着我跟他一起爬山。

爬了半个小时，我们到了山顶。那里有个小池塘，我的头被他浸到水里，接着，他就拿出一把剃须刀开始给我剃头。一个印度“巴巴”竟然拉着我喜马拉雅山上剃我的头，当时，只有19岁，并且身处异国的我完全惊呆了。时至今日，想起这件事，我都不明白他为什么要这样做。

花花公子：回来以后，你都做了些什么？

乔布斯：和去时相比，回来后我受到了更大的文化冲击。雅达利打来电话，希望我能继续为他们工作。我本意是不愿回去的，但他们请我担任顾问，最终我还是答应回去。沃兹尼亚克和我闲逛了一段时间。当时，电脑爱好者们组成了一个电脑俱乐部，他们经常举行些会议，互相交流。在沃兹尼亚克的帮助下，我参加了他们的一些会议。在我看来，他们的一些想法和创作出来的东西不过如此，当然也有让人眼前一亮的。但是，沃兹尼亚克参加会议时总是非常认真。

花花公子：当时对电脑有什么看法？是什么吸引了你？

乔布斯：那时俱乐部的活动都是围绕着一款名为Altair的计算机展开的。Altair大约是在1975年左右问世的，花不到400美元就能买到它。总的来说，它并不算贵，但也不是人人都能买得起。于是，电脑爱好者们集合起来，组成电脑俱乐部，合力买下了这台电脑。让所有人感到不可思议的是，居然有人能开发出仅供个人使用的的电脑。这在之前，根本就是无法想象的。在我们那个时代，中学里都用不到大型计算机。我们为了能用得上计算机，不得不求助与那些大型企业，请他们以做善事的心情资助我们。可是到了现在，人人都可以购买计算机了。

花花公子：你用这台临时电脑都做了些什么？

乔布斯：那时的计算机只有字母数字，显示不了图形。我对简单的编程操作很感兴趣。早期，计算机连打字的功能都没有，你要靠开关一闭一合时输入字母。

花花公子：那时的Altair就已经具备家庭电脑的理念了。

乔布斯：它代表的正是那种人们可以自己拥有的计算机。但是，他们真不知道怎样做利用它。首先，他们先给它设定一些指令，这就需要为它编写一些程序。过了一两年后，Altair才真正地为人们所用，执行的也都是一些简单实际的操作，比如记账等。

花花公子：你那时想过要自己开发出超越Altair的产品吗？

乔布斯：在雅达利工作时，通常我会工作到很晚。雅达利开发了一款外接方向盘的车辆驾驶游戏，起名为Gran Track。这款游戏让沃兹非常痴迷，为此花了不少的钱。为了能让他玩个痛快，晚上我就让他到公司来通宵玩Gran Track。这时，我如果在项目上遇到难以解决的问题，就会去求助沃兹。那时的他也有自己的事情要做。他开发了一款计算机终端，为它设计了显示器，同时买了一个小型的中央处理器，把它们连接起来，苹果I就是这样诞生的。其中的电路板是我和沃兹自己设计的。

花花公子：为什么要这样做？

乔布斯：只是觉得好玩儿，同时也可以向朋友们炫耀。

花花公子：你们怎么会想到去生产这款设备，并把它们卖出去的？

乔布斯：有个家伙告诉我们，他愿意帮我们把这款产品卖出去，这就需要我们把它生产出来。在最早的电脑商店中，这个人的商店是其中之一。这时我们才意识到，我们可以用它赚钱。我把我的大众轿车卖掉了，沃兹也卖掉了他的惠普计算器，我们一共凑了1300美元。

花花公子：你和沃兹尼亚克是怎么工作的？

乔布斯：沃兹的主要工作是设计，存储器部分则由我来负责，我要把他的设计变成产品。沃兹是一个很有头脑的设计者，不过在将发明转化为现实方面就不那么擅长了。

花花公子：但是用苹果I的都只是些电脑爱好者吧？

乔布斯：是啊！当时卖出了150台，销量不算大，但却让我们从中获取了大约9.5万美元的利润。苹果I没有机箱，没有电源，只是一块印刷电路板，严格说来还不算一款成型的产品。你还需要为它单独配备变压器和键盘。

花花公子：事情已经开始变得不一样了，此时你和沃兹尼亚克有没有想到过，电脑对将来的世界会产生什么样的影响？

乔布斯：电脑发展到今天这种状况是我们始料未及的。当初，沃兹的心思都放在了项目上，他发明了磁盘驱动器，苹果Ⅱ问世；而我则尝试着去开办公司。我们两人缺了任何一个，都无法取得今天这样的成绩。

花花公子：你们一起合作了那么长时间，彼此间的关系可曾发生过什么变化？

乔布斯：我们的不同点在于，沃兹内心深处对苹果公司并没什么兴趣。他发明苹果Ⅱ的初衷是把他放在一块印刷电路板上，到他的电脑俱乐部去展示。他这样做了，而且有他自己的想法和目标。

花花公子：比如花1000万美元参加美国摇滚音乐节和电脑。

乔布斯：在我看来，音乐节有点疯狂；但对沃兹而言，那是他坚强的信念支撑。

花花公子：现在，你们两个人的关系怎么样？

乔布斯：在人生中，当某个人和你一同走过，并亲密无间的合作，你和他就产生了一种无法割断的联系。即便曾经有过激烈的争吵，但那联系还是会在。哪怕他在你的生活中，已经不是最重要的朋友，这种在友情之上的情谊依然无法消失。他差不多5年没到苹果来了，不过没有人会忘记他的贡献。现在的沃兹一个人独自生活，四处演讲。这是他喜欢的生活方式。

花花公子：发明了苹果Ⅱ后，你们两人在电脑使用上引发了一场革命。当时的情形是怎样的？

乔布斯：并不是只有我们两个，还有其他人和我们合作。苹果Ⅱ的逻辑部分非常重要，这部分仍由沃兹尼亚克负责。除此之外，还有电源和机箱，也是很重要的部分。苹果Ⅱ之所以意义重大，就在于它是一款完全成型了的产品。它有自己的机箱和键盘，是第一款可以让你自己拥有的电脑。

花花公子：最初的购买者还只是电脑爱好者吗？

乔布斯：他们的不同之处在于，你可以使用苹果Ⅱ，而不必精通电脑硬件。这正是苹果Ⅱ意义非凡之处。大多是人只是想可以使用电脑，但不必自己去生产电脑。我们在第一年只卖出了3000~4000台。

花花公子：你们两人刚刚创业，能有这样的成绩已经很不错了。

乔布斯：1976年，我们的盈利是20万美元，1977年是700万美元，1978年是1700万美元，1979年是4700万美元，1980年是1.17亿美元，1981年是3.35亿美元，1982年是5.83亿美元，1983年是9.85亿美元。到了今年，我预计我们能达到15亿美元。

花花公子：这些数字一定让你念念不忘吧！

乔布斯：这些数字没什么意义，真具有历史意义的是，苹果电脑在1979年开始走进学校。

花花公子：那时，你的个人电脑刚刚问世。在这次采访中，你言谈之间，只把IBM当成竞争对手。虽然苹果和IBM合起来在市场上占有的份额达到了60%，但是，市场份额的40%还被Radio Shack、DEC和爱普生等公司占据着。尤其是，你对强劲的对手AT&T没有引起足够的重视。

乔布斯：AT&T的竞争力绝对不容小觑。这个公司本是一个靠政府补贴和监管的企业，但是现在为了适应市场的自由竞争，他们内部正在实施改革，朝着技术方向发展。AT&T的产品品质从未来讲不是最好的，但他们实验室的技术实力却是过硬的。对他们而言，真正的难题在于学习如何将这些技术转化为商品，把他们推向消费者。这没有几年时间是做不到的。

花花公子：在你看来，他们对你不会产生大的影响？

乔布斯：我觉得他们至少还需要两年的时间来学习，这期间不会对我们构成威胁。

花花公子：你对施乐和德州仪器有什么看法？

乔布斯：施乐已经被淘汰了。德州仪器表现一般，和想象中相差甚远。

花花公子：雅达利的电脑很便宜，对此你是怎么看的？

乔布斯：500美元以下的电脑性能很不稳定，这些产品往往让人大失所望，现在，人们已经普遍认识到了这一点。

花花公子：体积小，可以随身携带的电脑如何？

乔布斯：如果你需要一边走路，一边整理资料，比如一名记者，那么它对你很有用处。可是对更多的人来说，没有必要如此，而且也没有多少软件。将来，我们会开发一款可以便携式电脑，它的性能和个人电脑一样，却只有一本书的大小。

花花公子：你对爱普生和其他日本电脑厂商有什么看法？

乔布斯：在电脑市场上，爱普生已经是个失败者了。

花花公子：在汽车产业上，美国面对日本已经落败。有些人提出，在半导体公司的竞争中，美国也会败给日本。你觉得呢？

乔布斯：有些人觉得日本只是在模仿，但我不这么认为。在我看来，他们所做的是再造。他们会对那些已经问世的东西进行彻彻底底地研究，直至完全理解掌握，再优化这些东西。

这种方法很适用于那些像汽车、音响一样更新速度慢的产业。但是如果某项技术快速地更新换代，他们就需要拉长研究再造的时间，从而感到非常吃力，无法适应。

如今，个人电脑的技术日新月异，这个速度使他们模仿再造困难重重。但是，一旦发展的进程慢下来，他们就会东山再起，尽全力抢占市场。

只需四五年的时间，日本人就能生产出质量很好的电脑。因此，我们必须在4年内成为具有世界水平的厂商，才能在这一市场中站稳脚跟。现在我们在制造技术上已经不落后于日本，甚至可以说我们的水平已经超过了日本。

花花公子：你是怎么做到的？

乔布斯：在设计麦金塔电脑的同时，我们还设计了一种机器去生产它。在这方面我们投入了2000万美元，建成了电脑制造工厂，目前，在行业内没有比它的自动化程度更高的了。但这并不意味着我们可以高枕无忧了。在一般情况下，一座工厂在7年后就该更新了，但我们要在两年后就进行更新。到1985年时，这座工厂将停止使用，同时开始第二座工厂的建设。

花花公子：对苹果来说，日本公司并不只是竞争对手，比如，你的磁盘驱动器是从索尼买的。

乔布斯：我们的许多配件都是从日本购买的。我们使用了世界上最多的微处理器、RAM芯片、磁盘驱动器和键盘。使用别人的零件，可以让我们节省出更多的精力，放到软件开发上。

花花公子：回望过去的几年，软件行业有什么突破性的发展？

乔布斯：说到突破，在一块微处理器上使用一种编程语言肯定是其中之一。VisiCalc第一次使计算机应用到商业中，也算一个。

花花公子：在处理文字方面呢？

乔布斯：大多数人使用个人电脑时，最先用的就是文字处理的功能，这个程序的应用最为普遍。

花花公子：你非常重视教育，曾强调会首先考虑在教育方面的应用。在你看来，电脑将在多大程度上影响教育？

乔布斯：电脑和教育软件在学校中的应用，将是对我们学习方式的一次变革。苹果公司斥资数百万美元，成立了教育基金，给那些开发教育软件的人，和没有钱买电脑的学校提供资金上的帮助。我们还致力于将麦金塔电脑应用到大学教育中。为此，我们选了24所大学，预计每所需要配置的电脑都在1000台以上。我们把电脑进入大学这个项目介绍给他们，告诉他们加入这个项目至少需要200万美元，问他们愿不愿意。结果，所有的大学都给了我们肯定的回答。就这样，我们仅用了一年的时间，就让麦金塔电脑进入了大学，成为大学的必备配置。

花花公子：但是当时不是没有配备成套的软件吗？

乔布斯：有些电脑已经有了。部分大学表示会自己开发这些软件。IBM得知我们的项目，曾试图阻止我们，他们派了大约400人到各个大学中，给他们赠送电脑。不过，大学方面看得很长远，他们认识到相对于硬件，开发软件反而需要投入更多的资金，因此不愿意花一大堆的钱，去购买采用老技术的IBM电脑。所以，大多数学校不但没有采用IBM提供的电脑，更甚者，会拿IBM的赞助投资到麦金塔电脑上。

花花公子：大学时，在你和同学们看来，投身到哪个行业中，更能实现自己在社会中的价值，从政吗？

乔布斯：在大学的同学中，真的有头脑、很聪明的人都没从政，而是加入了商界。

花花公子：是想挣更多的钱才经商的吗？

乔布斯：这倒不是。这些人关注的并不是钱，有些人的确变得很富有，但他们还是像以前那样生活，基本上没什么改变，金钱并不是他们真正关心的。在这个过程中，有失败、有成功、有进步，这才是他们真正想体验、想要的。在政治环境中，就没有这种体验，很多人从政后，就丧失了那种为理想奋斗的精神。

花花公子：你可以预测一下嘛，短期内电脑和软件会有些什么进步？

乔布斯：现在，电脑在我们的生活中扮演着仆人的角色；但是，未来它就可以给我们更多的指导，在很多事情上代替我们去执行。也就是说，它会更能适应我们的需要，更方便使用，并且能提出几种方案供我们选择，然后去执行。我们可以用电脑监控日常生活，使它能够感知外界环境的变化，然后告知我们。

花花公子：可以举例说明吗？

乔布斯：比如，设定监控股票涨跌的程序。如果股票上涨到你预期的价位，电脑就会提示你的代理人卖掉股票，同时还会告知你。以后的电脑，就算执行100多个这样的任务也不成问题。再过3年，我们就能实现这个目标。

花花公子：现在的我们拥有的电脑硬件上能支持这些任务吗？需不需要买新电脑？

乔布斯：这个还不好说。

花花公子：现在苹果处于领先地位，这让你很自豪。有些公司虽然早就创立了，但现在却要跟在新创的企业后面亦步亦趋，你是怎么看待这种现象的？

乔布斯：这是在所难免的。更新换代，老旧的东西被社会抛弃，这也是苹果要面临的严峻考验之一。我们会尽力朝更高远的目标努力。

花花公子：转瞬间你就获得了成功，对此你有什么看法？

乔布斯：以前，我的脑子里产生过一个想法，就是一年卖出100万台电脑，当时只是想想而已。可是一旦你的理想实现，就会有完全不同的感觉了。在那一刻，我心里想的是“天哪，我真的办到了”！但是，成功的感觉在一瞬间，而成功却绝非一朝一夕就能达成的。到明年为止，苹果问世已有10年了。可是我的一生，在一件事上从来没有投入过超过一年的时间。每一年都是由很多的困难和成功交织而成，在这个过程中，我的经验也越来越丰富。

花花公子：在你余下的人生中，你都有什么计划？

乔布斯：印度有句古谚：“你人生的前30年里，会养成很多习惯；而之后的30年，就要靠这些习惯来成就你。”现在，我很快就要步入30岁的门槛，时常会咀嚼回味这句话。我和苹果的联系无论如何也无法切断，就算有几年我离开了，但最后我还是会回来的。

花花公子：23岁时，你就已经是百万富翁了。

乔布斯：24岁时，我成了千万富翁了，而到25岁，我已是亿万富翁了。

花花公子：百万富翁和千万富翁有什么不同？

乔布斯：透明度。在美国，百万富翁多以万记，千万富翁就要以千记了，而亿万富翁只有寥寥数百人。

花花公子：你是如何看待金钱的？

乔布斯：当你的钱多到用之不尽的时候，它反而会成为你的负担。最好不要把这样一比巨额财富的遗产留给你的子女，那只会让他们的生活变得混乱不堪。如果你没有继承人，死后，你的财富就被政府征收。人们有一个共识，那就是自己支配自己的钱，把它们用到慈善事业上，这样要比被政府征收好得多。这时你要面临的问题是，怎样把这些钱反馈到社会中去，将你的价值观和关怀融入到其中。

花花公子：你将会怎么做？

乔布斯：私下里我正在筹备设立一支公共基金，等我有时间时，这件事就会达成。

花花公子：你有什么爱好是特别奢侈的吗？

乔布斯：书籍和寿司是我的最爱，但这些花不了多少钱。我的时间很紧张，花前月下和去意大利旅行对我来说太费时间。我很喜欢纽约这座城市，因此在那里买了一套房子。

花花公子：现在你拥有的财富、达到的成就，使你可以去追求一般人看来遥不可及的梦想。你会惊讶于自己竟会有这种自由吗？

乔布斯：当你决心实现某个梦想时，自然就会产生一些责任，这会让你的生活困难重重。当你可以靠自己的能力去实践理想中的事情，同时也会有更多的责任应运而生。

乔布斯小传

1955年2月24日，史蒂夫·乔布斯出生在美国旧金山。谁都知道，是他一手缔造了苹果世界，演绎了神一样的非凡人生。

乔布斯刚刚出生，就被当时在美国旧金山一家餐馆打工的父亲与潇洒派酒吧做管理员的母亲遗弃了。他的母亲辛普森是一位未婚先孕的硕士研究生，她希望自己的孩子能接受良好的教育，能够健康快乐地成长。所以，她寻找收养家庭的一个要求，就是养父养母必须要具有大学学历。但是原本打算收养乔布斯的律师夫妇突然改变了主意，放弃了收养乔布斯。

幸运的是，一对好心的夫妻收留了他。十几年来，这对夫妻一直都想收养一个孩子，但是这个愿望始终都没有实现。这对夫妇一听到有这样一个机会，非常高兴，也很乐意把乔布斯接到自己的家中，并答应乔布斯的生母，一定会像抚养自己的亲生儿子一样照顾乔布斯。

可是，他们只是加州的蓝领工人，是一个普通的美国家庭。他们俩都没有读过大学，没有什么文化，乔布斯后来的养父甚至连高中都没有上过。这和乔布斯生母当初的想法相差太远，所以，她在之后的几个月里，一直拒绝在领养书上签字。经过多次沟通之后，这对夫妇对乔布斯的喜爱打动了乔布斯的母亲，并且他们还保证，一定会让孩子接受最好的教育，尽力供他上大学。

1955年，乔布斯生母将乔布斯送予养父母保罗·乔布斯（Paul Jobs）和克拉拉（Clara）领养。乔布斯的新家位于加利福尼亚州芒廷维尤，这里是美国“硅谷”的发源地。当时很多电子工程师包括惠普公司的工程师都住到了乔布斯所在的街区。所以，长大后的乔布斯会说，自己的偶像是惠普联合创始人戴维·帕卡德。而“硅谷”的电子发展和文化也多多少少影响了少年时期的乔布斯。

不过，5个月后，乔布斯夫妇迁至加州观景山。虽然是养子，但养父母却对乔布斯很好。在很小的时候，乔布斯就展现出了与普通小孩不同的一面。学生时代的乔布斯顽皮、聪明，肆无忌惮，常常和老师“唱反调”，语出惊人，也常常喜欢别出心裁地搞出一些令人啼笑皆非的恶作剧。不过，他的学习成绩倒是十分出众。

乔布斯10岁的时候，就对电子产品产生了浓厚的兴趣。他会缠着那些“邻居”——电子公司的工程师，问一些和自己年龄不相符的高深问题。有时候，他为了弄清一些电子产品的结构原理，还经常拆卸和重组一些小型的电子产品。

11岁的乔布斯，对电子产品已经到了痴迷的状态，经常去外面收集一些从“硅谷”丢出来的废弃电子品。也是这一年，乔布斯因为不想在加利福尼亚山景市上中学，就竭力说服养父搬到了加利福尼亚州的帕洛阿尔斯市。1968年，乔布斯进入霍姆斯特德中学学习。或许是少年时期的“倔犟”，乔布斯和班里的同学玩不到一块儿去。

在1969年，14岁的乔布斯在惠普公司做起了暑期短工。在惠普公司，一些工程师看他对电子产品如此痴迷，还经常给他讲解电子方面的知识。一个惠普的工程师还推荐他参加惠普公司的“发现者俱乐部”。这个俱乐部每星期二晚上在公司的餐厅中都会举行一个聚会。也就是在一次聚会中，小乔布斯第一次见到了电脑。这件对于别的孩子来说并不算是了不起的事，对乔布斯来说，却有着不一样的非凡意义。

乔布斯后来回忆说：“经过那次聚会，我更加清楚地认识到，对我来说，这些东西已经不再神秘，它们不再是一些不可思议的东西，而是人类创造力产生的结果。”

在乔布斯高中时，他知道了自己的身世。虽然，乔布斯的养父母家境拮据，但他们对乔布斯很好，一直信守着当年的承诺。1972年，17岁的乔布斯考上了俄勒冈州波特兰的里德学院。那是一所非常昂贵的大学。乔布斯后来在斯坦福大学的演讲中也回忆到了此事：“在17岁那年，我如愿以偿地上了大学。但是我很无知地选择了一个几乎和斯坦福大学一样昂贵的学校，我的学费似乎花尽了我还处于蓝领阶层的父母几乎所有的积蓄。”

乔布斯在里德学院学的是字体设计专业，他那段时间开始学习和探索东方宗教，尤其对佛教非常感兴趣，由此读了大量关于宗教和哲学的书籍。他后来提倡“冥想”，并说自己是一个名副其实的“佛教徒”，大概就是从这个时候开始扎根的。这样的一种经历，对乔布斯后来在苹果公司的工作方式上也有所影响。由于这种简单而孤独的生活方式，养成了他孤僻的性格，所以他一直都没有很知心的朋友。

在里德学院的那段时间，乔布斯过的并没有想象的那样如意。他也一直努力学习，争取好的成绩，但是结果总是不那么理想。再加上高额的学费，也让这位蓝领家的孩子不堪重负。19岁那年，乔布斯决定休学，而他的大学生涯才刚刚开始一个学期。从20世纪80年代开始，比尔·盖茨和史蒂夫·乔布斯就成为了高科技行业中最具有煽动性和鼓动性的两个名字。他们都是中间辍学，开始创业，还都是电子新兴行业，最重要的是他们都取得了别人难以取得的成就。

1976年，乔布斯在一次同学聚会上，与沃兹见面。沃兹是学校电子俱乐部的会长，对电子有着很深的造诣。他们两人一见如故，很快就成为了好朋友。乔布斯对沃兹的设计能力非常佩服。有一次，他回忆说："沃兹在电子学方面是我遇见的第一个比我水平高的人。"

史蒂夫·沃兹尼亚克和史蒂夫·乔布斯是两个非常相似的人，也可以说是两个志同道合的人。尽管他们年龄上相差5岁，但对电子学的痴迷弥补了这种差距。他们都很孤僻，有点不合群，却都专心于自己喜欢的东西。可以说没有沃兹，就没有Apple计算机的发明，乔布斯也不可能那么容易就登上事业的第一个山峰。

沃兹是一个电子科学领域的天才。他10岁时候就自己设计并组装了一台晶体管收音机。11岁的时候，他又自己组装了一台无线电台和计算器。13岁的时候，他设计出一台电子游戏机。当乔布斯了解了沃兹设计出的机械装置后，第一次在他内心激起了有所作为的决心。

休学后的乔布斯成为阿达利电视游戏机公司的一名普通职员。阿达利公司是早期的游戏公司之一，富有朝气，发展速度很快。该公司当时的首席工程师是阿尔·奥尔康。有一天，阿达利公司的人事主管告诉奥尔康："面试那边来了一个非常奇怪的家伙，他说除非雇用他，要不他不会离开。我们要么雇用他，要么就让警察来。"奥尔康回答说："那让我看看他吧！"

就这样，乔布斯找到了他的第一份正式工作。但是，史蒂夫只是在阿达利公司做一些小事情。应该是受到了大学那段时期的影响，乔布斯对佛教的向往仍然很强烈。有一天，乔布斯突然找到公司的老板说："我要到印度见识一下那里的宗教圣人。"当时，阿达利公司在德国的游戏市场正好出了点问题，所以公司决定让乔布斯顺便解决一下那边的问题，然后再满足他去东方的愿望。

就这样，乔布斯向印度进发了。但他还是用了两个小时的时间顺便解决了公司在德国的问题。在印度，乔布斯可以说吃尽苦头。他接触到了很多的人和事，看到了之前不曾看到的世界。这让他增长了不少见识，也为后来的崛起集聚了经验。当时的印度和美国没有可比性，美国的"硅谷"象征着世界高科技产业的兴起，而印度却仍然徘徊在贫穷的边缘。乔布斯第一次见到那么多的穷人，并且也亲身经历着印度的贫穷。这次修行之旅，乔布斯亲眼目睹了当地穷人面对命运的无能为力，这使乔布斯以前的思想受到了前所未有的冲击和挑战。

两年后，从印度回来的乔布斯，几乎完全变了一个人。他整天穿着佛教徒的袍子，还剃光了原来嬉皮士式的长发。这样的一个形象，在美国人的眼里，可以说是一个十足的"疯子"！但是，经历了身心的深层历练，乔布斯丢掉了过去那些不良习气，而他对电脑的痴迷却一直在与日俱增。

相对安定下来之后，乔布斯继续着自己年少时的兴趣。他还常常与沃兹一道，在自家的小车库里琢磨电脑。他们两个人梦想着能够拥有一台个人计算机。可面对市面上的那些体积庞大、极其昂贵商用电脑，乔布斯他们显得无能为力。也许是出于这样的考虑，他们意识到了个人电脑在未来将会发挥的重要作用和巨大的市场空间。于是，他们决定自己开发。

按照当时他们俩的条件，开发个人电脑的难度简直不可想象。但是，两个人没有灰心，而是竭尽全力地寻找突破口。当时，制造个人电脑必需的是微处理器，可当时零售价要270美元的8080芯片，让他们望尘莫及。但是，经过长时间的寻找，他们终于等到了机会。1976年，在旧金山威斯康星计算机产品展销会上，乔布斯两人买到了摩托罗拉公司出品的6502芯片，这种芯片与英特尔公司的8080的性能相差无几，而价格却只要20美元。

拿到芯片的他们，欣喜若狂，好像距离成功只有一步之遥了。他们带着芯片，回到了乔布斯的车库。经过几个昼夜的研究，沃兹终于找到了能让6502芯片正常运作的办法。沃兹编写了一个BASIC编译程序，并且采用了键盘输入数据，用电视作为输出设备。这样一个天才的想法，不仅大大降低了电脑的成本，也使电脑更加方便，更加具备了“个人”的味道。

1976年3月1日，应该说是一个不同以往的日子。因为经过了几个星期的攻克，沃兹设计的电脑已经完全组装好了，并且将自己设计的计算机在业余计算机用户小组的聚会上首次展示了。当看到这台计算机时，包括乔布斯在内，都被惊呆了。乔布斯立即意识到沃兹设计的计算机具有广阔的利益空间。

乔布斯把自己的想法告诉了沃兹，也极力游说他和自己一起，全力开发自己的计算机。虽然乔布斯野心勃勃，对前景很有信心。但是，沃兹并不这样想，他在惠普有一个很稳定的工作，每年能从公司的计算器部门领到2.4万美元的薪水。这对谁来说，都是一份诱人的差事。另外，沃兹还是希望通过惠普公司将自己的发明展示给世界。但是，当时的惠普公司对制造微型计算机并不感兴趣。

经过几天时间的磨合，沃兹终究还是被乔布斯创业的激情打动了。随后，乔布斯从阿达利游戏公司辞职，沃兹也从惠普公司辞职，两人一起开始了缔造苹果帝国的历程。

刚开始，他们为筹集批量生产计算机的资金，乔布斯卖掉了自己的大众牌小汽车，沃兹也把他心爱的惠普65型计算器卖掉了。就这样，他们有了奠基伟业的1300美元的启动资金。沃兹后来回忆说："史蒂夫没有设计一个方案，没有设计一个电路，也没有编写一段代码。但是他销售计算机的念头却从来都不曾放弃过。"

1976年4月1日愚人节这一天，乔布斯、沃兹以及乔布斯的朋友罗恩·韦恩做了一件影响整个世界的事情：他们三人签署了一份合同，决定成立一家电脑公司。沃兹签了长达十几页的合作书，并把它交给了乔布斯。就这样，21岁的乔布斯与26岁的沃兹在自家的车库里成立了苹果公司。

公司成立伊始，三个人都没有想到公司能有今天的成就。他们当时只是希望能建造一个电路板生产线，只要有盈利，不至于亏本就行。苹果公司刚成立时，乔布斯就考虑到了公司徽标的问题。起初，苹果公司采用的是韦恩设计的牛顿靠着苹果树学习的徽标，并且徽标的下面还有一行诗句。乔布斯感觉这个徽标有点复杂，识别度不高，不易被宣传，不易被客户记住。

在苹果公司刚刚起步的时候，"苹果I号"机的生意并不是很理想。或者说“苹果I号”机还不是很完美，没有得到客户的认可。乔布斯想，如果要占领个人计算机市场，必须要生产出完美的东西。追求完美，一直是乔布斯创新的核心理念。他把自己的想法告诉了沃兹，而沃兹也认同这一看法。经过一段时间的努力，沃兹在“苹果I号”的基础上改造出了新一代个人计算机，称做“苹果Ⅱ号”。

乔布斯在沃兹努力改进计算机时，也没有闲着，而是四处奔走，寻找可以为苹果电脑设计理想徽标的能人。他在英特尔公司的宣传广告中受到了启发，找到了为英特尔设计广告的是麦金纳公司。麦金纳公司当时已经名声鹊起，根本没有听说过苹果公司的名称，所以安排给乔布斯设计徽标的人并不愿意和乔布斯合作。但是乔布斯没有放弃，还是非常“固执”地找到了麦金纳公司负责新客户业务的伯利。

伯利简直快被乔布斯的电话弄疯了，所以就决定亲眼去看看这位被称为“疯子”的人。伯利到了乔布斯的车库，和乔布斯进行了短短3分钟的交谈，他就被乔布斯深深地吸引了。伯利给予乔布斯极高的评价：“一看到乔布斯，我就觉得他是一个相当聪明的小伙子，虽然我与他交谈了只有仅仅3分钟时间。还有一点就是，他所说的AppleⅡ深深打动了我，我相信AppleⅡ就是个人计算机史上的一种革命。”

对大多数创业公司来说，最开始的那段应该是最艰难的，尤其是在资金方面的挑战。苹果公司当然也不例外。但是，沃兹一心只顾着研究技术上的问题，对其他方面的问题都没有考虑在内。而这些问题就都压在了乔布斯的身上。乔布斯来回奔走，寻找资金。有一段时间，苦于没有资金，乔布斯还产生过把公司卖掉的想法。

机遇往往垂青有准备的人。一个偶然的机遇给“苹果”公司带来了转机。

1976年7月，一个人来到了乔布斯的车库，他就是零售商保罗·特雷尔。当他看完乔布斯熟练地演示的电脑后，他决意冒一次风险，给“苹果”一次机会。或者说是特雷尔看到了“苹果”机背后的巨大市场潜力。他一下子订购了50台整机，每台500美元，但要求交货时间要在一个月内。乔布斯也似乎看到了希望，喜出望外，马上签约，立即成交，这可是公司做成的第一笔“大生意”。

后来，沃兹也回忆说：“那是我们公司成长历史上第一次重大事件，在以后的发展中，诸如此类非常重大、如此出人意料的事件就没有再出现过。”

乔布斯虽然拍板签订了合同，但是接下来的繁重工作量就摆在了大家的面前。一个月内50台电脑，在那个还没有流水线作业的年代，任何人都不敢小觑。但是，为了公司的生存，乔布斯和沃兹豁出去了。他们冒着酷暑，不分昼夜地干了起来。他们每周工作66小时，几乎每天都是挥汗如雨、全力以赴。在第29天的时候，他们终于奇迹般地完成了几乎不可能完成的任务，把50台“苹果”电脑交给了特雷尔。

特雷尔手里的50台“苹果”电脑很快销售一空，并且苹果电脑的独特性和良好性能赢得了市场的认可，从而也使公司名声大震。有了一个良好的开始，苹果公司就开始了小批量生产。

1976年年底，乔布斯把AppleⅡ推向了市场，市场反应很好。另外，他们还要继续扩建自己的公司，必须网罗精英人士加盟他们的公司。但这都需要更多的资金。乔布斯和沃兹开始意识到，他们的第一桶金根本不足以应付公司这样急速的发展。

“大概在1976年秋天，市场的增长比我们想象得还要快，外围的压力也越来越大，我们需要更多的钱。”乔布斯后来回忆道。为了找到资金，乔布斯他们兵分几路，四处寻找。他们找了各自的老东家，但遗憾的是，这些公司都没看到这其中潜藏的巨大商机和市场。

正在乔布斯焦头烂额的时候，为苹果公司设计徽标的麦金纳建议乔布斯去拜访一下他们的董事唐·瓦伦丁。说来正好有点缘分，这个人也是阿达利游戏公司的投资人。于是，乔布斯打电话给唐，请他到苹果电脑公司实地考察一下。当瓦伦丁开着他的奔驰汽车来到苹果公司的时候，他一方面惊叹AppleⅡ的完美，一方面也为乔布斯他们没有明确的市场观念提出了意见。瓦伦丁没有答应乔布斯的建议，为苹果公司做风险投资。但是，他还是为乔布斯推荐了一个人。这个人在苹果公司以后的发展上起到了举足轻重的作用。

这个人就是麦克·马库拉，一位34岁的百万富翁。马库拉是南加州大学电气工程硕士，曾在美国休斯公司担任技术顾问。在英特尔还是一家小公司的时候，马库拉就很有眼光地投资了英特尔。后来，马库拉因英特尔成功上市而一夜暴富。当乔布斯给马库拉打电话的时候，马库拉正在湖边的大房子里享受着悠闲的生活。

1976年10月里的一天，接到乔布斯的电话后，马库拉还是亲自拜访了沃兹和他们的车库工场。在他看过苹果公司生产的AppleⅡ的演示后，他决心重操旧业，帮助他们把公司发展壮大起来。几乎是同时，他还帮助苹果公司制订了一份大胆的商业计划。

马库拉给乔布斯他们贷款69万美元，还把自己的10万美元都投在了苹果公司。因为马库拉知道，微型处理器可能会给全世界的计算机带来革命性的变化。就这样，马库拉将自己与两个年轻人的命运联系在一起。

1977年1月3日，他们三人正式成立苹果电脑股份公司。他们还对公司做了资产评估，以避免日后可能在产权上产生的任何法律纠纷。此外，他们对各自的职位进行了分配，乔布斯担任董事长，沃兹担任负责研发的副总裁，马库拉则出任副董事长。有了马库拉的加入和指导，以及这次融资来的巨资“苹果”公司的发展速度大大加快了。

1977年4月，在美国西海岸发生了一件意义非凡的事情，就是美国有史以来第一次计算机展览会开幕了。乔布斯四处奔走，花费巨资，就为了能在展览会上弄到最大最好的摊位，打出苹果公司的名声。当人们看到Apple Ⅱ样机的时候，都充满了欣喜，难以想象计算机能做到这样精美的程度。Apple Ⅱ只有12磅重，仅用10只螺钉组装，塑胶外壳美观大方、小巧玲珑，一改过去个人电脑设计复杂、粗笨沉重、难以操作的形象，这一系列鲜明的特点，紧紧抓住了观众的心。可想而知，Apple Ⅱ在展览会上一鸣惊人，好多观众纷纷拥向展台，观看、试用，随之而来的订单量也急剧增加。

展览会之后，在数月之间，Apple Ⅱ电脑就收到了300份订单，这一数量是Apple Ⅰ销售量的3倍。可以说，苹果公司已经步入正轨，拥有了自己的发展模式。尽管如此，仍然有一些事情困扰着乔布斯。

乔布斯是苹果公司的创始人，也是苹果公司的董事长，是名副其实的“大当家”。但在别人开来，他在技术研发上没有任何贡献，在技术层面，他在公司的地位多少有些尴尬。员工普遍认为乔布斯在为马库拉工作。布鲁斯是苹果公司早期的软件开发专家，他曾描述道：“没有人了解乔布斯整天在做什么，而马库拉从来不让乔布斯拥有任何权力。他只是偶尔出现在公司，而他唯一所做的事情就是向员工发表言辞激烈的不满演讲。”

虽然乔布斯承受着“没有技术”的压力，但是他一直试图改变这种现状。这段时间，乔布斯内心的苦闷和性格上的不服输，让他和周围同事的关系陷入了低谷。有一次，乔布斯自己也说：“就作为工程师而言，沃兹尼亚克远比我优秀。尤其在设计方面，我也没有沃兹优秀。”

1978年5月17日，乔布斯的女友克里斯安·布伦南（Chris-Ann Brennan）为他生下一个女儿。他们给她取名为了丽莎。乔布斯开始不知道为什么，一直不承认丽莎是他的亲生女儿，但后来也承认了自己与丽莎的父女关系。2000年，丽莎毕业于哈佛大学，是一名杂志专栏作家。

到1978 年的时候，乔布斯领导下的苹果公司已经成长为一家拥有60名员工的计算机公司了。他们对前景充满了期望。随着公司的发展，他们认为Apple Ⅱ 的市场已经基本达到饱和的状态，所以，他们意识到，开发新一代计算机的时候已经到了。

当然，这样的任务还是落到了沃兹的身上。乔布斯为了抚平心中的挫败感，也提出了要负责研发超级电脑“丽莎”的构想。但是，由于成本太高、难度太大，公司内部安排缘故，乔布斯的这个梦想被迫流产了。

到了1980年的时候，苹果公司的员工已经达到了两百多人，后来逐渐增加到了六百多人，再后来就是一千多人。苹果公司的工厂也从老本营加利福尼亚州拓展到得克萨斯州，到后来，它的工厂还拓展到了爱尔兰和新加坡。

1980 年对苹果公司来说，非常重要。一是苹果公司内部的组织机构突然发生了重大变化。一是公司成功上市了。由于公司的发展壮大，以前的机构设置不再适应发展的要求，显得缺乏灵活性和系统性。经过一番暗地操作，乔布斯本想负责研发由自己提出来的“丽莎”电脑被别人拿走了，而自己却出人意料地担任了公司的董事会主席职位。对于精力无限的乔布斯，这样的一个职位是难以接受的。

1980年12月12日，苹果公司股票顺利公开上市。股票上市当天，在不到一个小时内，460万的公开股就被抢购一空。苹果公司以每股22美元的价格开盘，几分钟之内股票价格上涨了将近32%，那天的股票以29美元完美收盘。按这个收盘价计算，苹果公司高层产生了4名亿万富翁和40名以上的百万富翁。乔布斯作为公司的创办人，拥有的财富排名第一。

苹果公司的实力已经今非昔比了。1980年，在《华尔街日报》的广告版上，登有乔布斯的巨幅照片，还非常醒目地写着：苹果电脑就是人类21世纪的自行车。

还有一件事需要略表一下，1980年7月，沃兹开始与苹果公司的员工克拉克坠入爱河，并于当年圣诞节正式订婚。沃兹开始有点放松了AppleⅡ的研发。在公司高层的压力下，不堪重负的沃兹决定暂时离开公司。1981年2月7日下午，他带着克拉克，驾驶着自己的私人飞机外出，但飞机起飞时，不幸冲进路基，发生了事故。沃兹由于受伤严重，不得不暂时离开苹果公司。这件事的突然发生，对乔布斯的影响很大。

20世纪80年代早期，苹果公司是美国商业史上成长最快的公司，成为价值数亿美元的上市公司。它推出的AppleⅡ已成为世界上最流行的计算机。但是，随着个人计算机市场的不断扩大，苹果公司的竞争对手也是越来越多，其中IBM公司是最具威胁的一家公司。1981年11月，IBM公司通过IBMPC进入个人计算机市场，并迅速占领了市场。

同IBM这样一家“蓝色巨人”公司竞争，乔布斯也感到很紧张。一次谈话中，他说道：“我们马上就要和IBM公司展开竞争了，如果我们在竞争中出现了重大失误，让IBM公司赢了，占得了先机，我们就会很被动，在以后20年里就会处于计算机世界的‘黑暗时代’。”

1984年1月24日，在戴安扎学院弗林特中心举行的苹果公司股东大会上，乔布斯首次展示了经过长达3年研发、耗资7800万美元开发的“麦金托什”计算机。这款计算机是在乔布斯的领导下诞生的，也是乔布斯为了证明自己的“技术”开发的一款新型计算机。所以“麦金托什”计算机也被称为“乔布斯之子”。

在研制开发“麦金托什”计算机的时候，乔布斯激情无限、语出惊人。有一次，乔布斯为了鼓舞员工的士气，在黑板上写下了一句他的经典名言：“让我们当海盗吧！”接下来，为了激发研究人员的斗志，他又写了一句极具煽动性的口号：“首先爱上你的工作，坚持下去，每个星期工作90个小时吧！”

但是，苹果公司在后来的发展中，失去了原来的优势，几乎没有哪款计算机能超越AppleⅡ创造的市场轰动。苹果公司的发展巅峰似乎已经过去。但是在1985年，乔布斯因为巨大的成功，还获得了由里根总统授予的国家级技术勋章。然而，对于30岁的亿万富翁来说，成功如果来得太快，并不是一件真正的好事。而经受了磨难之后的成功，才会成为永久的辉煌。

后面的一年里，苹果公司的发展遇到了传说中的“瓶颈”，而乔布斯在自己一手创建的公司里的地位也逐渐受到了威胁。加上外部“蓝色巨人”IBM公司也开始觉醒，大力推出了他们的个人电脑，迅速抢占大片市场，再由于乔布斯经营理念与当时大多数管理人员的差异，使得乔布斯新开发出的电脑节节败退。似乎被誉为“乔布斯之子”的“麦金托什”计算机并没有拯救乔布斯，反而给他增加了更大的压力。经过一连串的溃败后，公司的董事和总经理们便把这一失败归罪于身为董事长的乔布斯。

1985年4月，经由董事会决议撤销了乔布斯的经营权力，只让他当一名“新产品构想者”。这是乔布斯不能接受的，他经过几次努力，想重新夺回权力，但都以失败告终。

召开董事会的那天，乔布斯面对众多董事和管理层的指责，乔布斯一声没吭，只是默默地听着。这样的行为实在不符合乔布斯一贯的做事风格。1985年5月28日星期二的晚上，乔布斯给比尔·坎贝尔和麦克·默里打电话，泪流满面地告诉了他们所发生的一切。默里是苹果公司的前市场主管。乔布斯用那种几乎毫无生气的声音跟他说：“约翰联合董事会投票把我赶出了苹果公司，一切都完了。”

1985年9月17日，乔布斯辞去苹果公司董事长的职务，愤而离开了自己一手建立的公司。交完辞呈以后，乔布斯在他家里，召开了一个新闻发布会。他发表声明说，他要破釜沉舟，断绝了与苹果公司的一切关系。乔布斯的被迫离开，使他必须接受残酷的诚信考验，吸取教训，也为今后重新回归并拯救“苹果”做好准备。

辞职几天后，乔布斯带领从苹果公司挖来的、对他忠心耿耿的几个人又创办了“NexT”电脑公司，继续着他的事业。应该说，乔布斯又重新开始了一段征程。

“NexT”电脑公司成立后，乔布斯为了证明自己的能力，也为了让“老东家”苹果公司看看，他才是电脑领域里的领军人物，他四处奔走，寻找资金。不仅让最棒的设计机构给公司设计徽标，还找到了IBM公司，希望寻求合作。另一方面，他也在网罗电脑领域最顶尖的精英开发新的计算机。经过一番奋斗，到了20世纪80年代末期，NexT公司的电脑市场已经有所起色，前景显得也很美好。但是，这样的成绩，并不能让乔布斯满足，因为这样的成绩还不能和当年的辉煌相比。

其中，在1986年的时候，乔布斯决定进军好莱坞。他用1000万美元从乔治・鲁卡斯手中收购了Lucasfilm旗下的电脑动画效果工作室，并成立独立公司皮克斯动画工作室。这个收购方案证明了乔布斯的眼光和魄力。因为在之后10年，该公司成为了家喻户晓的3D电脑动画公司，并在1995年推出全球首部全3D立体动画电影《玩具总动员》。并在2006年的时候，该公司被迪士尼收购，乔布斯也因此成为迪士尼的最大股东。

1991年3月18日，乔布斯结束了他的单身生活。乔布斯是在哈佛大学认识了他的妻子劳伦。两个人同为素食主义者，可谓是一见如故。乔布斯与劳伦的婚礼在约塞米蒂国家公园里举行。或许是出于经济状况的原因，也可能是妻子劳伦的想法，他们的婚礼并没有人们想象得那样盛大。乔布斯和劳伦几乎没有邀请任何人，只有双方的亲人参加，婚礼举行得也相当简单、相当简朴。因为，乔布斯一直信仰佛教，所以他们的婚礼由佛教僧人主持，奏响的也不是婚礼进行曲，而是佛寺特有的锣声。就这样，36岁的乔布斯娶了27岁的劳伦。

接下来的几年，乔布斯的事业都不是很理想，或者说都没有达到他想要的成就。NexT公司发开的几款计算机也都没有达到预想的效果。在 1992 年的时候，NexT公司也只销售出去了2万台电脑。对NexT电脑公司来说，这点销售业绩实在有点可怜。而当时的苹果电脑的销售量一直比NexT公司高很多。但是，乔布斯在好莱坞动画电影方面的成绩，还是让他不至于太悲观。在乔布斯的商业生涯中，他始终面临着许多条要走的路，始终面对着选择。

1995年，对于乔布斯而言，是比较顺利的一年，无论是在家庭生活方面，还是商业生涯方面。首先，乔布斯的皮克斯公司参与制作的电影《玩具总动员》成为该年度收入最高的电影。乔布斯不用再为资金犯愁了。在这一年的8月19日，劳伦为乔布斯生下了一个女儿。

同时，因为IBM公司的个人计算机使用了高性能的微软视窗软件，从而是全球的个人计算机商业交易都转向了IBM公司的个人电脑。所以，苹果公司继续落在IBM公司的个人电脑后面，而且越来越远，似乎已经到了望尘莫及的地步。苹果电脑的产品似乎不可能和IBM公司的电脑相比了，就好像一头扎进了一个死胡同。从销售的市场来看，苹果公司已经到了一个难以逆转的绝境！但是，这对于乔布斯来说，或许是一个利好消息。

1996年12月17日，一则消息引起全球各大计算机报刊的注意，它们几乎都在头版刊出了"苹果收购NexT，乔布斯回归苹果"的报道。此时的乔布斯，正是春风得意的时候，因为他的公司皮克斯成功制作了第一部电脑动画片《玩具总动员》，名声大震，而乔布斯的个人身价已暴涨逾10亿美元。相比之下，如果乔布斯这个时候能重新回归苹果公司，苹果公司也会十分欢迎。

这个消息传出后，苹果公司和乔布斯就展开了一系列的谈判。在不到一个星期的时间里，苹果公司董事会就同意了以苹果公司150万股股票，再加上3.775亿美元现金并购NexT公司。股票全部归乔布斯拥有，现金用于偿还NexT公司的投资人。苹果公司还任命乔布斯为“特别顾问”。

“让我们以最隆重的仪式欢迎我们最伟大的天才，我们相信，他的归来，会让整个世界都知道苹果电脑才是信息时代中永远的佼佼者。”这是苹果公司前CEO阿梅利奥在迎接乔布斯归来的欢迎词。对于乔布斯而言，这无疑实现了一个伟大的梦想。他曾向忠实的“苹果迷”说：“能重新为苹果设计未来的美好蓝图，我很荣幸，也仍旧会一直坚持下去。”

当乔布斯重新回到苹果公司的时候，他感到苹果公司存在许多问题，对产品设计的误解以及对市场把握的模糊只是外围的问题，而公司内部原来的那种激情也完全熄灭了。乔布斯认为这才是最严重的问题。乔布斯曾说：“公司里的员工都失去了热情，并且已经习惯了被人称为失败者，对创新已经麻木了。他们几乎都要放弃了。问题比我想象得要严重。在刚开始的几个月里相当糟糕，有时我也感到要放弃了。但是事情的胜败得失，我不是很在乎，我在乎的是我喜欢这份工作，乐于从事的这项事业。如果努力之后，我还是失败了，那我相信自己还会努力的。”

乔布斯又回来了，虽然有点像受命于危难之际。几年不见，乔布斯好像对苹果公司所有的一切并不陌生。1997年，在阿梅利奥被革职之后，乔布斯以年薪1美元出任苹果临时CEO兼董事会主席。之后，他果断地发挥了首席执行官的权威，对公司进行了大刀阔斧的改革。他要把苹果公司重新拉回到正常的“轨道”。他首先改组了董事会，又把原来NexT公司的两位“爱将”安排到非常重要的部门。然后，他又做出一件令人们难以理解的大事，就是与苹果公司的宿敌微软公司握手言和，抛弃旧怨，求同存异，缔结了并达成战略性的全面交叉授权协议。

1997年，乔布斯因此再度成为《时代周刊》的封面人物，并被《财富》杂志评为“年度最伟大的商人”、“最成功的管理者”。乔布斯的名声越来越大了，越来越多的业界人士也认同了此观点。苹果公司前CEO斯卡利听到这个消息后，也不禁赞叹乔布斯。而当年，也正是斯卡利把乔布斯挤出了苹果公司。斯卡利说：“苹果又开始回到原来的轨道。乔布斯干得非常出色，我相信苹果的复兴不是骗局。”

1998年5月6日，苹果公司发布iMac一体机电脑。它是一个全新的电脑，代表着一种未来的理念。这款计算机的发布，使得苹果公司的奇迹慢慢开始出现。苹果公司也由此恢复了强劲的发展势头。可以说，主要是由iMac电脑使苹果公司的情况峰回路转，得到了起色。iMac一路飙升的销售量使苹果再次复兴，并使其股价飙升了400%。iMac这种型号的电脑体积小，颜色亮丽，非常漂亮，并且电脑装配完整，还可以联机上网。iMac半透明的外装，一扫电脑灰褐色的、千篇一律的单调，让人耳目一新。最主要的它价格也不贵，每台只售1300美元。可以说，iMac背负着苹果公司的希望，凝结着员工的汗水，更寄托着乔布斯振兴苹果的梦想。

同年，美国《商业周刊》评价iMac为“本世纪的一个永恒的形象”。著名时尚杂志《Vogue》也称iMac为“当年春季最时尚的电脑之一”。而乔布斯本人也因iMac的设计而荣获克莱斯勒设计学院大奖。iMac更是赢得英国设计与艺术指导俱乐部金奖。

1998年1月，在美国旧金山举行的苹果世界产品展销会上，乔布斯站在台上，又像以前一样饱含激情，还发表了一篇相当长的主题演讲。他主要介绍了苹果公司的发展，以及最新推出的产品。就在演讲结束的时候，他又补充了一句："噢，对了，我差点忘了告诉大家，苹果公司又开始盈利了。"当年，苹果公司恢复盈利，并连续4个季度盈利。所以在2000年的时候，乔布斯的头衔中去掉了"临时"的字样。

1998年12月，iMac电脑荣获《时代》杂志"1998最佳电脑"称号，并名列"1998年度全球十大工业设计"第三名。1999年乔布斯又推出了第二代iMac，并且有蓝、绿、红、黄、紫五种水果颜色的款式。几种款式一面市就受到用户的热烈追捧，赢得了很好的口碑。

2001年，苹果公司在乔布斯的领导下，又对电子设备市场发起突袭。他们发布了便携式MP3播放器iPod。这款播放器是对当时电子设备市场的一次革命性颠覆。在 iPod 播放器正式发布的时候，乔布斯别出心裁地给它安上了一个令人向往的"说明"，就是使用这样的播放器的人只有著名的音乐界人士。因此，iPod一经发布，就受到著名的音乐界人的青睐。这样的一个"说明"无疑有着强大的宣传作用，也在无形当中提高了iPod这款产品的品位。

与此同时，苹果公司还研发了iBook电脑。这是iMac电脑的升级版，专门针对一些用户开发的。iBook融合了iMac独特的时尚风格，还提供"无线上网服务"，很多人都一直期待拥有一款这样方便的电脑。有了这款电脑，上网就不再局限于办公室里的线路了。苹果公司在技术变革方面带来的影响很大。

1999年10月，iBook夺得"美国消费类便携电脑"市场第一名，还在《时代》杂志举行的“1999年度世界之最”评选中，荣获“年度最佳设计奖”。

研发这样的产品，让公司里的每个员工都充满了激情，有幸参与这个项目研发的人员更是热情高涨。乔布斯刚上任时，苹果公司的亏损高达10亿美元，差不多一年时间，公司奇迹般地盈利了3.09亿美元。乔布斯重新回到苹果公司才几个月的时间，就让公司发生了巨大的变化，尤其是令公司转亏为盈，这让员工们比以前任何时候都更加钦佩乔布斯。可以说，乔布斯更加成熟了，也更加自信了。

iPod播放器的成功给了苹果公司鼓舞，也是一针“强心剂”。为了寻求取得更大的突破。乔布斯和他的研发人员一直在研发新版本。2002年3月，iPod播放器的升级版也出炉了。新版本可以储存2000首歌曲，并且也更加漂亮。在这之后，iPod播放器迅速占领了市场，销售数量猛增。在2002年下半年，苹果公司销售出去14万台iPod。据苹果公司2004的统计，iPod的销售数量已超过440万部。乔布斯也把iPod播放器誉为“21世纪的随身听”。

随着苹果公司的复苏，乔布斯却意外获知了一个不好的消息。他被诊断出了胰腺癌。2004 年 8 月 1 日，这天是个不错的周末。乔布斯给他的朋友、同事和员工发了一封电子邮件。具体内容是这样的：

我的朋友们：

非常想告诉你们一则消息，我希望这则消息是由我本人告诉给你们的。

就在这个周末，医院给我做了一个成功的手术。我的病是一种罕见的叫做胰岛细胞神经内分泌瘤的胰腺癌。我做的手术，就是把我胰脏上的恶性肿瘤切除。这种病的患病概率在医生每年的胰腺癌诊断病例中只有1%，若能诊断及时（我算是比较及时的），就可以通过外科手术切除肿瘤，达到治愈的效果。还有，放射治疗和化学治疗，我已不需要接受了。

在众多的病例中，到目前为止还不能完全治愈这种最常见的胰腺癌，而且从确诊开始，患者也大概只有一年左右的寿命。我为什么要这么说呢，因为当人们听说“胰腺癌”的时候，大都认为这就是无药可治了。但是，我得的不是这种病，我要感谢上帝了。

大概在9月，我才会重返工作岗位，而整个8月份，我都要好好休养了。我休息的这段时间，我已经要求副总裁迪姆·库克负责苹果公司的日常事务了，因为公司不能“一日无主”。另外，要是在8月份有什么重要事情的话，我会给你们打电话的。9月，我们再见。

史蒂夫

等到9月的时候，乔布斯如期而至。他又出现在苹果公司的会议上，并且好像什么事情都没有发生似的，充满活力，精神很好，根本不像动过一场大手术的患者。

在接下来的几年，在乔布斯的领导下，苹果公司主要的精力都放在iPod系列的革新中。而手术之后的乔布斯似乎逐渐退去了身上的锋芒。只有在比较重要的场合才能见到这位传说中的“天才”。

乔布斯很注重自己的个人生活，也十分重视保护自己的隐私。近年他在公开场合露面时显得异常消瘦，或许是出于对公司的考虑，他就越发谨慎。

直到2007年，这一年无论是对乔布斯，还是苹果公司，都是意义重大的一年。在这年的Macworld大会上，乔布斯发布了iPhone智能手机，这是全球首款无键盘的智能手机。

乔布斯在一次采访中说，他们用了3年的时间来研发iPhone。在开发iPhone的过程中，苹果公司充分借鉴了来自Mac的经验。iPhone采用了OS 10操作系统，融入iPod技术。他说，在iPhone之前，用户并不喜欢他们自己所用的手机。他们希望打造的这款手机能真正得到用户的喜爱。iPhone的发布，基本实现了乔布斯当初的想法，就是要让客户喜欢。iPhone的出现给苹果公司带来了巨大的变化。目前他们已经拥有了Mac、iPod、iPhone三项重要业务。这就给苹果公司注入了长久发展的动力。

2008年12月，苹果公司宣布，乔布斯将不会在2009年的Macworld大会上做主题演讲，也不会出席本次大会。这一消息无疑会让无数人猜测，都在担心乔布斯本人的健康问题。

2009年，乔布斯被《财富》杂志评选为这十年美国最佳CEO，同年还当选《时代周刊》年度风云人物之一。但是，也就在这一年初，乔布斯本人声称，他的体重严重下降，看起来非常消瘦，主要是由于荷尔蒙失衡引起的。但是，他说身体状况不会影响到他作为苹果公司CEO的职责。接着仅过了一周之后，苹果公司宣布，乔布斯因仍需要住院治疗，所以一直到6月他才能重新回到苹果。但是，他们并没有透露详细的病情。苹果公司称，乔布斯仍会参与重大的战略决策，但是，公司的日常工作就由COO迪姆·库克主持。

2009年6月，《华尔街日报》上出现了一条关于乔布斯的报道。报道称，乔布斯在田纳西州的一家医院已经做了肝移植手术，并且这一消息后来得到了医院的证实。经过一段时间的恢复，在2009年6月

23日，乔布斯重返公司工作岗位。

2010年1月，苹果公司发布了iPad平板电脑。这款平板电脑也是对电子设备的一次革新，发布后立刻引起了市场的轰动，并由此衍生出一系列新型的移动计算设备。

由于苹果公司近几年的飞速发展，到了2010年5月26日，苹果公司在乔布斯的带领下，他们已经登上了纳斯达克的顶峰位置。在当日纽约股市收市时，苹果公司的市值达到2220亿美元，成为美国第二大上市公司，仅次于埃克森美孚。而微软当日市值为2190亿美元。乔布斯在与比尔·盖茨比赛了30多年之后，终于超过了他。

2010年6月8日，北京时间凌晨1点，苹果公司年度盛会WWDC2010正式开幕。乔布斯在本次大会上正式发布了近来一直引人注目的苹果第四代手机iPhone 4。其显示屏像素也将由原来的480×320升级为960×640。

2010年9月，在苹果公司发布第二代苹果TV机顶盒的旧金山发布会上，乔布斯再次出现了。乔布斯发布的这款设备可将互联网或iPad和iPhone上的内容直接转到电视上。

苹果公司的境况越来越好，而乔布斯的健康问题却是每况愈下。2011年1月，苹果公司对外宣布，乔布斯将再次接受治疗，暂时休息，并且没有说明多长时间才能回归。这让更多的人开始关注乔布斯的病情，多家媒体也都在预测乔布斯的情况，而苹果公司的股票价格也由此受到影响，在海外市场下跌了6%~8%。

2011年2月18日月晚，美国总统奥巴马宴请IT巨头，乔布斯也在被邀请之列。那天晚宴，乔布斯坐在总统奥巴马的身旁，精神还不错。 2011年3月，在经历了短暂的治疗之后，乔布斯再次出现在苹果发布iPad 2的旧金山展会上。后面的几个月，只有重要的产品发布会上，才会见到乔布斯的身影。乔布斯仍然在坚持着，这时候更多的是为了他一手创建的苹果公司。

2011年8初，苹果公司市值约3371亿美元，超过埃克森美孚的3333亿美元，一跃成为全球第一大上市公司，也是全球第一大IT公司。这样的成绩让乔布斯感到欣慰，他也好像是完成了自己一生的任务。

在2011年8月24日，苹果CEO史蒂夫·乔布斯正式向苹果董事会提交辞职申请。辞职信中，他首先说道："我记得之前说过，我希望我是第一个告诉你们我不再履行作为苹果CEO的职责的人。但是，不幸的是，这一天还是到来了。"他在辞职信中，推荐由首席营运长库克接替他的职位。但是，他也表示，他愿意担任公司董事长、董事，甚至是一名普通职员。他不愿意离开几乎是他一生都在的地方。谁都知道，他对苹果公司充满了情感。他还说："苹果的未来将更加光明、更具创造力，这我始终相信。我期待苹果未来的成就，也希望自己能为此尽一点绵薄之力。"

整个辞职信中，乔布斯都没有指明辞职的原因，但不难猜想，因为从2004年开始，他就一直在与胰腺癌作斗争。2011年8月25日，苹果宣布乔布斯的辞职立即生效，由库克接任CEO。同时苹果宣布任命乔布斯为公司董事会主席。

2011年10月5日——史蒂夫·乔布斯辞世，享年56岁。

乔布斯的离开引发了世界性的震动，之前还没有哪一个IT界人士受到这样的举世关注。他身上有很多"标签"，有"天才"，也有"暴君"，但无论如何他都是"硅谷"传奇，几经沉浮，而始终屹立不倒。他用近乎完美的消费电子作品，改变了一个时代。正如乔布斯自己说的："我活着，就是为了改变世界。"

苹果公司前CEO吉尔·阿梅里奥曾评价乔布斯："乔布斯是镜子里的苹果公司，而苹果公司就是一万个乔布斯的集合体。"乔布斯是苹果公司的一人核心小组：他没有很高的学历，也不是工程师，没有沃兹开发软件的天才能力。但是事实上，他总是给人以不断的惊喜。无论是开始还是后来，乔布斯都是一个奇迹，并且这个奇迹还将永远继续进行下去。

乔布斯曾说："每一个人的时间有限，所以你不要为别人活着。不要让自己内心被别人的意见左右，不要活在他人的观念里，更不要被平庸的教条限制。最重要的是，坚定地寻找和倾听自己心灵里发出的声音，那才是你的真实想法。要相信你的直觉和心灵，除此之外，其他的一切都是次要的。"

这是乔布斯一生的价值标准，也是他留给世人宝贵的精神财富。

后　记

《追随你的心——用苹果撬动世界》是一本全面解读和诠释苹果“教父”乔布斯经营理念与管理思想的作品，完美地展示了乔布斯的创新思维和商业智慧。本书将理论与实践相结合，以乔布斯的经典语录开篇，结合他本人以及商业史上的经典演讲案例，针对苹果公司及商业中的关键问题，如创新、管理、经营、用人、生活等都有独到的见解和剖析。读者可以从中体验最真实的领袖魅力、人生理想和处世技巧，获取乔布斯留给我们最宝贵的精神财富。本书在展示乔布斯舞台魅力的同时，还描述了他整个演讲的细节，会让读者全身心地体验乔布斯的演讲过程与传奇人生，告诉读者一个不一样的乔布斯，极具励志意义。为使读者更加全面的认识乔布斯，译者查阅了大量相关书籍，并得到众多媒体朋友和多位经济管理学专家、学者的帮助，从而掌握了大量详实的资料。在此，译者向提供帮助的朋友及专家学者表示衷心的感谢！并特别在此鸣谢张婷婷、王巍、唐戈扬对本书翻译工作做出的努力与贡献。鉴于本书在翻译的同时难免会有疏漏与不足之处，敬请广大读者朋友在阅读时提出宝贵意见或建议，不吝批评指正！

每一个人的时间有限，所以你不要为别人活着。

——乔布斯